教育部人文社会科学规划基金项目（13YJA790081）
复旦大学理论经济学Ⅰ类高峰计划项目

Research on RMB Settlement of Cross-border Trade
Theory Experience and Policy

跨境贸易人民币计价结算研究

理论、经验与政策

罗忠洲 © 著

上海财经大学出版社

图书在版编目(CIP)数据

跨境贸易人民币计价结算研究：理论、经验与政策/罗忠洲著.—上海：上海财经大学出版社，2017.9
ISBN 978-7-5642-2831-6/F·2831

Ⅰ.①跨… Ⅱ.①罗… Ⅲ.①人民币-国际结算-研究 Ⅳ.①F822.2

中国版本图书馆 CIP 数据核字(2017)第 234611 号

□策划编辑　王永长
□责任编辑　石兴凤
□封面设计　张克瑶

KUAJING MAOYI RENMINBI JIJIA JIESUAN YANJIU
跨境贸易人民币计价结算研究
——理论、经验与政策

罗忠洲　著

上海财经大学出版社出版发行
(上海市中山北一路 369 号　邮编 200083)
网　　址:http://www.sufep.com
电子邮箱:webmaster@sufep.com
全国新华书店经销
上海华教印务有限公司印刷装订
2017 年 9 月第 1 版　2017 年 9 月第 1 次印刷

710mm×960mm　1/16　13.75 印张　231 千字
定价:48.00 元

序 言

国际货币是指在国际交易中执行价值尺度、交易媒介和储藏手段三个职能的货币。从英镑、美元、欧元和日元等国际货币的发展历程来看，一国货币广泛应用于国际贸易的计价结算，会使该国货币逐步运用于国际金融领域，进而成为各国的官方储备货币。在国际贸易中充当主要计价货币（invoicing currency）是该货币拥有强大国际地位的一个重要特征，也是衡量一国货币国际化程度的重要标志。从这个角度来看，交易媒介职能是成为国际货币的重要基础和先决条件。

人民币国际化是中国金融战略的核心内容之一。跨境贸易人民币结算是人民币国际化的重要组成部分。通过理论模型和实证分析研究跨境贸易人民币计价结算的影响因素，借鉴美元、欧元和日元在跨境贸易计价货币选择中的历史经验，对推进跨境贸易人民币计价结算具有重要的理论和现实意义。

罗忠洲同志长期从事人民币跨境贸易计价结算的研究，经过多年努力，写成了这本论著。我认为，这是一本很有意义的书，它对研究如何推进人民币在跨境贸易中的计价结算乃至进一步演化为全球性国际货币具有很大的参考价值，故此推荐。

姜波克
2016 年中秋于复旦园

前　言

2009年4月8日,国务院决定在上海市和广东省的广州、深圳、珠海、东莞四大城市先行开展跨境贸易人民币阶段试点工作。2009年7月,《跨境贸易人民币结算试点管理办法》和《跨境贸易人民币结算试点管理办法实施细则》正式发布,五个试点城市的365家企业开始跨境贸易人民币结算试点。这标志着我国正式推动跨境贸易人民币计价结算进程,人民币国际化迈出了坚实的一步。从那时起,笔者就从文献开始着手本书的写作。

在文献的梳理过程中,我们发现企业选择哪种货币作为跨境贸易计价货币,与所选计价货币的强弱有关,如果一国货币相对处于强势,持续升值,则企业愿意持有它。2009年跨境贸易人民币计价结算试点以来,跨境贸易人民币结算额占进出口总额的比重由2010年的2.58%提高到2015年的29.40%。但是2015年"8.11"汇改后,人民币贬值预期加剧,受此影响,2016年1~7月跨境贸易人民币计价结算额比2015年同期减少了8567亿元人民币,同比减少了27.4%,足见汇率波动对跨境贸易人民币计价结算的影响。但是我们发现,由于在能源和原材料方面存在几乎垄断的计价功能,美元即便处于长期贬值的趋势,其在全球跨境贸易计价结算中的地位依然没有动摇。因此,我们认为有必要研究在人民币国际化初期需要的理论依据和实证经验,以及国际重要能源和原材料定价权在长期维持跨境贸易人民币计价结算惯性中的重要作用,这将为我国推进人民币跨境贸易结算提供重要的政策依据。

另外,我们还观察到,20世纪90年代末开始,日元国际化呈现倒退现象,日元资产的收益率低于美元资产的收益率可能是日元在日本跨境贸易计价结算比例不断下降的重要原因,这在现有文献中没有论及。因此,我们认为有必要研究一国的利率水平、资产收益率高低和经济增长快慢等因素对跨境贸易人民币计价结算的影响。

2009年跨境贸易人民币计价结算试点以来,我国推出了一系列促进跨境贸易人民币计价结算的政策,建设便利跨境贸易人民币计价结算的基础设施。微观企业对跨境贸易人民币计价结算需要哪些政策的改进?具备较强经贸实力的中国,通过政策推动改善交易便利性条件是否能推动跨境贸易人民币计价结算,加快人民币国际化进程?这需要得到理论模型的证明和数据模拟结果的支持。短期的政策推动如何逐步转化为长期市场选择的结果?这关系到人民币国际化成功与否。

随着跨境贸易人民币计价结算的推进,香港离岸人民币市场逐步形成。香港人民币存款由2009年的530亿元到2014年12月最高超过1万亿元。在我国没有完全开放资本项目的情况下,有必要通过银行间债券市场、RQFII等渠道建立人民币回流机制,同时积极研究探索管控风险的手段和措施。

这些问题的研究构成了本书的主要内容。

本书综述了影响跨境贸易计价货币选择的因素,在修正 Matsuyama et al. (1993)、Goldberg and Tille (2005)、Eiji Ogawa, Yuri Nagataki Sasak(1998)跨境贸易计价货币选择理论模型的基础上,实证分析了汇率、利率等变量对欧元、日元跨境贸易计价货币选择的影响,通过理论模型、数值模拟和实证分析验证了美元、欧元保持跨境贸易计价货币选择惯性的原因。

本书系统地回顾了跨境贸易人民币计价结算历史的四个阶段,利用统计数据和问卷调查数据阐述了跨境贸易人民币计价结算的现状及问题,分析2015年"8.11"人民币贬值对跨境贸易人民币计价结算带来的冲击;从理论模型和数值模拟的角度分析了政府加强跨境贸易人民币结算基础设施建设等工作对短期推进跨境贸易人民币计价结算的重要作用;从理论和实证分析两方面,证明了逐步建立大宗商品的计价权是长期形成跨境贸易人民币计价结算惯性的根本保证,为人民币跨境贸易结算乃至人民币国际化的路径选择提供了依据;分析了人民币跨境贸易结算的风险,为制定防范人民币跨境贸易结算风险的对策奠定了基础。

通过理论和实证研究,我们发现经济和贸易实力的相对大小以及支撑个体跨国交易的便利性条件是促进跨境贸易计价货币选择的根本驱动因素;保持本币持续稳定或升值的趋势、维持对国际主流市场相对较高的利率是推进跨境贸易本币结算的重要宏观经济环境;拥有大宗商品计价权是维持跨境贸易计价货币选择惯性的长期决定因素；美元并不会受贬值影响而突然丧失国际关键货币的地位，美元作为国际关键货币，存在很强的惯性；逐步放松资本项目管制，完善人民币回流机制，扩大境外人民币的保值和增值渠道，可以促进人民币跨境贸易结算的发展。

由此，我们提出以下政策建议：由于美元等国际货币存在惯性，应渐进推进人民币国际化进程，先区域化再国际化，先政府推动再逐步转化为市场推动；鼓励企业创新，提高出口企业产品国际竞争力是推进跨境贸易人民币计价结算的根本保证；人民币币值稳定是推进跨境贸易人民币结算初期的重要保证；提高资产收益率是推进人民币由结算货币向投资货币深化，进一步促进跨境贸易人民币结算的重要动力；布局大宗商品定价权，逐步形成跨境贸易人民币结算惯性是长期推进跨境贸易人民币结算的战略布局；加强人民币计价结算相关基础设施建设，便利跨境贸易人民币结算是推进跨境贸易人民币结算的重要环节；培育离岸人民币市场，建立健全人民币回流机制是推进跨境贸易人民币结算的重要条件。

在长达 7 年的研究过程中，本书的部分研究成果已公开发表在《世界经济研究》等杂志中，收录在已出版的书籍 New Strategic Research on China（Shanghai）Pilot Free Trade Zone（Chapter 7）里，部分内容形成了研究报告，还有部分内容形成了工作论文正在投稿过程中。感谢教育部人文社会科学规划基金项目"基于汇率波动视角的跨境贸易人民币结算研究"（项目编号：13YJA790081）、上海市哲学社会科学一般课题"境外人民币回流机制研究：基于上海国际金融中心建设的视角"（项目编号：2011BJB004）和复旦大学理论经济学 I 类高峰计划项目的资助，感谢我的博士后合作导师复旦大学经济学院长江学者姜波克教授的指导并欣然作序，感谢我的研究生邱虹宇、徐淑堂、张晓萌、黄菀薇、吕怡、黄玉莹、黄鹂鸣和万美希等在资料收集、数据处理和模型构建方面给予的帮助。感谢编辑石兴凤的辛勤工作。

目　录

序　言 …………………………………………………………………………… 1

前　言 …………………………………………………………………………… 1

第一章　跨境贸易计价货币选择理论：文献综述 ………………………… 1
　　第一节　传统的跨境贸易计价货币选择理论…………………………… 2
　　第二节　微观企业决策模型：计价货币选择的微观决定因素 ………… 4
　　第三节　宏观经济冲击模型：计价货币选择的宏观决定因素 ………… 8
　　第四节　计价货币选择理论的研究趋势 ………………………………… 10
　　第五节　本章小结 ………………………………………………………… 12

第二章　跨境贸易人民币结算的历史与现状 ……………………………… 15
　　第一节　我国跨境贸易人民币结算的历史 ……………………………… 16
　　第二节　我国跨境贸易人民币结算的现状 ……………………………… 26
　　第三节　我国企业跨境贸易计价结算货币选择：问卷调查分析 ……… 30
　　第四节　本章小结 ………………………………………………………… 40

第三章　经济实力、交易摩擦和政策推动 ………………………………… 42
　　第一节　基于搜寻模型的货币国际化条件分析 ………………………… 43
　　第二节　基于搜寻模型的货币国际化的决定因素分析 ………………… 49
　　第三节　推动一国货币国际化的政策选择分析 ………………………… 57

第四节　货币国际化影响因素的实证分析 …………………………… 66
第五节　人民币国际化影响因素的实证分析 …………………………… 71
第六节　本章小结 ………………………………………………………… 81

第四章　利率、汇率波动和跨境贸易计价货币选择 ……………………… 83
第一节　主要国家利率和资产收益率变化情况 ………………………… 83
第二节　利率、汇率波动和跨境贸易计价货币选择：日本的经验 …… 85
第三节　人民币汇率、利率与香港人民币存量 ………………………… 93

第五章　商品计价权、汇率波动和跨境贸易计价货币选择 …………… 103
第一节　大宗商品计价权的现状 ……………………………………… 104
第二节　大宗商品计价货币的演变 …………………………………… 106
第三节　出口企业计价货币选择理论模型 …………………………… 109
第四节　实证分析 ……………………………………………………… 114
第五节　谋求大宗商品人民币计价权的策略和风险 ………………… 119
第六节　本章小结 ……………………………………………………… 125

第六章　基于 MIU 模型的国际货币惯性研究 …………………………… 127
第一节　基于 MIU 模型的国际货币惯性模型和数值模拟 …………… 128
第二节　美元作为国际关键货币的效用贡献系数分析 ……………… 133
第三节　国际货币惯性的实证分析 …………………………………… 139
第四节　本章小结 ……………………………………………………… 148

第七章　人民币回流机制建设与监管措施研究 ………………………… 151
第一节　构建人民币回流机制的必要性 ……………………………… 151
第二节　资本项目逐步放开条件下的人民币回流渠道建设 ………… 154
第三节　人民币回流渠道建设的具体建议 …………………………… 157
第四节　人民币回流的监管措施 ……………………………………… 161
第五节　在岸金融市场建设 …………………………………………… 162
第六节　本章小结 ……………………………………………………… 164

第八章　结论及政策建议 ……………………………………………… 165
　第一节　结论 ……………………………………………………………… 165
　第二节　政策建议 ………………………………………………………… 173

附录 …………………………………………………………………………… 177
　附录 1　人民币、欧元和日元跨境贸易货币结算数据 ………………… 177
　附录 2　跨境人民币结算相关政策法规一览 …………………………… 186
　附录 3　跨境贸易人民币结算调查问卷 ………………………………… 188

参考文献 ……………………………………………………………………… 195

图表目录

表 1-1	国际贸易中企业计价货币选择的微观影响因素	13
表 1-2	国际贸易中企业计价货币选择的宏观影响因素	13
表 2-1	2006 年中国与不同国家边境贸易中人民币结算的比重	18
表 2-2	2004~2013 年云南跨境贸易人民币结算情况	21
表 2-3	2002~2009 年广西与越南边境贸易人民币结算情况	22
表 2-4	2010~2013 年广西跨境贸易人民币结算情况	22
表 2-5	中国与新疆周边国家签订的边贸结算协定	23
表 2-6	2002~2009 年中蒙人民币汇款情况	25
表 2-7	黑龙江辖内银行办理跨境人民币结算金额	26
表 2-8	2010~2015 年季度跨境贸易人民币结算情况	27
表 2-9	2011~2015 年年度跨境贸易人民币结算情况	28
表 2-10	2010~2015 年各省市跨境贸易人民币结算情况	29
表 2-11	2011 年企业出口贸易结算货币的使用情况统计	31
表 2-12	2011 年企业出口贸易主要目的地统计	32
表 2-13	企业所有制状况统计	32
表 2-14	企业或贸易品所属行业统计	32
表 2-15	企业注册资本统计	33
表 2-16	企业出口额占营业收入的比重统计	33
表 2-17	企业生产的产品或贸易产品的产业特征统计	33
表 2-18	企业与主要贸易对象之间的股权关系统计	34
表 2-19	企业出口产品竞争程度统计	34

表 2-20	企业跨境贸易支付银行统计	34
表 2-21	企业的汇率风险管理现状统计	35
表 2-22	企业汇率风险的对冲效果统计	35
表 2-23	注册资本(size)的取值	37
表 2-24	出口量占营业收入的比重(es)的取值	37
表 2-25	生产的产品或贸易产品的产业特征(industry)的取值	37
表 2-26	主要贸易对象与公司的关系(relationship)的取值	38
表 2-27	公司产品出口竞争程度(competition)的取值	38
表 2-28	为公司提供跨境贸易支付的银行(bank)的取值	38
表 2-29	Probit 模型回归结果	39
表 3-1	个体交易的匹配概率	45
表 3-2	自变量的选择及其含义	66
表 3-3	四种货币国际化及其影响因素单位根检验(2010Q1~2015Q4)	68
表 3-4	面板协整检验结果	69
表 3-5	货币国际化影响因素固定效应模型分析(2010Q1~2015Q4)	70
表 3-6	货币国际化影响因素稳健性检验结果(2010Q1~2015Q4)	71
表 3-7	自变量的选择及其含义	73
表 3-8	人民币在部分国家或地区的接受情况统计	74
表 3-9	"影响人民币国际化的因素"阶段Ⅰ或Ⅱ或Ⅲ改进(阶段Ⅰ)	78
表 3-10	"影响人民币国际化的因素"阶段Ⅰ或Ⅱ或Ⅲ改进(阶段Ⅱ)	79
表 3-11	"影响人民币国际化的因素"阶段Ⅰ或Ⅱ或Ⅲ改进(阶段Ⅱ改进)	80
表 4-1	1971~2009 年日本出口贸易中日元计价的比例	89
表 4-2	变量单位根检验值	91
表 4-3	日元计价比例、日元汇率、出口竞争力和日美利差的 Johansen 协整检验	91
表 4-4	变量单位根检验值	98
表 4-5	Johansen 协整检验结果	99
表 4-6	残差单位根检验结果	100
表 4-7	格兰杰因果检验结果	101
表 5-1	罗杰斯商品指数构成商品的计价货币	105

表 5-2	欧元区面板数据静态模型估计结果	116
表 5-3	欧元区面板数据动态模型估计结果	117
表 5-4	日元出口计价比例、日元进口计价比例、日元汇率和出口竞争力的单位根检验	117
表 5-5	日元出口计价比例、日元进口计价比例、日元汇率波动性和出口竞争力的协整检验	118
表 6-1	2000 年到 2012 年主要国际货币份额的季度数据	135
表 6-2	根据预期通胀估计的 γ 值	138
表 6-3	根据汇率变动估计的 γ 值	138
表 6-4	变量定义及表示	140
表 6-5	贸易特化指数、汇率波动率及利率	141
表 6-6	单位根检验结果	142
表 6-7	协整秩检验结果	142
表 6-8	最大特征值检验	143
表 6-9	检验系统的滞后阶数	143
表 6-10	自相关检验结果	144
表 6-11	变量定义及代码	145
表 6-12	面板静态模型	146
表 6-13	静态模型估计结果	146
表 6-14	动态 GMM 的估计结果与随机效应估计模型的对比	147
表 7-1	与人民币回流渠道建设有关的中国资本项目管制情况	154
图 2-1	2010~2014 年跨境贸易人民币结算情况	20
图 3-1	S 状态	47
图 3-2	A 状态	49
图 3-3	S、A 和 B 状态的重叠分布	50
图 3-4	S 状态区域在初始时不存在多重均衡	51
图 3-5	B 国国内交易摩擦对 S 状态右侧边界的影响	53
图 3-6	B 国国内交易摩擦对 B 状态边界的影响	54
图 3-7	货币政策对均衡状态边界的影响	55

图 3-8	货币国际化的均衡状态	58
图 3-9	G 与阈值 u_{max} 的动态关系	61
图 3-10	不同经济规模下 G 与阈值 u_{max} 的动态关系	63
图 4-1	主要发达国家与美国国债收益率的差	84
图 4-2	主要发达国家股价的变化	84
图 4-3	主要发达国家货币兑美元汇率的走势	85
图 4-4	香港人民币存款总额	94
图 4-5	香港人民币债券发行量及存量变化	95
图 6-1	贬值率与关键货币份额的数值模拟	133
图 6-2	欧元兑美元及日元兑美元的汇率走势	136
图 6-3	美国实际 CPI 和预期美元贬值率之间的走势	137
图 6-4	欧洲和日本加权的 CPI 与预期通胀之间的关系	137
图 6-5	根据 γ 估计值模拟美元份额与美元贬值率之间的关系	139

第一章

跨境贸易计价货币选择理论：文献综述[①]

从英镑、美元、欧元和日元等国际货币的发展历程来看，一国货币广泛应用于国际贸易的计价结算，会使该国货币逐步运用于国际金融领域，进而成为各国的官方储备货币。在国际贸易中充当主要计价货币（invoicing currency）是该货币拥有强大国际地位的一个重要特征，也是衡量一国货币国际化程度的重要标志。从这个角度来看，国际货币的交易媒介职能比价值贮藏、记账单位的职能要更为重要（Bourguinat,1985）。

国际贸易中，贸易双方对计价货币[②]的选择主要有生产者货币计价（Producer's Currency Pricing,PCP）、出口对象国货币计价（Local Currency Pricing,LCP）、第三国货币计价（Vehicle Currency Pricing,VCP）、三种计价方式的混合使用。国际贸易中计价货币的选择决定了贸易双方谁承担汇率风险，影响到企业利润的最大化，进而对宏观经济产生深远影响（Bacchetta and Wincoop,2005）。同时，计价货币的选择对汇率的传递效应、最优的汇率政策（Gopinath, Itskhoki and Rigobon,2010）和最优货币政策规则（Hiroyuki, Akira Otani, Toyoichirou shirota,2003）具有重要影响。

[①] 本章主要内容参考罗忠洲（2012）。
[②] 出口商在汇率不确定的情况下以某种货币确定价格，这种货币被称为定价货币（the price setting currency），典型的国际贸易在交易数量的决定和实际支付发生之间通常存在一个时滞，而被用作实际结算的货币则被称作计价货币（invoicing currency）。Friberg（1998）将国际贸易过程中签订贸易契约所使用的货币称为计价货币，将实际支付中使用的货币则称为结算货币，进而提出三种货币形态与货币的三种职能的对应关系：定价货币与记账单位职能相关，计价货币与价值贮藏职能相关，而结算货币实现了交易媒介职能。Baron（1976）以及Donnenfel and Zilcha（1991）认为，定价货币和计价货币两个词汇可以互换使用，现实中两者倾向于相同。在我们的研究中，将计价货币和结算货币不加区分，统称为计价货币。

本章拟综述国际贸易计价货币选择理论。论文首先回顾传统的计价货币选择理论；接着，从微观企业决策模型、宏观经济冲击模型的角度，对有关国际贸易计价货币选择的理论和实证分析的文献进行梳理，同时加以评述；然后，指出计价货币选择理论的研究趋势；最后总结计价货币选择的影响因素。

第一节 传统的跨境贸易计价货币选择理论

早期关于跨境贸易计价货币的文献主要着眼于货币的交易成本、贸易对象的差异和产品特性对计价货币选择的影响。在1973年布雷顿森林体系崩溃之后，汇率开始浮动，国际贸易计价货币选择问题的重要性日益显现。各方关注的第一个问题是：当汇率可变时，谁将承担汇率的风险？当时的推断是：一个风险厌恶的出口商会优先选择用本国（生产国）的货币计价。

一、Swoboda 假说

Swoboda 从货币交易成本的角度研究跨境贸易计价货币选择。Swoboda(1968,1969)认为，在外汇市场上流动性高的货币其交易成本较低，具有较低交易成本的货币则有可能成为国际贸易的交换媒介。

McKinnon(1979)从行业特性的角度入手，认为一个行业的产品如果同质并且在特定市场进行交易，则该行业将倾向于用某种交易成本较低的单一货币进行计价。而 Krugman(1980)指出，媒介货币的选择存在惯性。当某种货币在市场上确立了主导地位，行业内的个体公司将不再有动力转而使用另一计价货币，产品价格的波动受制于竞争对手。因为这种转换将提高交易成本并增加销售的不确定性。因此，一旦某种货币凭借着诸如低廉成本之类的优势，即使出现了另一种类似低廉成本的货币，原来的货币仍将牢牢占据主导位置(Matsuyama et al.,1993)。

由于存在规模效应，一种货币在外汇市场上的交易规模越大，其交易成本和信息收集成本就越低。因此，国际贸易中使用外汇市场上交易量大的单一货币计价可以降低成本、提高效率，产生重要的"密集市场外部性"(thick market externalities)，从而有利于其在国际贸易中成为广泛接受的计价货币(Cohen,1998;Hartmann,1998;Rey,2001)。Tavlas(1990)强调，在充分竞争的市场上交易的初级产品和金融产品具有产品标准化、差异化程度低的共同特征，使用国际货币交易可以更高效,因此,在这些产品的贸易中,交易双方愿意接受广泛使用的货币进行计价结算。

二、Grassman 法则

Grassman 从贸易对象国的角度研究跨境贸易计价货币选择。Grassman(1973,1976)在利用 1968 年瑞典的进出口贸易数据研究其国际贸易计价货币的选择时发现,瑞典出口贸易中 66% 的交易使用瑞典克朗计价,以美元计价的交易仅占 12%,而瑞典进口贸易中仅有 26% 的交易是以瑞典克朗计价的。丹麦也存在类似的情况。由此可见,两国的国际贸易都倾向于以商品生产国货币作为计价货币。

Grassman 的进一步研究表明,对于发达国家之间的工业制成品贸易,贸易双方使用最多的计价货币是商品生产国货币,其次是以出口对象国货币即进口国的货币计价,很少使用第三国货币计价。这种现象被称为 Grassman 法则或 Grassman 规则。[①]

Grassman 法则较好地解释了 20 世纪六七十年代发达国家之间贸易的计价货币使用情况。Page(1977)等分别对日本、德国、英国、荷兰等发达国家的计价货币进行了研究,验证了 Grassman 法则。但随着研究对象的增加,Grassman 法则不断地受到挑战:事实表明发展中国家同发达国家之间的大部分贸易,无论是出口还是进口,主要采用发达国家的货币计价,而发展中国家之间的贸易却经常使用第三国货币(主要是国际货币)计价。

三、McKinnon 假说

McKinnon 从不同贸易商品特质的角度研究跨境贸易计价货币选择。McKinnon(1979)将贸易商品分成两类:一类是出口商议价能力强、具有价格支配能力的异质化商品,称为 I 类贸易商品(Tradables I);另一类为单个厂商不具有价格支配能力的同质化商品,称为 II 类贸易商品(Tradables II)。工业制成品等 I 类贸易商品贸易时,主要以生产国货币计价;而能源和原材料等同质化商品(II 类贸易商品)贸易时,主要以美元等其他国际货币计价。

[①] 作为经验性规律,用本国货币进行出口计价的一般偏好得到许多学者的证实,同时,解释国际贸易中选择本国货币还是外国货币进行计价的分析模型得到了许多学者的发展。具体文献参见 Benjamin J. Cohen (1998)。

McKinnon 假说也可以用 Grassman 法则来解释,发达国家出口的主要是技术含量高的工业制成品,用本国货币计价的出口比例高;而发展中国家出口的主要是初级产品和同质化产品,用美元或进口国(发达国家)的货币计价。

初级商品是同质商品,初级商品的出口商更关心竞争者的价格,因此,他们想要选择与竞争者相同的货币。Goldberg and Tille(2005)研究了产品特性对国际贸易计价货币选择的影响,研究结果表明,厂商在出口可替代性高的产品时,为了使自己在竞争中不处于被动地位,倾向于选择与竞争对手相同的货币计价,其结果是大部分需求价格弹性高的贸易商品使用单一货币计价。同时,他们强调了组织交易以及参考定价在美元作为计价货币时的重要作用,但这种作用在逐渐降低,这可能是美元作为国际货币的重要性不断下降的原因。Goldberg and Tille(2008)利用 24 个国家或地区的面板数据对国际贸易计价货币选择进行了实证分析,得到了类似的结论:出口商品中同质商品所占比重越大,美元计价比例越高。

第二节 微观企业决策模型:计价货币选择的微观决定因素

20 世纪 80 年代以后,研究者从厂商利润最大化的视角研究跨境贸易计价货币选择。这些阐述计价货币选择微观决定因素的微观企业决策模型主要有企业预期利润最大化模型、讨价还价模型和市场份额模型等。

一、预期利润最大化模型

企业预期利润最大化模型以厂商利润最大化为目标,寻求厂商计价货币选择的局部均衡,重点讨论企业成本、产品需求的变化对计价货币选择的影响。

当汇率可以自由波动,不仅价格的不确定性,而且需求的不确定性也会成为问题。如果价格是汇率波动前确定的且知道的,订单是汇率冲击之后发出的,那么由于出口商不知道进口商购买时的有效价格,若出口商仍用本国货币定价,将面临需求风险(Baron,1976),于是便出现了出口商用本国货币定价时的价格不确定性。Baron(1976)研究了垄断出口厂商出口商品时的计价货币选择问题。研究结果显示,不同的计价货币选择将影响到预期价格、利润和贸易数量:如果垄断出口商面对线性需求函数,且边际成本不变,那么以进口商货币计价会使该厂商获得较高的预期利润。Giovannini(1988)修正了 Baron(1976)线性需求函数和边际成本不变的假设,从而拓展了 Baron(1976)的分析。

Giovannini(1988)通过建立企业预期利润最大化模型,研究了汇率波动情况下垄断型厂商出口时的计价货币选择问题。Giovannini 发现,企业利润函数、需求函数和成本函数的不同均影响到计价货币的选择。企业出口商品的异质性大、竞争力强,则产品需求的价格弹性小,该产品的出口就可以选择本币计价;反之,则选择出口对象国货币计价。这是对 McKinnon 假说的一个理论阐析。

Donnenfeld and Zilcha(1991)的经典模型表明,出口需求弹性较小的商品在出口时具有定价权,但受汇率波动的影响较大,汇率越不稳定,可能造成国外市场价格的波动就越大,从而导致预期利润下降。因此,相对于用生产国货币计价,以出口对象国货币计价是一个优势策略。因此,在这种情况下,汇率波动将导致出口企业选择 LCP。[①] Donnenfeld and Haug(2003)通过对加拿大进口贸易货币选择的实证分析,认为找到了能够支持 Donnenfeld and Zilcha(1991)结论的证据,即更高的汇率风险会促进 LCP 的运用,而减少 PCP 或 VCP 的运用。然而,几乎所有的估计在统计学上均不显著。[②]

Bacchetta and Wincoop(2002)通过比较分析垄断厂商和寡头垄断厂商在不同计价货币情况下厂商预期利润的大小,利用局部均衡模型研究了汇率不确定情况下厂商的国际贸易计价货币选择问题。在此基础上,实证分析了美、德、日、英、法、意、荷七个工业国家出口中以本国货币计价的影响因素,认为市场份额比国家规模对国际贸易中计价货币选择的影响更大。

二、讨价还价模型

讨价还价模型通过建立出口商和进口商讨价还价的博弈模型,研究了贸易双方计价结算货币选择的激励机制,探讨了贸易双方的谈判能力对计价结算货币选择的影响。

Bilson(1983)研究了贸易双方在寻找和接受以生产者货币计价的激励和动

[①] Friberg(1998)和 Johnson and Pick(1997)对上述模型的假设进行了完善。前者将风险规避的假设和远期市场引入其中,后者则将贸易的出口方延伸到多个国家或地区的厂商。他们认为,当本币或外币的汇率波动太大,或者受流动性等限制使直接结算的成本大幅上升时,交易双方就会倾向于选择汇率相对稳定的货币作为计价货币。而且由于其他国家出口商的存在,即便选择进口商的货币进行结算,也不能确定厂商在国外市场的需求。此时,各竞争者之间的相对价格就显得非常重要,厂商就会达成一个纳什均衡,即大家都选择一种共同的计价货币。

[②] 他们的确得出了一些证明出口国规模(或市场力量)与使用本国货币计价呈正相关的结果。

力,进而提出了一种贸易双方有关价格和计价货币选择的双边讨价还价模型。模型显示,承担汇率风险将会带来不必要的损失,尤其是在存在长期契约时。因此,接受以生产者价格计价的进口商在谈判中会通过调整价格来维持其边际收益,以弥补汇率波动带来的损失。Viaene and de Vries(1992)将远期市场引入谈判的策略,认为出口商和进口商会就计价货币的问题进行谈判,双方都会偏向本币。他们发现,出口国的货币优势可能是由出口公司的先发优势造成的,也可能是由公司的垄断出口力量造成的。Saeed and Patrik(1998)利用谈判理论,从厂商和市场两个侧面,建立了出口贸易中货币计价选择的一个讨价还价模型。研究表明,日用品等消费者导向产品、长期贸易关系中的出口方更愿意选择 LCP,出口产品差异化程度高、出口产品对于买家很重要、出口市场竞争程度低、产品价格制定者和具有更强讨价还价能力的出口商更愿意选择 PCP。

Goldberg and Tille(2009)认为,出口商具有使用本国货币的动机,以尽可能减小汇率波动对其单位收益的影响。但他们的研究表明,贸易双方谈判的结果是倾向于选择进口国货币,当然,出口商会以提高价格的方式来应对可能产生的汇率波动风险。Goldberg and Tille(2009)假定出口商与两家客户开展贸易谈判,其中一家客户的订单额大些。如果不能与一家大客户达成协议的话,就意味着出口商的收入会相对较低,而收入的边际效用就会相对较高。因此,当与一家订单额大的进口商进行谈判时,谈判结果会倾向于进口商的偏好而使用进口国货币计价。

三、市场份额模型

市场份额模型研究了一国贸易的市场份额对其按本国通货计价比重的影响,认为一个大的经济体往往越有能力,并且越倾向于选择本国货币。

Bacchetta and Wincoop(2005)的研究表明,出口国贸易商品的市场份额越大,则以出口国货币计价的百分比越高。美、德两国的平均市场份额远高于其他国家,故以本国通货计价的贸易所占的百分比最高。尽管日本是第二大工业化国家,但其出口依存度较低,市场份额也较低[①],因此,在出口中用日元计价的比重较低。Donnenfeld and Haug(2003)通过构建模型证明公司规模越大,在国际贸易中讨价还价的能力就越强,因此更倾向于选择本国货币计价而不用他国货币计价。他们

---

① Hooper et al.(1998)的研究表明,日本出口商品的价格弹性比其他任何工业化国家都高。

利用加拿大 6 年 12 个具有代表性的出口行业的国际贸易计价选择数据进行的实证分析结果也验证了上述结论。

大国由于其经济总量大,进出口市场份额也较大,加上大国货币国际化程度高,这增加了大国出口商的讨价还价能力,进而提高了以出口国货币计价的比例。一个大的经济体往往越有能力,且越倾向于在国际贸易中选择本国货币计价(Hartmann,1998;Fukuda and Ono,2006)。他们还认为,国际贸易计价货币选择具有相当大的惯性和趋同性。Wilander(2004)和 Silva(2004)利用瑞典和荷兰的相关数据进行了研究,也得出了类似的结论。

Kamps(2006)利用 42 个国家或地区的面板数据,因变量分别选择美元计价比例、欧元计价比例和本国货币计价比例,自变量选择对美国(欧元区国家)的出口比例、与美国(欧元区国家)的通货膨胀差、美元(欧元)对本国货币汇率的波动、异质化出口商品的比例等,实证分析了计价货币选择的决定因素。实证结果表明,对欧元区国家出口的比例越高,用欧元结算的比例就越高;同质商品占出口商品的比重越大,用美元计价的比例越高,用欧元计价的比例就越低。另外,汇率波动不是提高美元计价比例的原因,企业的 PTM 行为没有提高以美元计价的出口比例。[①] Goldberg and Tille(2009)的研究表明,出口国的市场份额更大,将会使所有的出口商减少使用进口国的货币,而增加使用出口国的货币。这就反映了最初选择使用的货币总是市场份额较大一方的货币。

四、述评

综上所述,跨境贸易计价货币选择的微观影响因素主要有:贸易对象国的不同、产品的需求价格弹性、预期利润、讨价还价能力、出口市场竞争情况、公司规模和产品市场占有率等。但是我们发现,由于在能源和原材料方面存在强大的计价功能,美元即便处于长期贬值的趋势,其在跨境贸易计价结算中的地位依然没有动摇。研究国际重要能源和原材料定价权在计价结算货币选择中的重要作用,将为我国推进人民币跨境贸易结算提供重要的政策依据。

[①] Kamps(2006)也分析了进口的计价货币选择,但只分析了以本国货币计价的进口情况。

第三节　宏观经济冲击模型：计价货币选择的宏观决定因素

最近几年的研究认为，一国宏观经济因素的较大波动，会使计价货币的选择偏离该国货币而转向其他币种。相对老牌工业化国家而言，新兴市场国家宏观经济的波动较大，因此，这些国家的货币在国际贸易计价结算中被使用的频率相对较低。

一、货币供给冲击模型

货币供给冲击模型通过建立动态一般均衡模型，研究货币供给变化、通货膨胀率的高低等宏观因素对计价结算货币选择的影响。

Magee and Rao(1980)按照通货膨胀率的高低区分了强势及弱势货币，在低通胀工业国家和高通胀发展中国家之间的贸易中，低通胀工业国家的货币是强势货币，在计价结算中占据主导地位。[①] Tavlas(1997)的研究表明，德国长期以来都采取较稳健的货币政策，故其通货膨胀率较低，汇率波动幅度也较小，因此，历史上德国进出口中使用马克计价结算的比例较高。

Devereux and Engel(2001) 假设本国和外国货币供给变化存在差异，由此建立了一个动态一般均衡模型，利用模型分析了发达国家和发展中国家不同的厂商国际贸易计价选择行为，以及这种计价选择行为对汇率传递效应的影响。Devereux and Engel(2001)的模型没有直接比较 PCP 和 LCP 下的预期利润，而是聚焦于分析一个厂商做出与其竞争厂商相同计价货币选择的条件。研究发现，该条件是计价货币国家的货币供给波动幅度小，即货币政策相对稳健国家的货币是贸易双方计价货币的共同选择。对于货币供给波动幅度小的国家，该国企业出口就会选择PCP，而进口方选择LCP。同时，这种计价货币的选择方式也会使汇率波动对该国进口价格的传导较低，从而减少对国内物价的冲击。Gopinath, Itskhoki and Rigobon(2010)创立了一个相互影响的价格设定体系的动态内生货币选择模型，认为计价货币选择不是外生的，与汇率的传递效应有着交互影响关系。Devereux, Engel and Storegaard(2004)的研究结果表明，货币供给的波动往往与汇

[①] 这个结果与 Bacchetta and Wincoop (2002)的一般均衡结论类似，他们认为通货膨胀率较高的货币不太可能被用作计价货币。

率的波动相联系,稳定货币供给的货币政策规则能够增强货币持有者的信心,同时在一定程度上抵消汇率的价格传递效应对国内物价的冲击,从而提高选择该国货币进行计价结算的可能性。

Wilander(2004)发现,在一个稳定的金融市场不存在资本控制和黑市的条件下,低通货膨胀率会促进本币在国际贸易中用于定价。Wilander(2004)也假设低差异化的产品更不可能被生产者用来定价,瑞典摩托制造业 60% 的出口和造纸、纸浆 25% 的出口是用瑞典克朗计价的,这一点似乎证明了他的假设。Silva(2004)的研究也表明,货币竞争力的加强、金融市场的深化以及高通胀趋势的消失会增加对该国货币的使用。

二、汇率波动模型

汇率波动模型是在企业利润最大化函数中引入不同国家的汇率波动情况,研究汇率波动和汇率制度变化对计价结算货币选择的影响。

Johnson and Pick(1997)和 Friberg(1998)认为,厂商会通过比较出口国货币对进口国货币汇率波动幅度和第三国货币对进口国货币汇率波动幅度的大小,决定选择进口国货币、出口国货币还是第三国货币作为计价货币。Engel(2002)进一步研究了产品价格存在黏性时跨境贸易计价货币选择的情况。Bacchetta and Wincoop(2002)的局部均衡和一般均衡模型分析结果显示,在权衡本币和第三国货币作为计价货币的选择过程中,如果哪种货币与贸易伙伴国货币的汇率波动幅度更小,则该货币将被选择作为计价货币。

Donnenfeld and Haug(2003)通过建立多元回归模型研究了加拿大不同出口行业的货币选择问题。实证模型的解释变量包括汇率风险、贸易伙伴国的距离和规模,实证结果表明,只有汇率波动的估计结果在统计上有意义,并表现出 LCP 和汇率波动的正向关系:高汇率风险会导致竞争产品的出口企业 LCP 的选择。Wilander(2004)做了一个类似的有关瑞典工业出口定价决策的实证分析。然而,Wilander(2004)关于汇率风险的研究结果却与 Donnenfeld and Haug(2003)相反,即汇率波动和本币定价是呈反向关系的。这可能有两个原因:首先,Wilander(2004)使用了汇率波动率作为对汇率风险的度量,而 Donnenfeld and Haug(2003)使用的是远期汇率;其次,Wilander(2004)分析的对象是瑞典的出口,而 Donnenfeld and Haug(2003)的分析对象是加拿大的出口。

Goldberg and Tille(2005)对 24 个国家或地区的国际贸易计价货币选择数据进行分析后发现,美元在计价货币中的主导地位,不仅要归功于美国经济的影响力,还与新兴市场国家实行钉住美元的汇率制度有关。如果一国货币钉住美元,在国际贸易中用美元计价结算等同于用本币进行计价结算,避免了汇率波动风险及由此带来的需求冲击。Ligthart and da Silva (2007)实证分析了 1987 年到 1998 年荷兰企业出口到 OECD 30 个国家或地区的计价货币选择,自变量选择预期通货膨胀率、汇率波动率、失业率,再加上金融市场成熟度、原材料贸易占商品贸易的比重、是不是欧盟成员国等。面板数据的实证结果表明,荷兰盾在贸易计价货币中占比少的原因是:贸易对象国的金融市场高度发达、贸易对象国占世界贸易的比重大、荷兰盾预期贬值。但 Silva(2004)的研究表明汇率波动以及汇率预期在计价货币的选择上并不具有决定性。Kamps(2006)的研究也表明,汇率波动不是提高美元计价比例的原因。

三、述评

综上所述,跨境贸易计价货币选择的宏观影响因素主要有:通货膨胀率的高低、汇率波动程度、货币供给波动大小和经济总量大小等。但是,我们认为影响计价货币选择的宏观因素还应考虑一国的利率水平、资产收益率高低和经济增长快慢等因素。日元资产的收益率低于美元资产的收益率可能是日元在日本跨境贸易计价结算比例不断下降的重要原因。渐进的人民币升值趋势、较快的经济增长速度、稳健的宏观经济环境和较高的资产收益率将对跨境贸易人民币结算量的提高创造有利的外部条件。

第四节 计价货币选择理论的研究趋势

一、动态一般均衡模型的构建

在计价货币选择中,宏观经济波动与行业特性产生交互影响作用,宏观经济变量在计价货币选择上发挥着独特作用(Goldberg and Tille,2005)。事实证明,在企业层面上被认为是微观决策的计价通货选择问题,其实蕴含着广泛的宏观经济含义。计价货币选择影响宏观经济的关键渠道之一是汇率的传递效应,若企业按进口商通货定价,将不存在汇率传导;然而,如果按出口国货币定价,则将发生完全汇率传导。计价货币选择同时影响着汇率波动与汇率对经济的作用,它被证实是最优货币政策和汇率制度选择的关键因素。

新开放宏观经济学将传统的黏性价格和不完全竞争理论融入动态的一般均衡的分析之中,这在很大程度上影响了此后的国际计价货币的研究。引入多个宏观经济变量并认为它们之间存在联系的一般均衡模型成为国际计价货币的主要研究工具。近年来,Devereux and Engel(2001)、Devereux Engel and Storegaard(2004)、Bacchetta and Wincoop(2005)、Ligthart and da Silva(2007)、Goldberg and Tille(2005,2008,2009)、Gopinath, Itskhoki and Rigobon(2010)在一般均衡模型的构建和实证研究分析方面做了大量的工作。

进一步拓展变量,在微观企业计价货币选择的决策中融入宏观经济变量的动态一般均衡分析将是未来研究的方向之一。

二、数据挖掘

从前述文献中可知,理论模型可以推导出很多影响企业计价货币选择的微观和宏观因素。但是,有关计价货币选择的时间序列数据比较缺乏,导致实证分析的证据非常少。如何挖掘计价货币选择的时间序列数据,进而选择合适的方法进行实证研究是未来研究的又一方向。数据挖掘主要由以下三个方面展开:

数据挖掘的第一个方向是运用国际可比数据进行面板数据分析。Kamps(2006)扩充了Goldberg and Tille(2005)的数据库,利用42个国家或地区的面板数据,实证分析了计价货币选择的决定因素。但其运用的是总量数据,这就意味着模型忽略了不同出口商的不同模式。例如,在产品差异化较小的行业中,产品的需求价格弹性大,企业倾向于选择与竞争对手使用同种货币;而那些差异化较大的产品所在的行业,产品的需求价格弹性小,企业倾向于选择本国货币计价。因此,在同一个国家中,不同企业对币种的选择是各不相同的。

数据挖掘的第二个方向是利用单一国家不同行业甚至更细化的数据进行实证分析。例如,Donnenfeld and Haug(2003,2008)利用出口行业数据,运用多元回归模型对加拿大出口的计价货币选择情况进行了实证分析[1];Silva(2004)利用出口

---

[1] 他们的实证数据存在分析时间较短等缺陷。Donnenfeld and Haug(2003)使用的实证数据是1989~1994年的季度数据,Donnenfeld and Haug(2008)使用的实证数据是1996年8月到1998年7月的月度数据。

行业数据，运用面板数据的固定效应和随机效应实证分析了荷兰贸易的计价货币选择情况。Goldberg and Tille（2009）利用2002年2月至2009年2月加拿大4500万笔独立的进口贸易数据，运用面板数据分析方法，检验了计价货币选择的不同决定因素，并分析了不同决定因素的影响程度。

数据挖掘的第三个方向是通过问卷调查获取数据，然后进行实证分析。通过对企业进行直接的问卷调查，了解企业计价货币选择的现状及选择理由，有利于正确把握企业计价货币选择行为。Friberg and Wilander（2007，2008）调研了2006年瑞典出口企业的计价货币选择情况，在此基础上进行计量经济学分析。伊藤隆敏等（2009）调研了日本四大行业——汽车、大型机电、机械、电子零部件的23家大型出口企业的计价货币选择情况，对企业的计价货币选择的决定因素进行了实证分析。

第五节　本章小结

企业选择什么货币作为贸易计价货币，主要动因是为了避免汇率风险。我们认为，对于汇率风险可以分为事前的汇率风险和事后的汇率风险。所谓事前的汇率风险，是指国际贸易结算前面临的汇率风险；而事后的汇率风险是指国际贸易结算后持有外汇面临的风险。前者主要通过微观决策化解，而后者则要考虑宏观因素。通过上述对企业计价货币选择模型的梳理和实证结果的分析，我们可以从微观和宏观两方面总结影响企业计价货币选择的因素。

一、国际贸易中企业计价货币选择的微观影响因素

综合前述理论和实证研究，国际贸易中企业计价货币选择的微观影响因素主要有：货币的交易成本、贸易对象国、产品的需求价格弹性、预期利润、讨价还价能力、出口市场竞争情况、公司规模和产品市场占有率等。

表 1-1　　　　　国际贸易中企业计价货币选择的微观影响因素

序号	计价货币选择的影响因素	文　献
1	货币的交易成本	Swoboda(1968,1969)、McKinnon(1979)、Krugman(1980)、Cohen(1998)、Hartmann(1998)、Rey(2001)
2	贸易对象国	Grassman(1973,1976)、Magee(1974)、Page(1977)
3	产品的需求价格弹性	McKinnon(1979)、Goldberg and Tille(2005,2008)、Bacchetta and Wincoop(2005)
4	预期利润	Giovannini(1988)、Donnenfeld and Zilcha(1991)、Johnson and Pick(1997)、Friberg(1998)、Bacchetta and Wincoop(2002)
5	讨价还价能力	Bilson(1983)、Viaene and de Vries(1992)、Saeed Samiee and Patrik Anckar(1998)、Goldberg and Tille(2009)
6	出口市场竞争情况	Saeed Samiee and Patrik Anckar(1998)
7	公司规模	Donnenfeld and Haug(2003)
8	产品市场占有率	Bacchetta and Wincoop(2005)、Goldberg and Tille(2009)

二、国际贸易中企业计价货币选择的宏观影响因素

国际贸易中企业计价货币选择的宏观影响因素主要有：通货膨胀率的高低、货币供给波动大小、汇率波动程度和经济总量大小等。

表 1-2　　　　　国际贸易中企业计价货币选择的宏观影响因素

序号	计价货币选择的影响因素	文　献
1	通货膨胀率的高低	Magee and Rao(1980)、Tavlas(1997)、Wilander(2004)、Silva(2004)、Kamps(2006)
2	货币供给波动大小	Devereux and Engel(2001)、Bacchetta and Wincoop(2002)、Devereux, Engel and Storegaard(2004)
3	汇率波动程度	Johnson and Pick(1997)、Friberg(1998)、Bacchetta and Wincoop(2002)、Donnenfeld and Haug(2003)、Silva(2004)、Kamps(2006)、Wilander(2004)、Ligthart and da Silva(2007)、Goldberg and Tille(2009)、Kamps(2006)、Gopinath, Itskhoki and Rigobon(2010)
4	经济总量大小	Hartmann(1998)、Fukuda and Ono(2006)、Wilander(2004)、Silva(2004)、Bacchetta and Wincoop(2002)

在近几年的文献研究中，研究者一般把宏观因素和微观因素综合到模型中，进行计价货币选择的一般均衡分析。

三、未来的研究趋势

在微观企业计价货币选择的决策中融入宏观经济变量的动态一般均衡研究，以及通过拓展样本空间、问卷调查等方法挖掘微观企业计价货币选择的时间序列数据，进而选择合适的方法进行实证研究是未来研究的方向。

在理论分析的基础上，通过实证分析找到影响人民币跨境贸易结算的主要因素，并分析人民币跨境贸易结算的风险，这为人民币跨境贸易结算的路径选择提供了依据，也为制定防范人民币跨境贸易结算风险的对策奠定了基础。

第二章

跨境贸易人民币结算的历史与现状

从 20 世纪 60 年代算起,跨境贸易人民币计价结算经历了四个阶段。早期跨境贸易人民币计价结算的开展与布雷顿森林体系崩溃、英镑大幅贬值有关。随着我国改革开放取得巨大成就,20 世纪 90 年代以后,边境贸易尤其是与越南、缅甸等东南亚国家的边境贸易中出现了市场自主选择人民币计价结算的情况。随着中国政治、经济地位的不断攀升,我国有关的外汇管理法规、政策的推进,亚洲金融危机后币值稳定的人民币成为边境贸易中流行的计价单位和支付结算工具。2009 年 7 月 1 日,跨境贸易人民币结算试点开启了人民币计价结算乃至国际化的新时代。2009 年试点以来至 2016 年 6 月末,跨境贸易人民币结算额累计已达 26.58 万亿元人民币。跨境贸易人民币结算额占进出口总额的比重也由 2010 年的 2.58% 提高到 2015 年的 29.40%。但是,通过问卷调查,我们看到跨境贸易人民币计价结算的推进还存在很多问题。目前跨境贸易人民币计价结算发生地主要在香港。跨境贸易人民币计价结算的未来任重道远。

本章首先回顾跨境贸易人民币计价结算的历史,主要介绍跨境贸易人民币计价结算的四个阶段,重点介绍我国边境贸易人民币计价结算的历史。其次,从结算规模、结构、收付比、地区差异等方面分析跨境贸易人民币计价结算的现状。最后,通过对外贸企业的问卷调查分析,分析我国企业跨境贸易计价货币选择的情况。

第一节　我国跨境贸易人民币结算的历史

一、跨境贸易人民币计价结算的四个阶段

人民币作为跨境贸易中计价结算货币的历史，无疑是与对应的历史条件下国家的对外经贸形势、外交政策及有关的外汇管理法规、政策紧密相关的，主要可以分为四个阶段。

在对外贸易的历史中，我国实行用人民币作为计价结算手段最早可追溯到20世纪60年代。当时，中国对资本主义国家的进出口收付汇以使用英镑为主，但是西方各国经济、金融危机频繁，英镑大幅贬值引起约30个国家和地区的货币随同贬值。为了减少外汇风险、保护国家利益，国务院批准于1968年3月开始对港澳地区进出口贸易试行使用人民币计价结算。随后，1969年广州春季交易会开始，试点范围逐步扩大到西欧国家。至1973年，使用人民币计价结算的国家和地区达到63个，1976年进一步增加到120个。在范围扩大的同时，成交额也有很大增长。1970年的广交会上，出口用人民币计价结算金额为5亿~6亿元。1976年广州秋季交易会统计，当年出口成交总额为15.78亿元，以人民币计价结算的出口额为9.1亿元，占其总额的57.68%。同时，以人民币计价结算的进口额也将近达到进口成交总额的十分之一。[①] 从1968到1976年整整9年时间，国际金融形势剧烈动荡，代表着固定汇率制度的布雷顿森林体系逐渐走向崩溃，中国对外贸易使用人民币计价结算是在当时条件下的权宜之计，在经济和政治上都具有特殊意义。

第二阶段是1976年后，对外贸易人民币结算业务大幅萎缩，非贸易项下的人民币结算一直维持到1999年，且仅限于在中国银行办理。而在1999年，外汇局在《关于停止你行以人民币办理国际结算业务的通知》中要求中国银行海外联行、港澳联行自1999年6月10日起全面停办"10万元人民币以下的非贸易汇入汇款及不受此金额限制的境外人民币捐款业务"，非贸易项下的人民币结算也被外汇局叫停。此后，以人民币计价结算的境外汇款业务未再开展，之前开立的人民币结算账户也全部关闭。这一阶段是外汇体系监管严厉的阶段，与人民币计价结算相关的法

[①] 李东荣(2009)、中国银行网站。

律法规都主要以限制性或禁止性规定为主。如1997年1月14日国务院修订的《中华人民共和国外汇管理条例》第十四条规定:"违反国家规定,以人民币支付或者以实物偿付应当以外汇支付的进口货款或者其他类似支出的属于非法套汇行为";再如2002年7月25日外汇局颁布的《保税区外汇管理办法》第七条规定:"保税区与境外之间的一切经济往来,必须以外币计价结算,不得以人民币计价结算……"

但值得注意的是,20世纪90年代,边境贸易的发展带动了人民币结算的需求,这使得民间自主的现金结算与"地摊银行"萌发,为政策放开之后的迅猛发展做了些许铺垫。

第三阶段大约从2003年开始,外汇局逐渐放开对人民币计价结算方面的管制,这一阶段人民币计价结算取得了不小的复苏。2003年3月3日,外汇局颁布了《关于境内机构对外贸易中以人民币作为计价货币有关问题的通知》,其中规定:"境内机构签订进出口合同时,可以采用人民币作为计价货币。"但该规定并未允许人民币作为结算货币。

2003年9月22日,外汇局又颁布了《边境贸易外汇管理办法》,该办法第四条规定:"边贸企业或个人与境外贸易机构进行边境贸易时,可以用可自由兑换货币、毗邻国家货币或者人民币计价结算,也可以用易货的方式进行结算。"这个在边境贸易领域所作的开放进一步放开了对人民币计价结算方面的管制。不久后,中国与周边的蒙古、越南、尼泊尔、吉尔吉斯斯坦、俄罗斯等8个主要国家分别签订了有关边境地区双边支付结算的协议,双方边境地区的商品和服务贸易可以使用人民币进行计价结算。就此,使用人民币计价结算在边贸地区的报关、核销、对外直接投资等方面已无明显外汇政策限制。

在政策的推动下,人民币计价结算取得了较快发展。随着中国政治、经济地位的不断攀升,人民币凭借其稳定的币值成为边境贸易中流行的计价单位和支付结算工具。如云南边境贸易人民币结算率在2004年至2008年从30%上升到90%,结算量从7.39亿元增长至36.96亿元,增长了4倍。[①] 2008年内蒙古自治区对蒙古以人民币计价结算的进出口贸易额为115.89亿元,占总额的56.38%,较2005年提高了16.73个百分点[②],在蒙古境内人民币被称为"第二美元"。

在对台小额贸易方面,2001年国家外汇管理局就出台了《福建省东山县对台

[①] 刘申(2014)。
[②] 齐杰(2009)。

小额贸易出口核销管理试行办法》,允许东山关区对台小额贸易以人民币计价核销。2001年至2007年6月福建漳州对台小额贸易累积出口5903万美元,人民币核销金额4.42亿元人民币,与之相比,外汇核销金额仅为143万美元。[1]

在港澳地区,从2003年中国人民银行第16号公告为香港银行个人人民币业务提供清算安排,到2005年第26号公告,再到2007年第3号公告,一系列政策出台畅通了人民币在个人消费中的计价结算。据初步统计[2],2006年流入香港特别行政区的人民币现钞约为260亿元,与港元双向兑换200多亿元,银行卡年结算金额突破100亿元,香港人民币存款余额近230亿元。澳门因经济总量小且博彩行业被排除在清算安排外,人民币经银行体系流通较少,2006年底人民币存款约为6.35亿元,在内地累积消费1546万元。从流通量和流通范围来看,人民币在港澳地区作为旅游、购物消费的支付结算手段已被广泛接受。

但这种较快发展的局面同时存在一些问题。首先,如上所述,人民币结算以边境贸易和小额贸易为主,而在一般贸易中,则仍限于用人民币计价而不允许跨境支付结算。其次,人民币结算规模还相对较小,仅局限于经济发展相对落后的周边国家或地区。最后,人民币结算发展很不平衡,这种不平衡体现在三个方面:第一是结算工具发展不平衡,局限于现钞和银行卡,少有融资手段;第二是在各类跨境交易中使用不平衡,贸易结算发展快于非贸易结算;第三是在边境国家或地区发展不平衡,南部边境地区整体发展速度快于北部(见表2-1)。

表2-1　　　　2006年中国与不同国家边境贸易中人民币结算的比重

国家	比重(%)
越南	96
缅甸	90
蒙古	71
朝鲜	79
俄罗斯	0.002
哈萨克斯坦	0.002
尼泊尔	5.43

数据来源:李东荣(2009)。

---

[1] 李东荣(2009)。
[2] 李东荣(2009)。

最后一个阶段是从2009年至今,跨境贸易人民币结算试点开启了人民币计价结算乃至国际化的新时代。迫于国际金融危机后美元、欧元等主要国际结算货币汇率大幅波动以及2005年汇改以来人民币持续升值给出口企业带来的成本压力,中国人民银行等6部门于2009年7月1日联合发布《跨境贸易人民币结算试点管理办法》,规定试点地区(第一批试点为上海、广州、深圳、珠海、东莞)内具备国际结算业务能力的商业银行,可以与跨境贸易人民币结算境外参加银行签订人民币代理结算协议。随后,央行又于2010年和2011年分别发布了《跨境贸易人民币结算试点管理办法实施细则》和《关于扩大跨境贸易人民币结算地区的通知》,使人民币结算具体流程有法可依,并且试点地区范围扩大至全国,但后者仍维持了出口试点企业的限定。2011年12月16日,RQFII试点业务正式启动,促进了跨境贸易人民币业务的开展,增强了海外持有人民币的信心。经过两年多的试点,2012年2月,央行等6部委又共同发布《关于出口货物贸易人民币结算企业管理有关问题的通知》,取消了对人民币跨境贸易出口的试点企业要求,所有具有进出口经营权的企业都有资格开展出口货物贸易人民币结算业务,至此,跨境人民币结算业务全面放开。

自2009年开展试点以来,试点地区、结算范围逐步扩大,从边境贸易扩大到一般贸易,从货物贸易扩大到服务贸易,跨境贸易人民币结算规模节节攀升,不断创出新高。如图2-1所示,2010～2013年的全年跨境贸易人民币结算总额分别为5063.4亿元、20800亿元、29400亿元和46300亿元。第四部分将对这一阶段的情况进行详细分析。

二、边境贸易人民币计价结算

我国边境贸易人民币结算涉及的边境省份或自治区包括:云南、广西、新疆、内蒙古、辽宁、吉林和黑龙江等,涉及的周边国家和地区则主要包括:中国香港、中国澳门、朝鲜、缅甸、蒙古、越南、泰国、俄罗斯、巴基斯坦和尼泊尔等。我国边境贸易人民币结算主要体现出南部边境地区整体发展快于北部地区的特征,我们先介绍云南、广西与东南亚国家的边境贸易,再介绍新疆、内蒙古和黑龙江的边境贸易人民币结算情况。

(一)云南省的边境贸易

云南位于我国西南边境,是我国重要的边疆省份和多民族聚居区,与缅甸、老

(单位：亿元)

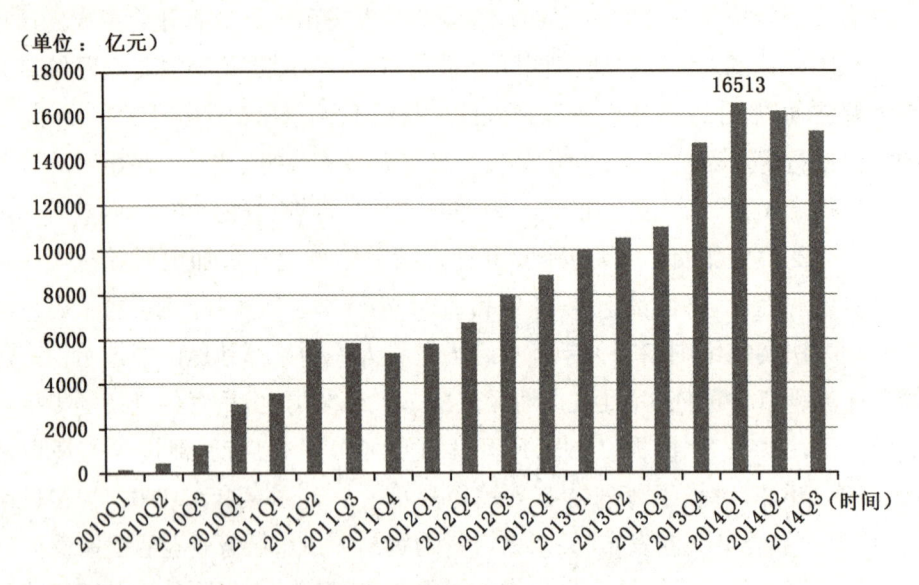

数据来源：2014年中国人民银行货币政策执行报告。

图 2-1　2010～2014 年跨境贸易人民币结算情况

挝、越南接壤。特殊的地理位置为云南边境贸易的发展创造了得天独厚的条件，云南与周边国家经济贸易历史悠久，是我国最早在边境贸易中使用人民币结算的省份之一。2004 年 10 月，云南省开始试行边境贸易出口人民币结算退税政策；2010 年 6 月，云南省成为第二批跨境贸易人民币结算试点地区，昆明区域性跨境人民币金融服务中心同时正式揭牌；2011 年，国务院发布《国务院关于支持云南省加快建设面向西南开放重要桥头堡的意见》，支持把昆明建成面向东南亚、南亚的区域性金融中心。一系列的支持政策都极大地推动了云南地区跨境人民币结算的发展，云南边境贸易人民币结算率在 2004 年至 2008 年从 30% 上升到 90%，结算量从 7.39 亿元增长至 36.96 亿元，增长了 4 倍[①]；2010 年跨境贸易人民币结算试点启动后，跨境贸易人民币结算业务呈现井喷态势，当年结算额便实现接近翻倍的增长；2011 年资本项下的人民币结算也随之启动；至 2013 年底，云南跨境贸易人民币结算额已达 591 亿元，是 2010 年结算额的 7 倍。

---

① 刘申（2014）。

表 2-2　　　　　　　　2004~2013 年云南跨境贸易人民币结算情况

年份	跨境人民币结算（亿元） 总额	经常项下	资本项下	增长率（%）	占外贸总额的比例（%）	占边贸总额的比例（%）
2004	7.39	7.39	—	—	—	62
2005	27	27	—	265	—	91
2006	34.17	34.17	—	27	—	92
2007	38.69	38.69	—	13	—	91
2008	36.96	36.96	—	−4	—	90
2009	44.6	44.6	—	21	—	96
2010	83.12	83.12	—	86	—	97
2011	250.3	171.6	78.7	201	15.00	—
2012	460.1	247.1	175.5	84	18.60	—
2013	591	309.2	281.8	28	19.30	—

注：从 2010 年 6 月开始，人民币结算范围从边境贸易扩大到一般贸易，2010 年占边贸总额的比例数据仅包括当年 1~6 月；2011 年起跨境贸易人民币结算额开始包括资本项下的结算额，2013 年经常项下只披露了货物贸易结算额。

数据来源：中国人民银行网站；刘申（2014）。

(二)广西壮族自治区的边境贸易

广西位于我国与越南的交界处，其区位优势使得其与越南的边境贸易占了总额的 90% 以上（同样接壤的云南占比为 5%~10%）。长期以来，广西与越南的边贸结算被地摊银行垄断，正规金融渠道在 21 世纪后才逐渐发展起来。2003 年后，我国与越南政府相继出台了一系列的优惠措施，引导贸易结算向正规银行渠道转移，银行人民币结算规模开始逐步上升并占据主流。至 2009 年，银行边贸结算额已达 35.72 亿美元，其中人民币结算额占 90% 以上。2010 年，广西加入跨境贸易人民币结算试点行列，随之迎来跨境人民币结算额的井喷，2010 年当年跨境贸易人民币结算额为 126 亿元，到 2013 年已突破千亿元，猛增至 1012.4 亿元，上涨了近 7 倍。

表 2-3　　　　　2002～2009 年广西与越南边境贸易人民币结算情况

年份	银行边贸结算额（亿美元）	人民币结算额（亿美元）	人民币结算额占比（%）
2002	1.69	1.36	80.47
2003	4.78	4.4	92.05
2004	5.23	4.5	86.04
2005	10.9	10.15	93.12
2006	14.98	14.34	95.73
2007	20.67	19.74	95.50
2008	30.51	28.52	93.48
2009	35.72	32.63	91.35

数据来源：冯宇(2013)。

在 2009 年跨境贸易人民币计价结算试点前，边境贸易中人民币结算占比非常高，但总量有限。2010 年后，广西跨境贸易人民币计价结算总量快速增长。

表 2-4　　　　　2010～2013 年广西跨境贸易人民币结算情况

年份	跨境贸易人民币结算金额（亿元）		
	总额	经常项下	资本项下
2010	126	—	—
2011	384.1	381.3	2.8
2012	656.4	638.4	18
2013	1012.4	982.2	30.2

数据来源：中国人民银行网站。

(三)新疆维吾尔自治区的边境贸易

2000 年以来，在国家鼓励边境贸易中使用人民币计价结算的政策大背景下，新疆依托其地理优势，于 2002～2005 年间就与周边国家签订了一系列人民币结算协定(见表 2-5)，为促进人民币在边境贸易中的使用奠定了良好的政策基础。但是，在新疆与中亚国家之间的国际贸易结算中，由于人民币并未被广泛接受，因此直到 2009 年，新疆边境贸易人民币结算数额都寥寥无几。

2010 年 6 月 22 日，新疆与其他 19 个省市一同被纳入第二批跨境贸易人民币结算试点地区。当日，中国银行新疆分行成功办理了首笔金额为 12.6 万元的跨境贸易人民币结算的汇出汇款业务。同年10月,首个境外直接投资(ODI)人民币结算试点在新疆启动。根据2011年《关于扩大跨境贸易人民币结算地区的通知》规定,在开展出口货物贸易时,新疆采用人民币结算的境外地域由毗邻国家扩展至境外所有地域。

表2-5 中国与新疆周边国家签订的边贸结算协定

国别	协定名称	签署日期	用于边贸结算的货币
俄罗斯	中国人民银行与俄罗斯联邦中央银行关于边境地区贸易的银行结算协定	2002年8月22日	可自由兑换货币、人民币或卢布
吉尔吉斯斯坦	中国人民银行与吉尔吉斯共和国国家银行关于双边支付和结算的协定	2003年12月28日	可自由兑换货币、人民币或索姆
蒙古	中国人民银行与蒙古银行关于支付和结算的协定	2004年7月5日	可自由兑换货币、人民币或图格里拉
哈萨克斯坦	中国人民银行与哈萨克斯坦国家银行关于边境地区贸易的银行结算协定	2005年12月14日	可自由兑换货币、人民币或坚戈

资料来源:根据国家外汇管理局公开信息整理。

自新疆成为跨境贸易人民币结算试点地区起,跨境贸易人民币结算业务增长迅速,范围逐渐拓宽,但与哈萨克斯坦的业务一直占绝大部分比例。2011年上半年,新疆跨境人民币结算额已达147.9亿元,是2010年结算量的2倍有余;2012年飙升至550亿元,较上年又增长2倍。截至2012年末累计结算量突破千亿元,跃居西部十省区第一位、边境八省区第二位,服务的境外区域也较上年增加19个[1];2013年底,新疆辖区人民币跨境实际收付结算额为425.26亿元,占同期涉外收支总额的28%,至此新疆已与53个国家或地区开展了跨境人民币业务。[2]

此外,结算形式也呈现多样化,例如信用证、托收、电汇、保函、贸易融资、担保、境外贷款,涉及代理行、清算行、NRA账户等多种模式。

(四)内蒙古自治区的边境贸易

内蒙古与俄罗斯、蒙古接壤,边境线长约4221公里,共有18个对外开放口岸,

---

[1] 中国人民银行乌鲁木齐中心支行网站。
[2] 庞岩、张勇(2014)。

其中对俄开放7个、对蒙开放11个,天然的地理优势促进了该地区边境贸易的繁荣。2002年起,内蒙古与新疆一同受益于中国人民银行与俄罗斯、蒙古签订的双边人民币支付结算协定。截至2014年末,内蒙古与俄、蒙两国跨境人民币结算业务量达428.5亿元,占全国对俄、蒙两国业务量的58.4%;内蒙古跨境人民币业务累计结算量达1003亿元,人民币结算业务产品涵盖贸易结算、跨境融资、跨境担保、直接投资等多个领域。

但在具体落实中,中俄、中蒙边境地区的跨境贸易人民币结算情况存在较大的差异。在中蒙边境地区,人民币获得了较大的认可,在蒙古国的乌兰巴托、乔巴山等地可自由流通,并被大量用于双方贸易计价结算及蒙古国内的日常支付。而在中俄边境地区,贸易中人民币几乎不作为计价结算货币,人民币在俄国境内也无法流通。

对于中俄边境贸易,在央行呼和浩特中心支行和外管局内蒙古分局的共同推动下,2005年8月11日,中国农业银行满洲里分行与俄罗斯联邦外贸银行赤塔分行开设了双边人民币账户。2006年9月26日,该分行又与俄罗斯储蓄银行贝加尔分行签署了人民币结算协议。2007年7月,满洲里分行首次向俄罗斯支付人民币,同年8月在对俄出口时首次使用人民币结算贷款,正式拉开了人民币结算的帷幕。但人民币结算业务在中俄间发展缓慢,无论从人民币结算占对俄贸易总额的比重、人民币结算占对俄账户行的结算总量,还是人民币在俄存量来看,人民币都没有在中俄边境充分发挥计价结算的职能。

对于中蒙边境贸易,2002年2月,蒙古国贸易发展银行在中国农业银行二连浩特支行开立了第一个人民币账户,正式开启了对蒙古的人民币结算。我国与蒙古国的边贸合作互补性强,边贸中人民币结算业务发展迅速。2004年到2006年通过内蒙古账户行往来蒙古的人民币结算量分别为11.66亿元、27.32亿元、34.46亿元,分别占全区边境小额贸易总额的8.55%、18.12%、18.73%[①]。人民币结算大部分依赖于双方银行账户的建立,截至2007年、2008年、2009年末,内蒙古商业银行与毗邻国家或地区的商业银行分别建立了25、28、30个账户行关系,而这一数字在2010年末跃升至70个。表2-6通过人民币汇款反映了人民币结算业务的发展情况。

---

① 李东荣(2009)。

表 2-6　　　　　　　　2002~2009 年中蒙人民币汇款情况　　　　　　　单位：万元

年份	人民币汇入额	人民币汇出额	人民币汇款总额	增减(%)
2002	2872	2964	5836	—
2003	18399	19293	37692	545.85
2004	56868	59749	116617	209.39
2005	134650	138588	273238	134.30
2006	145628	198932	344560	26.10
2007	325808	357148	682956	98.21
2008	617766	681362	1299128	90.22
2009	452442	481039	933481	-28.15

数据来源：刘铁鹰(2012)。

2011 年，内蒙古制定了《内蒙古自治区跨境贸易人民币结算试点工作实施方案》、《管理办法》及《操作规程》，推动自治区金融机构开展试点业务，全年办理货物贸易项下跨境贸易人民币结算业务 97.5 亿元，服务贸易及其他经常项目进口业务 114 万元。2012 年，内蒙古 163 家企业成为出口货物贸易人民币结算试点企业，全区跨境人民币结算量突破百亿元。[①]

(五)黑龙江省的边境贸易

俄罗斯是唯一与黑龙江接壤的国家。黑龙江也是全国对俄贸易"桥头堡"，2011 年对俄进出口实现 189.9 亿美元，占全国对俄进出口总额的 23.96%。

如前所述，在 2002 年中国人民银行与俄罗斯联邦中央银行共同签署了《关于边境地区贸易的银行结算协定》之后，黑龙江省相继制定了《黑龙江省边境贸易外汇管理实施细则》和《黑龙江省中俄边境地区贸易银行结算实施细则》等推动边境贸易本币结算的政策，正式拉开了对俄边境贸易本币结算的序幕。自 2003 年以来，本币结算占全省对俄贸易的比重虽逐年上升，但仍为个位数。

2010 年 6 月 22 日，黑龙江省被纳入人民币跨境贸易结算试点省份。2010 年 7 月 13 日，中国人民银行哈尔滨中心支行便推出了《黑龙江省跨境贸易人民币结算试点操作规程》。截至 2010 年 11 月末，黑龙江省工、农、中、建、交、哈尔滨、进出口、国开 8 家银行共办理跨境人民币结算 183 笔，合计金额 32 亿元人民币，占同期

---

① 内蒙古区情网《内蒙古年鉴(2007—2013 年)》。

进出口总额的 2.02%[①],占据东北三省的半壁江山。资金流向主要涉及俄罗斯、中国香港、中国澳门等国家或地区,其中对俄贸易人民币结算业务约占 3 亿元。2011年末,黑龙江省共有 12 家银行与俄罗斯 24 家银行建立了代理行关系,办理对俄人民币结算业务 5.45 亿元,同比增长 155%,同年跨境人民币结算总额更是取得了突飞猛进的增长(见表 2-7)。

表 2-7　　　　　　黑龙江辖内银行办理跨境人民币结算金额　　　　　单位:亿元

年份	黑龙江辖内银行办理跨境人民币结算金额
2010	51.00
2011	196.00
2012	196.50
2013	226.00

数据来源:Wind 数据库。

第二节　我国跨境贸易人民币结算的现状

一、跨境贸易人民币结算规模与结构

自 2009 年开展试点以来,试点地区、结算范围逐步扩大,从边境贸易扩大到一般贸易,从货物贸易扩大到服务贸易,跨境贸易人民币结算规模节节攀升,不断创出新高。

从业务规模来看,跨境贸易人民币结算业务量增长迅猛。2009 年开始试点,当年结算量为 35.8 亿元,2010 年迅速增至 5063.4 亿元,2011 年至 2013 年分别为 2.08 万亿元、2.94 万亿元和 4.63 万亿元。2015 年累计跨境贸易人民币结算量为 7.23 万亿元,同比增长 10%。2009 年试点以来至 2016 年 6 月末,跨境贸易人民币结算额累计已达 26.58 万亿元。跨境贸易人民币结算额占进出口总额的比重也由 2010 年的 2.58% 提高到 2015 年的 29.40%(见表 2-8)。

---

① 邵娟(2011)。

表 2-8　　　　　　　2010~2015年季度跨境贸易人民币结算情况　　　　　单位：亿元

时间	当季货物贸易	当季服务贸易及其他	当季总额	年度总额占进出口总额的比重(%)
2010Q1	—	—	183.5	2.58
2010Q2	—	—	486.6	
2010Q3	—	—	1264.8	
2010Q4	—	—	3128.50	
2011Q1	3056.0	547.2	3603.2	9.05
2011Q2	4556.1	1416.4	5972.5	
2011Q3	3968.6	1865.5	5834.1	
2011Q4	—	—	5390.2	
2012Q1	4165.70	1638.30	5804.0	12.05
2012Q2	4520.8	2194.7	6715.5	
2012Q3	5555.0	2434.6	7989.6	
2012Q4	6400.0	2497.5	8890.9	
2013Q1	6992.3	3046.9	10039.2	17.90
2013Q2	6707.7	3790.9	10460.8	
2013Q3	7000.0	4000.0	11000.0	
2013Q4	9500.0	5262.2	14800.0	
2014Q1	10900.0	5613.0	16500.0	24.78
2014Q2	10000.0	6187.0	16200.0	
2014Q3	12400.0	2900.0	15300.0	
2014Q4	—	—	17500.0	
2015Q1	14960.0	1586.0	16546.0	29.4
2015Q2	15040.0	2125.0	17165.0	
2015Q3	18700.0	2192.0	20892.0	
2015Q4	15211.0	2529.0	17740.0	

注：自2014年8月份开始，无货物报关的转口贸易由服务贸易调整到货物贸易进行统计，货物贸易金额扩大，服务贸易金额相应地减少。

数据来源：Wind资讯、中国人民银行货币政策报告。

从业务结构来看，试点初期主要为货物贸易人民币结算业务。至2010年3月末，以人民币结算的跨境货物贸易金额为199.9亿元，而服务贸易及其他经常项目金额仅为货物贸易金额的1/10，为19.5亿元。随着政策的放开和我国对外贸易结构的转型升级，服务贸易及其他项目人民币结算业务规模迅速增长。2015年以人民币结算的跨境货物贸易、服务贸易及其他经常项目分别为6.39万亿元、8432.2亿元。

二、跨境贸易人民币收付比

从人民币实际收付比来看,收付比率不断趋向均衡,"跛足"现象有所改善。试点早期,跨境贸易实际出口收款额远小于进口付款额,如 2010 年实际收付比为 1:5.5,跨境贸易人民币结算额中 80% 以上为进口支付,出口收款额不足 20%,"跛足"现象严重。但这一现象近年来逐渐好转,2011 年收付比已升至 1:1.7,2014 年第四季度为 1:1.4。随着人民币贬值预期的升温和 8 月人民币突然贬值,2015 年跨境贸易人民币结算业务收付比已突破 1:1,第四季度为 1:0.96(见表 2—9)。

表 2-9　　　　　　　　2011~2015 年年度跨境贸易人民币结算情况

时间	当季实收(亿元)	当季实付(亿元)	当季收付比
2011Q1	392.50	2192.20	5.00
2011Q2	1037.80	3052.50	2.90
2011Q3	1569.00	2626.70	1.67
2011Q4	—	—	1.70
2012Q1	2291.71	3208.39	1.40
2012Q2	2759.04	3862.66	1.40
2012Q3	4240.05	4118.55	1.20
2012Q4	3709.20	4510.40	1.20
2013Q1	4167.10	5872.10	1.40
2013Q2	4684.90	5727.90	1.30
2013Q3	4400.70	6562.10	1.50
2013Q4	5547.30	9337.90	1.46
2014Q1	5415.90	11000.00	2.00
2014Q2	6884.10	9400.00	1.66
2014Q3	6511.20	8825.60	1.36
2014Q4	8488.80	8974.40	1.40
2015Q1	9055.40	7490.50	0.83
2015Q2	21144.60	19009.50	0.88
2015Q3	18200.00	14200.00	0.84
2015Q4	13500.00	18400.00	0.96

数据来源:Wind 资讯、中国人民银行。

三、跨境贸易人民币结算地区差异

从各省市地区来看,广东省为全国跨境贸易人民币结算第一大省,2015 年跨境贸易人民币结算额超过 3 万亿元,占全国总额的近 41.6%。上海、浙江紧随其后,2015 年跨境贸易人民币结算额分别为17000亿元和10315亿元(见表 2-10)。这些最初试点的城市和地区也是跨境贸易人民币结算规模最大的地区,其结算规模远远超过其他省市。

表 2-10　　　　2010～2015 年各省市跨境贸易人民币结算情况　　　　单位:亿元

年份 地区	2010	2011	2012	2013	2014	2015
天津	101.60	430.80	632.60	1272.10	2379.30	3111.00
河北	0.00	28.15	176.00	472.00	1069.00	1026.24
山西	0.00	15.16	64.60	155.20	317.30	427.90
内蒙古	97.50	158.80	197.40	207.60	422.30	518.90
辽宁	365.10	322.60	631.00	927.30	1700.00	1671.46
北京	1147.8	4027.10	4452.30	7429.20	11272.00	12251.00
吉林	2.10	175.10	271.20	560.40	784.56	469.00
黑龙江	51.00	196.00	196.50	226.00	248.40	306.70
上海	674.90	3312.00	4919.00	9149.00	17000.00	—
江苏	0.00	0.00	0.00	4722.20	7033.30	8579.50
浙江	123.30	3090.00	4766.00	6649.00	9675.00	10315.00
安徽	0.00	10.34	145.40	358.80	744.00	771.10
福建	136.20	527.50	1064.90	1594.00	3568.10	6260.76
江西	0.00	31.20	195.80	264.80	465.70	703.00
河南	0.00	19.40	119.50	425.20	763.24	1950.00
山东	343.40	1987.30	3478.30	5188.60	7627.24	5295.10
湖北	25.00	249.00	277.00	574.20	985.00	1047.00
湖南	0.00	14.30	115.40	290.20	537.00	688.10
广东	2192.00	6513.00	11500.00	17000.00	25000.00	30100.00
广西	126.00	384.10	656.40	1012.40	1561.20	1722.80
海南	113.90	179.00	95.90	265.20	152.15	272.80
重庆	10.70	149.80	625.30	700.00	—	—

续表

年份 地区	2010	2011	2012	2013	2014	2015
四川	15.16	162.40	307.40	710.96	1223.78	1658.10
贵州	0.00	23.00	150.40	235.50	390.00	359.90
云南	83.10	250.30	460.90	591.00	775.00	752.30
西藏	5.29	36.50	75.50	89.00	95.20	—
陕西	0.00	26.70	190.00	297.00	501.30	414.10
甘肃	0.00	15.20	34.80	146.50	310.10	393.80
青海	0.00	7.00	19.10	69.60	114.15	85.00
宁夏	0.00	0.80	3.39	16.10	57.47	112.00
新疆	45.30	199.30	550.50	425.26	371.00	397.20

数据来源：Wind 资讯、中国人民银行网站。

随着跨境贸易人民币计价结算的快速增长，香港人民币存量快速增加。[①] 除了中国香港，目前离岸人民币存款最多的是中国台湾，其次是新加坡，伦敦有少量人民币存款。2015 年"8.11"汇改，人民币贬值预期形成后，离岸人民币存量均出现了不同程度的下降。

第三节 我国企业跨境贸易计价结算货币选择：问卷调查分析[②]

一、数据来源及问卷描述

（一）数据来源

本文所用的数据是基于 2012 年课题组对企业跨境贸易结算货币选择所做的调查问卷，问卷涉及的企业绝大部分位于江、浙、沪地区，只有 3 家企业位于其他地区。调查问卷由 5 个部分、42 道小题组成，分别是公司背景资料（包括所有制性质、是否为专业贸易公司、所属行业、注册资本、产业特征等）、公司贸易基本情况（包括进出口贸易性质、进出口贸易量、主要客户类型、出口目的地市场的类型等）、跨境贸易计价结算货币选择情况（包括进出口贸易中采用人民币、美元、欧元等作

[①] 香港离岸人民币资产的情况详见本书第四章第三节"人民币汇率、利率与香港人民币存量"。
[②] 本节主要内容见罗忠洲、吕怡（2014）。

为结算货币的比重,进出口贸易主要目的地,采用人民币计价和结算的方式,采用人民币计价结算的原因、贸易对方获得人民币的途径等)、公司在进出口贸易中规避汇率风险的手段(包括公司选择怎样的方法规避汇率风险、有关价格调整的规定和操作、规避外汇风险的手段、对冲汇率风险的时间周期等)、制约公司跨境贸易人民币计价结算的问题及对策(包括制度因素、微观因素、需要的政策支持等)。调查问卷内容详见附录3。

本次调查共发出问卷160份,回收140份。经过初步简略的处理(除去回答信息不完整的样本),最终得到的有效样本数目是119个。

(二)问卷描述

1. 参与调查的企业大部分选择美元作为跨境贸易结算货币

通过简单地观察样本数据,我们发现,调查的企业大部分选择美元作为跨境贸易结算货币,少数选择人民币作为结算货币,而选择欧元、港元、日元等其他货币作为结算货币的企业很少。表2-11统计了2011年参与调查的企业的出口贸易以特定货币结算的比例落在一定区间范围内的比例,从表2-11我们很明显地看到,在这些企业中,美元作为结算货币占绝对优势。

表2-11　　　　2011年企业出口贸易结算货币的使用情况统计

	人民币		美元	欧元		港元	日元
小于5%	76.25%	小于30%	21.88%	93.12%	小于10%	95.00%	98.75%
5%~10%	8.12%	30%~50%	8.12%	5.00%	10%~20%	3.13%	1.25%
11%~20%	6.88%	51%~80%	11.88%	1.88%	21%~30%	0.62%	0.00%
20%以上	8.75%	80%以上	58.12%	0.00%	30%以上	1.25%	0.00%

这一现象符合早期有关跨境贸易结算货币的经典理论,从节约交易成本的角度看,由于美元交易量巨大,已经形成规模效应,使用美元作为结算货币,其交易成本以及信息收集成本都很低,所以企业倾向于使用美元作为跨境贸易结算货币。

2. 参与调查的企业的主要贸易地既有欧美国家,也有亚非国家,且二者比例接近

表2-12统计了2011年企业出口贸易主要目的地,由于"其他"一栏里面主要是韩国、印度和俄罗斯,故而综合考虑其比例,出口贸易主要目的地是欧美国家的企业与出口贸易主要目的地是亚非国家的企业数量相近。

表 2-12　　　　　　　　　2011 年企业出口贸易主要目的地统计

国家或地区	美国	欧元区国家	中国香港	日本	其他
占比(%)	26.88	14.38	18.13	7.50	33.13

3. 参与调查的企业超过一半是民营企业

表 2-13 反映了参与调查的企业的所有制状况,我们发现参与问卷调查的企业中民营企业占比较大,有 62.5%,外商独资与中外合资企业共占比 27.51%,国有独资企业和国有控股企业占比很小。这与问卷调查的企业所处的地理区域有关,江、浙、沪地区民间资本创业氛围浓厚,也从侧面反映出本次问卷调查的企业部分规模不大,政府政策的扶持力度相对不足。

表 2-13　　　　　　　　　企业所有制状况统计

所有制性质	国有独资	国有控股	民营企业	外商独资	中外合资	其他
占比(%)	1.88	5.63	62.50	14.38	13.13	2.50

4. 参与调查的企业中较多企业生产同质性高的产品

表 2-14 反映了接受调查的企业所属的行业或者生产的贸易产品所属的行业状况。不难看出,接受调查的企业很多分布在纺织、服装、皮毛、机械、设备、仪表以及石油、化学、塑料、塑胶行业,这些企业出口的产品同质性较高,故而出口企业议价能力差,因此更倾向于选择美元作为跨境贸易结算货币。这也与经典理论相吻合。

表 2-14　　　　　　　　　企业或贸易品所属行业统计

所属行业	食品饮料	纺织、服装、皮毛	石油、化学、塑料、塑胶	金属、非金属	机械、设备、仪表	造纸、印刷	医药、生物制品	电子	其他
占比(%)	1.82	23.64	13.33	8.48	20.61	0.61	4.24	7.27	20

5. 参与调查的企业有大、中、小规模,且规模大小分布均匀

参与调查的企业从注册资本规模看,分布较为均匀:注册资本小于1000万元人民币的企业占企业总数的比例为 35.29%;注册资本在1000万～5000万元人民币的企业占企业总数的比例为 33.62%;注册资本超过5000万元人民币的企业占企业总数的比例为 31.09%(见表 2-15)。

表 2-15　　　　　　　　　　企业注册资本统计

注册资本（RMB）	小于1000万元	1000万～3000万元	3000万～5000万元	5000万元以上
企业数目	42	24	16	37
占比(%)	35.29	20.17	13.45	31.09

6. 参与调查的企业出口额占营业收入的比重无集中分布趋势

对参与调查的企业而言,出口量占营业收入的比重情况如下:20.17%的企业出口量占营业收入的比重小于10%,29.41%的企业出口量占营业收入的比重在10%～50%之间,19.33%的企业出口量占营业收入的比重在51%～80%之间,31.09%的企业出口量占营业收入的比重达80%以上(见表2-16)。

表 2-16　　　　　　企业出口额占营业收入的比重统计

比重	小于10%	10%～50%	51%～80%	80%以上
企业数目	24	35	23	37
占比(%)	20.17	29.41	19.33	31.09

7. 参与调查的企业近一半属于劳动密集型企业,资本和技术密集型企业共占一半左右

从企业生产的产品或贸易产品的产业特征看,49.58%的企业属于劳动密集型企业,而附加值较高的资本密集型和技术密集型企业比重不大,34.45%的企业属于技术密集型,15.97%的企业属于资本密集型(见表2-17)。

表 2-17　　　　　企业生产的产品或贸易产品的产业特征统计

产　业	劳动密集型	资本密集型	技术密集型
企业数目	59	19	41
占比(%)	49.58	15.97	34.45

8. 接受调查的企业大部分与主要贸易对象之间不存在股权关系

在接受调查的企业中,84.87%的企业与主要贸易对象之间不存在任何股权关系,与主要贸易对象属于同一集团公司的企业仅占企业总数的5.04%(见表2-18)。

表 2-18　　　　　　　企业与主要贸易对象之间的股权关系统计

股权关系	同一集团公司	存在股权关系但不属于同一集团公司	无任何股权关系
企业数目	6	12	101
占比(%)	5.04	10.08	84.87

9. 多数参与调查的企业出口产品竞争程度较大

表 2-19 显示,42.02%的企业出口产品竞争程度很大,53.78%的企业出口产品竞争程度一般,只有 4.2%的企业出口产品竞争程度不大或者没有竞争(见表 2-19)。总体来看,多数企业出口产品的竞争程度较大。

表 2-19　　　　　　　　企业出口产品竞争程度统计

竞争程度	很大	一般	不大	没有竞争
企业数目	50	64	3	2
占比(%)	42.02	53.78	2.52	1.68

10. 大多数企业都选择了中资银行作为跨境贸易支付银行

在参与调查的企业中,80.67%的企业选择了中资银行作为跨境贸易支付银行,26.05%的企业选择外资银行作为跨境贸易支付银行,12.61%的企业的跨境贸易支付银行是外资银行在中国内地的代理行(见表 2-20)。

表 2-20　　　　　　　　企业跨境贸易支付银行统计

银行	中资银行	外资银行	外资银行在中国内地的代理行
企业数目	96	31	15
占比(%)	80.67	26.05	12.61

注:问卷调查中企业可以选择多类银行作为其跨境贸易的支付银行,故加总比例大于1。

11. 参与调查的企业的汇率风险规避手段缺乏,汇率风险对冲的效果不佳

表 2-21 反映了接受调查的企业的汇率风险管理情况:当人民币汇率大幅度波动时,14.62%的企业不进行汇率风险管理,只有 27.83%的企业会选择用外汇市场产品主动规避风险,剩余的大部分企业选择的是被动反应的方式,改变出口计价结算货币或者直接调整出口产品价格。由此可见,接受调查的企业很多在汇率风险管理上有待改进。由于接受调查企业的汇率风险管理能力不强,因此在面对人

民币汇率异常波动时,可能无法做出适当的调整,故而这些企业更倾向于选择美元作为结算货币,美国经济体量大,加之美元又是世界货币,美元的波动幅度小于人民币。这与大部分企业选择美元结算的调查结果相符合。

表 2-21　　　　　　　　企业的汇率风险管理现状统计

防范汇率风险	无汇率风险管理	被动反应	主动规避
占比(%)	14.62	57.55	27.83

表 2-22 反映了企业的汇率风险控制效果,只有 33.59% 的企业能够对冲 7 成及 7 成以上的汇率风险,20.31% 的企业能对冲 5 成汇率风险,而 46.09% 的企业能对冲的汇率风险不足 5 成。

表 2-22　　　　　　　　企业汇率风险的对冲效果统计

汇率风险对冲效果	全部对冲	对冲 7 成	对冲 5 成	对冲不足 5 成
占比(%)	12.50	21.09	20.31	46.09

12. 企业在进出口贸易中采用人民币计价结算是综合考虑多种因素的结果

企业采用人民币作为跨境贸易结算货币的主要原因有三点:一是为了规避汇率风险,减少汇兑成本;二是出于交易对方(外国企业)的要求;三是为了维持与国内银行的关系。

二、实证分析

(一)实证模型选择

本文用 Probit 模型对企业跨境贸易结算货币的选择进行研究,模型如下:

$$\Pr(\text{Currency}_i) = \varphi(a_0 + a_1 \text{size}_i + a_2 \text{es}_i + a_3 \text{industry}_i + a_4 \text{relationship} + a_5 \text{competition}_i + a_6 \text{bank}_i + a_7 \text{size}_i \cdot \text{es}_i + a_8 \text{industry}_i \cdot \text{competition}_i) \quad (2\text{-}1)$$

1. Probit 建模

鉴于参与调查的企业较多选择美元作为跨境贸易结算货币,选择其他货币的企业比较分散,故而出于准确性的考虑,本文不探究影响企业选择非美元货币作为结算货币的因素,只研究因变量是美元的情况。此外,问卷调查了企业出口贸易和进口贸易的行为特征,本文只研究企业的出口贸易。本文将 Currency$_i$ 作为被解释变量,Currency 是第 i 家企业与主要贸易对象国(地区)开展贸易时采取的结算货币。鉴于本文侧重研究企业选择美元作为跨境贸易结算货币的影响因素,故而在此定义若第 i 家企业选择美元作为与主要贸易对象国(地区)开展贸易时的结算货币,则 Pr(Currency)＝1;反之,Pr(Currency)＝0。

若企业选择美元作为结算货币,则 Currency$_i$ 取值为 1,否则取值为 0,对于这种非 1 即 0 的因变量,可以采用 Probit 模型分析。Probit 模型是一种广义的线性模型,服从正态分布,此处被解释变量是一个 0-1 变量,事件发生的概率与解释变量有关,是关于解释变量的函数,即 P(Y＝1)＝f(X),其中 f(·)服从标准正态分布。

2. 变量选取

本文在问卷调查结果的基础上,根据不同的问题设置相应的解释变量,并根据不同选项对解释变量取值。通过被解释变量和解释变量之间的经济含义以及模型分析结果,对由问卷得到的解释变量进行筛选。在变量的设置上,既要符合相关文献的研究结果,也要符合实际情况,保证解释变量与待研究的参量之间的关系具有经济学意义。剔除显著性不强或无明显经济学含义的变量后,本文选取了 6 个解释变量,分别是注册资本(size)、出口量占营业收入的比重(es)、生产的产品或贸易产品的产业特征(industry)、主要贸易对象与公司的关系(relationship)、公司产品出口竞争程度(competition)、为公司提供跨境贸易支付的银行(bank)。

其中,考虑到注册资本(size)和出口量占营业收入的比重(es)这两个解释变量之间可能存在相关性,公司产品的出口竞争程度(competition)可能与生产的产品或贸易产品的产业特征(industry)相关,故添加 size$_i$·es$_i$ 和 industry$_i$·competition$_i$ 这两个交互项。

(二)变量设置及取值

1. 注册资本(size)

选取 size 作为自变量,是考虑到不同规模的公司在国际贸易中的行为模式有很大差异,可能影响企业国际贸易结算货币选择。表 2-15 已经对企业注册资本的情况做了描述,在此取值如表 2-23 所示。

表 2-23　　　　　　　　　　　　注册资本(size)的取值

size(RMB)	小于 1000 万元	1000 万～3000 万元	3000 万～5000 万元	5000 万元以上
变量取值	0	1	2	3

2. 出口量占营业收入的比重(es)

选择 es 作为变量是考虑到市场份额即出口额除以总销售额会影响企业的议价能力以及出口贸易结算货币的选择。表 2-16 对企业出口量占营业收入的比重进行了描述,在此,表 2-24 给出了 es 的取值。

表 2-24　　　　　　　　出口量占营业收入的比重(es)的取值

比重	小于 10%	10%～50%	51%～80%	80%以上
变量取值	0	1	2	3

3. 生产的产品或贸易产品的产业特征(industry)

选择 industry 作为变量是考虑到劳动密集型和资本密集型企业的产品往往同质性会高于技术密集型企业的产品,而在特定范围的市场上,对于生产同质贸易产品的企业,为降低交易成本,往往会选择单一货币结算,此外,技术密集型产品竞争力往往较强,影响出口企业的议价能力,也影响结算货币的选择。表 2-17 描述了企业生产的产品或贸易产品的产业特征,表 2-25 给出了 industry 的取值。

表 2-25　　　　　　生产的产品或贸易产品的产业特征(industry)的取值

产业特征	劳动密集型	资本密集型	技术密集型
变量取值	0	1	2

4. 主要贸易对象与公司的关系(relationship)

选择 relationship 作为变量主要是考虑到企业在与子公司或联营企业开展交易时,贸易双方之间的关系可能会影响结算货币的选择。对主要贸易对象与公司之间的关系已在前文的表 2-18 进行了描述。在此,relationship 的取值如表 2-26 所示,当主要贸易对象与公司无任何股权关系时,取值为 0;当存在股权关系但不属于同一集团公司时,取值为 1;当属于同一集团公司时,取值为 2。

表 2-26　　　　　主要贸易对象与公司的关系(relationship)的取值

关　系	无任何股权关系	存在股权关系但不是同一集团公司	同一集团公司
变量取值	0	1	2

5. 公司产品出口竞争程度(competition)

选择 competition 作为自变量是考虑到出口产品竞争程度会影响出口企业的议价能力,进而影响结算货币的选择。表 2-19 描述了有关公司产品出口竞争程度的情况,表 2-27 给出了 competition 的取值,当没有竞争以及竞争程度不大时取值为 0,当竞争程度一般时取值为 1,当竞争程度很大时取值为 2。

表 2-27　　　　　公司产品出口竞争程度(competition)的取值

竞争程度	没有竞争	不大	一般	很大
变量取值	0	0	1	2

6. 为公司提供跨境贸易支付的银行(bank)

选择 bank 作为变量是考虑到公司跨境贸易支付银行是中资银行还是外资银行可能与企业选择本币还是外币结算有关。表 2-20 给出了公司跨境贸易支付银行的选择情况。表 2-28 给出了 bank 的取值:当为公司提供跨境贸易支付的银行只有中资银行时,取值为 0;当为公司提供跨境贸易支付的银行只有外资银行时,取值为 1;当为公司提供跨境贸易支付的银行既有中资银行又有外资银行时,取值为 2。

表 2-28　　　　　为公司提供跨境贸易支付的银行(bank)的取值

银行	中资银行	外资银行	中资和外资
变量取值	0	1	2

(三)实证结果分析

1. 实证结果

运用 stata12.0 软件,用 Probit 模型对 119 个样本的被解释变量进行分析,模型结果如表 2-29 所示。

表 2-29　　　　　　　　　　Probit 模型回归结果

变量	系数	标准差	Z-统计量	P>|Z|
size	0.6300	0.3037	2.07	0.038
es	1.2674	0.5415	2.34	0.019
bank	−1.4349	0.4555	−3.15	0.002
industry	−2.7119	1.2922	−2.10	0.036
relationship	1.0882	0.6300	1.73	0.084
competition	−1.6015	1.0730	−1.49	0.136
size·es	−0.6262	0.2370	−2.64	0.008
industry·competition	1.3925	0.7367	1.89	0.059
C	4.7078	2.1757	2.16	0.030
Log-likelihood			−20.9528	
Pseudo-R^2			0.4286	
LR chi2(8)			31.43	
Prob>Chi-square			0.0001	

由模型回归结果可以看到,解释变量大多比较显著,模型解释性较好,自变量能够较好地反映因变量的变动情况。

根据基础模型的回归结果,得到 Probit 模型下跨境贸易美元结算发生的概率模型为:

$$\Pr(\text{Currency}_i) = \varphi(4.7078 + 0.6300 \text{size}_i + 1.2674 \text{es}_i - 2.7119 \text{industry}_i + 1.0882 \text{relationship}_i - 1.6015 \text{competition}_i - 1.4349 \text{bank}_i - 0.6262 \text{size}_i \cdot \text{es}_i + 1.3925 \text{industry}_i \cdot \text{competition}_i) \quad (2\text{-}2)$$

2. 结果分析

分析以上模型结果,我们发现:

(1)注册资本规模对企业选择美元结算有积极影响

注册资本(size)对企业选择美元结算有正向影响,企业注册资本的规模越大,企业生产能力可能会相应提升,出口额可能会比较高,企业有动力与出口地企业维持良好的关系。为了扩大企业产品在出口地市场的份额,保持贸易伙伴关系,企业会倾向于选择出口贸易地的货币作为跨境贸易结算货币。

(2)出口量占营业收入的比重对企业选择美元结算有积极影响

出口量占营业收入的比重(es)越大,企业越倾向于选择美元作为结算货币,可能的理由与对 size 的分析类似,当企业出口量占营业收入的比重增加时,企业为扩大市场占有率以及维持贸易伙伴关系,更可能选择美元作为跨境贸易结算货币。

(3)生产的产品或贸易产品的产业特征趋向资本或技术密集型时,对企业选择美元结算有消极影响

生产的产品或贸易产品的产业特征偏向于资本或技术密集型时,企业选择美元结算的比例下降,即相对于劳动密集型企业,资本密集型和技术密集型企业选择美元作为结算货币的意愿下降。劳动密集型企业生产的产品同质性强,出口商议价能力弱,在跨境贸易结算中选择通行的世界货币美元作为结算货币,这与之前的理论相符;技术密集型企业生产的产品异质性强,出口商处于优势地位,更可能选择本国货币等作为跨境贸易的结算货币。

(4)主要贸易对象与公司的关系紧密时,对企业选择美元结算有积极影响

主要贸易对象与公司的关系(relationship)越紧密时,企业选择美元结算的比例越高,即当出口商与贸易伙伴无任何股权关系的时候,可能会选择本币等其他货币作为结算货币,而当出口商与贸易伙伴存在股权关系,特别是属于同一集团公司时,出口商更倾向于采用美元作为结算货币。这表明,企业在与关联性企业开展跨境贸易的时候,倾向于选择贸易伙伴当地的货币作为结算货币。

(5)为公司提供跨境贸易支付的银行只有中资银行时,企业倾向于选择美元结算

为公司提供跨境贸易支付的银行(bank)为外资银行时,对企业选择美元结算的影响为负,即相对于跨境贸易支付银行有外资银行的企业,只选择中资银行作为跨境贸易支付银行的企业更可能选择美元作为跨境贸易结算货币。若某企业的跨境贸易支付行只是中资银行,有可能该企业规模不大,生产能力一般,还没有发展到成为外资行客户的程度,在国际贸易中,企业话语权不大,更可能被动接受美元作为跨境贸易结算货币。

第四节 本章小结

基于对 119 家企业跨境贸易结算货币选择行为的问卷调查结果,引入了 Probit 概率分析模型,对影响企业结算货币选择的因素进行了实证研究。通过有

关跨境贸易结算货币选择的理论和实证分析,我们得到以下结论:

(1)参与调查的企业大部分选择美元作为跨境贸易结算货币,多数企业缺少汇率风险规避手段,汇率风险对冲效果不佳:只有 1/4 左右的企业会选择利用外汇市场产品主动规避风险,大部分企业选择的是诸如改变出口计价结算货币或者直接调整出口产品价格这些被动反应方式。近半数的企业在面临汇率风险时,能够对冲的汇率风险不足 5 成。

(2)企业采用人民币作为跨境贸易结算货币是多种因素综合考虑的结果,主要原因有三个:一是为了规避汇率风险、减少汇兑成本,用人民币结算时,企业能降低汇率风险;二是出于交易对方(外国企业)的要求;三是选择人民币结算有利于维持企业与国内银行的关系。

(3)注册资本规模、出口量占营业收入的比重以及主要贸易对象与公司的关系的紧密程度对企业选择美元结算有积极影响:我们的模型实证分析结果表明,当企业的注册资本规模越大,出口量占营业收入的比重越高,主要贸易对象与公司的关系越紧密时,企业越倾向于采用美元结算。企业生产的产品或贸易产品的产业特征趋向技术密集型以及为公司提供跨境贸易支付的银行中包括外资银行时,对企业选择美元结算有消极影响:当企业生产的产品或贸易产品是劳动密集型产品时,企业倾向于选择美元作为结算货币,而当生产的产品或贸易产品是资本或技术密集型产品时,企业倾向于选择非美元货币作为跨境贸易结算货币;相对于只选择中资银行作为跨境贸易支付行的企业,只选择外资银行以及既选择中资银行也选择外资银行作为跨境贸易支付行的企业更可能选择非美元货币结算,其中,后者选择非美元货币作为结算货币的比例高于前者。

(4)通过问卷调查我们发现,制约跨境贸易人民币结算的因素既有制度因素,也有微观因素。制度因素主要有:退税手续复杂(报关单时间长);银行业务太复杂,办理时间长;境外结算行少,结算不方便;在境外开立人民币账户困难;缺乏退税依据,退税难。制约人民币结算的微观因素主要有:外国进口商缺乏人民币来源;出口商品大部分为竞争激烈的产品,缺乏议价能力;人民币交易成本较美元、欧元高。

因此,政府要加大跨境贸易人民币结算的宣传,鼓励企业选择人民币作为跨境贸易结算货币,完善相关的配套设施,如简化退税手续、简化银行业务流程、增加境外结算行等。此外,政府也需要大力发展离岸人民币业务,并推出规避汇率风险的人民币产品。

第三章

经济实力、交易摩擦和政策推动[①]

货币国际化,是指一种货币不仅在本国流通,而且能够超越该货币发行国的国界,在境外被接受并流通,最终成为一种在全世界范围内被普遍用来计价、结算和储备货币的过程。影响一种货币国际化进程的因素非常多,比如国家的经济发展规模、开放的程度、币值的稳定性、汇率制度安排等。从微观角度来看,所有经济参与者的选择会最终促成某种国际货币的形成。也就是说,货币的国际化是市场选择的结果。这种选择不仅仅基于使用该货币的交易成本和计价的权利,显然也会受到发行国的政治和经济实力的影响。Matsuyama et al.(1993)首先在搜寻模型的框架下研究了国际货币的产生。在 Kiyotaki and Wright(1989)的基础模型上,他们创造了一个包括两个国家、两种货币的随机匹配模型,研究了国际货币产生的微观基础。Flandreau(2006,2009)针对19世纪后期的英镑地位上升进行了一系列的实证研究,其研究结果强烈支持了搜寻理论对货币国际化问题的分析结论。Lagos(2003),Li(2009)等人从通胀引致的福利损失出发,进一步丰富了基于搜寻模型的国际货币研究模型,使得该模型能够对微观政策进行一定程度的分析。

当前,人民币国际化是我国金融战略的核心内容之一。从理论和实证方面研究影响人民币国际化的因素,并提出推进人民币国际化的政策具有重要的现实意义。本章首先将借鉴 Matsuyama et al.(1993)的搜寻模型的分析框架,在这个框架下,我们将引入交易摩擦、个体交易概率、政策推动因素等变量拓展和丰富模型的内涵;接着,基于该修正的搜寻模型,用数值模拟的方法直观阐释影响货币国际化

[①] 本章主要内容详见工作论文罗忠洲、邱虹宇和黄玉莹(2016)。

的各种因素;然后实证分析人民币区域化背后的驱动因素是否与我们的理论模型一致;最后是结论与政策建议。

第一节　基于搜寻模型的货币国际化条件分析[①]

我们将基于搜寻模型的框架来搭建一个微观模型,以描述和反映不同个体的选择和博弈,最终分析货币国际化的可能状态。

一、基本模型的构建

假设全世界只存在 A 国和 B 国两个国家,如果 A 国人口占比为 $N\in(0,1)$,那么 B 国人口占比就为 $1-N$。在一个闭环的模型中,对于个体 i,他只能消费特定的商品 i,而非其他。在第一期,个体 i 通过消费一个单位的商品 i 获得效用,继而能且只能生产出一个单位的商品 i+1 并储存至下一期。在第二期,个体 i 将把商品 i+1 与其他个体所生产的商品进行交换。最终,个体 i 寻找到商品 i 且实现了交换和消费,而且进行了新的生产。另外,我们假设在任一经济体中都存在 k 种商品,这也意味着存在 k 类的个体。

因为需要商品 i+1 的交易对手仅有一个,那么个体 i 与之配对的概率就为 1/k。在这样一个闭环中,搜寻模型能够证明货币将自发出现(Kiyotaki et al.,1989)。在关于货币国际化的研究中,我们将直接在基本模型中引入 A 国和 B 国各自的货币,这样的引入并不会让我们的模型失去微观基础。

假设 A 国和 B 国各自的法币分别为货币 a 和 b。以 A 国个体 i 为例:在第一期,个体 i 消费掉其持有的商品 i,生产出商品 i+1。第一种情况是,个体 i 可能选择持有商品 i+1 至下一期,并在第二期再以物易物式地寻找交易对手。另一种情况是,个体 i 把商品 i+1 交换成货币 a(或 b),并把货币储存至下一期,而非储存商品。到第二期,个体 i 将把货币交换成其所需的商品 i。

假设个体在任一时点能够持有的总库存只能为一个单位,即要么持有商品,要么持有货币。我们可用 $I=(1-a-b,a,b)$ 来表示 A 国个体的库存分布。其中,

---

[①] 本研究的基本模型借鉴 Matsuyama et al.(1993)提出的关于货币国际化的搜寻模型框架,我们的贡献在于通过引入交易摩擦、个体交易概率、政策推动因素等变量拓展和丰富模型的内涵,并且进行数值模拟。详见工作论文罗忠洲、邱虹宇和黄玉莹(2016)。

1−a−b表示个体持有的商品，a表示持有的A国货币，b表示持有的B国货币。例如，A国某个体若仅持有本国货币，那么I=(0,1,0)。相似地，我们可以用带*号的I*来表示B国个体的库存分布：

如果我们用m_a和m_b分别表示A国和B国的人均货币持有量，那么以下等式反映了各国货币总量与个体持有量的关系（所有带*号的字符皆表示B国个体持有的商品或货币）：

$$Nm_a = Na + (1-N)a^* \tag{3-1}$$

$$(1-N)m_b = Nb + (1-N)b^* \tag{3-2}$$

其中，$m_a, m_b, a, b \in (0,1)$。

我们可以用U_g、U_a和U_b分别表示A国个体i持有商品i+1、货币a和货币b的效用，用u表示其消费商品i后获得的效用。如果$U_g < U_a$，就意味着A国个体i愿意将其生产出来的商品i+1交换成货币a。特别地，如果$U_a < u + U_g$，那么意味着A国个体i愿意将货币a交换成其所需的商品i，并且，在消费掉商品i之后生产出商品i+1并持有。设持有成本为零，且个体始终追求商品消费，那么$U_g \geq 0$，$U_a, U_b \leq u + U_g$显然成立。在搜寻模型的框架下，货币具备内生的正效用，那么$\max(U_a, U_b) > U_g$必然成立。

在稳态的情况下，A国个体的库存分布将满足$I \times E = I$，其中E表示一个描述交易行为的三维矩阵。具体如下：

$$I \times E = I \times \begin{bmatrix} 1-e_{ag}-e_{bg} & e_{ga} & e_{gb} \\ e_{ag} & 1-e_{ga}-e_{ba} & e_{ab} \\ e_{bg} & e_{ba} & 1-e_{gb}-e_{ab} \end{bmatrix} = I \tag{3-3}$$

其中，我们用e_{xy}来表示个体用x交换y的概率。显然，$I \times E = I$描述了一种稳态情景。

实际上，个体在本期持有商品或者货币的效用，将等于其在下一期期望效用的折现值。在下一期的期望效用，实际上等于三种可能潜在交易策略的期望效用之和。因此在稳态下，对于A国个体的如下三个等式显然成立，其中r为折现率：

$$U_g = [(1-e_{ag}-e_{bg})U_g + e_{ga}U_a + e_{gb}U_b]/(1+r) \tag{3-4}$$

$$U_a = [e_{ag}(u+U_g) + (1-e_{ga}-e_{ba})U_a + e_{ab}U_b]/(1+r) \tag{3-5}$$

$$U_b = [e_{bg}(u+U_g) + e_{ba}U_a + (1-e_{gb}-e_{ab})U_b]/(1+r) \tag{3-6}$$

以上三个等式可以表示为一个稳态下的矩阵方程。我们运用克莱姆法则对该

矩阵方程进行变换和求解,可以得到在稳态时的约束条件:

(1)当且仅当 $e_{ag} \geqslant e_{bg}$ 时,$U_a \geqslant U_b$ 成立。

(2)当且仅当 $e_{ag}(r+e_{gb}+e_{bg}+e_{ba})+e_{ab}e_{bg} \geqslant e_{gb}e_{bg}$ 时,$U_a \geqslant U_g$ 成立。

(3)当且仅当 $e_{bg}(r+e_{ga}+e_{ag}+e_{ab})+e_{ba}e_{ag} \geqslant e_{ga}e_{ag}$ 时,$U_b \geqslant U_g$ 成立。

交易概率 e_{xy} 包含两重含义:首先是个体进行交换的主观意愿,其次是客观条件。因为个体总是追求消费且货币具有内生性,那么主观交易意愿总是存在的。在客观条件方面,我们用 $\sigma_1, \sigma_2, \mu \in (0,1]$ 来分别表示 A 国、B 国、A 国和 B 国之间的交易便利程度。系数取值越小,交易摩擦程度越高。那么,我们可以定义 A 国和 B 国国内以及两国之间个体进行交易的匹配概率,见表 3-1。

表 3-1　　　　　　　　　　个体交易的匹配概率

	A 国个体	B 国个体
A 国个体	$\sigma_1 N/k$	$\mu(1-N)/k$
B 国个体	$\mu N/k$	$\sigma_2(1-N)/k$

二、对不同均衡状态的讨论

我们将分析两类均衡:第一类均衡定义为 S 状态,即 A 国和 B 国个体各自只接受本国货币;第二类均衡表达为 A 状态或 B 状态。在各国都接受本国货币的情况下,A 状态表示 A 国货币也被 B 国个体接受,但 A 国个体不接受 B 国货币。B 状态类似。显然,对均衡状态的如此划分能够反映货币的接受范围,即国际化的程度。

(一)各国货币仅在各自国内被接受

S 状态意味着一国个体要么持有商品,要么持有本国货币。S 状态下的库存分布为:

$$I = (1-a, a, 0) \tag{3-7}$$

$$I^* = (1-b^*, 0, b^*) \tag{3-8}$$

另外,各国的人均货币量满足 $m_a = a$ 和 $m_b = b^*$。根据匹配几率和 S 状态下的库存分布假设,我们可以得到 A 国个体的交易概率如下:

$$e_{ga} = a\sigma_1 N/k \tag{3-9}$$

$$e_{ag} = (1-a)\sigma_1 N/k \tag{3-10}$$

$$e_{bg}=(1-b^*)\mu(1-N)/k \tag{3-11}$$

$$e_{gb}=e_{ab}=e_{ba}=0 \tag{3-12}$$

例如，$e_{ag}=(1-a)\sigma_1 N/k$ 的含义是：A 国个体要成功地用 A 国货币交换到商品，应当首先寻找到一位愿意与之交易的 A 国个体（$\sigma_1 N/k$）。然后，该交易对手刚好持有商品（$1-a$）。其他表达式的含义也类似。由于 S 状态下货币只在各自国内被接受，因此 $e_{gb}=e_{ab}=e_{ba}=0$。B 国个体的交易表达式类似。

S 状态下，以下条件必然成立：

$$U_b \leqslant U_g < U_a < u+U_g \tag{3-13}$$

$$U_a^* \leqslant U_g^* < U_b^* < u^*+U_g^* \tag{3-14}$$

以 A 国个体为例：本币 a 在 A 国必然被接受，即 $U_g < U_a < u+U_g$ 则表示外币 b 不会被接受。以上不等式的核心条件可以简化为：

$$U_b \leqslant U_g \text{ 且 } U_a^* \leqslant U_g^* \tag{3-15}$$

根据"一、基本模型的构建"中"在稳态时的约束条件"，将 S 状态下 A 国和 B 国个体的交易概率分别代入使 $U_b \leqslant U_g$ 和 $U_a^* \leqslant U_g^*$ 成立的稳态条件，可以得到：

$$\mu \leqslant f(N)=\frac{\sigma_1^2 N^2 m_a(1-m_a)}{(1-m_b)(1-N)(\sigma_1 N+rk)} \tag{3-16}$$

$$\mu \leqslant f^*(N)=\frac{\sigma_2^2(1-N)^2 m_b(1-m_b)}{(1-m_a)N[\sigma_2(1-N)+rk]} \tag{3-17}$$

假设在稳态时 $M_A=M_B=0.5$，$r=0$ 且 $\sigma_1=\sigma_2=1$。那么将以上两式绘制在 $N,\mu \in (0,1)$ 的二维空间中，图 3—1 中的阴影面积 S 就表示我们所定义的 S 状态。

当点 (N,μ) 位于图 3-1 中的阴影部分时，S 状态得以实现，各国货币只在各自国内被接受。例如，无论 A 国人口或者经济规模（N）占比多大，如果两国之间的交易便利程度（μ）过低，则各国货币仅能在本国流通，即国际货币无法产生。如果取消前述有关 m_a、m_b、σ_1、σ_2 和 r 的简化条件，$\mu \leqslant f(N)$ 和 $\mu \leqslant f^*(N)$ 在 $N,\mu \in (0,1)$ 二维空间绘制的图形依然会与图 3—1 类似。

(二)一国货币被别国个体所接受

A 状态意味着 A 国货币不仅在本国流通，同时也被 B 国个体所接受，这意味着货币 a 成为国际货币。与此同时，B 国货币只能在 B 国被接受。在 A 状态下，个体的库存分布可以表示为：

$$I=(1-a,a,0) \tag{3-18}$$

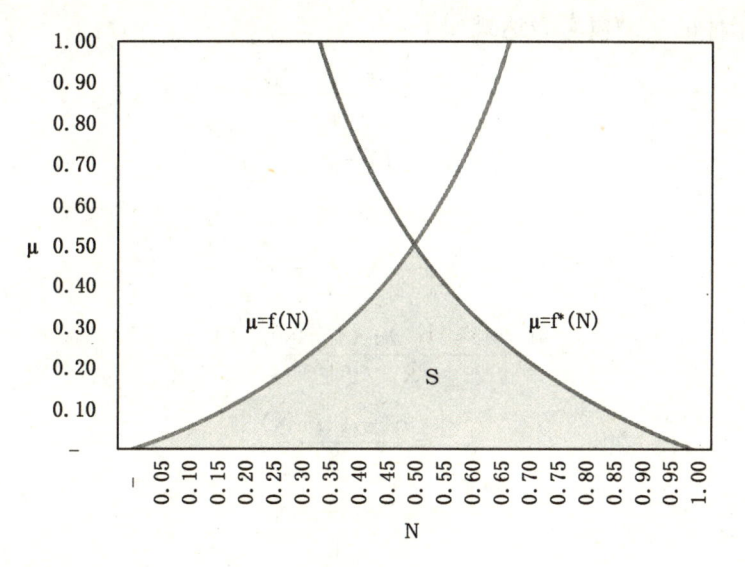

图3-1 S状态

$$I^* = (1-a^*-b^*, a^*, b^*) \tag{3-19}$$

各国的人均货币量满足 $Nm_a = Na + (1-N)a^*$ 和 $m_b = b^*$。而且，根据一价定律有 $(1-a^*-b^*)/a^* = (1-a)/a$。

根据 A 状态下的库存分布和随机匹配几率的假设，我们可以得到 A 国个体的交易概率如下：

$$e_{ga} = \frac{a\sigma_1 N}{k} + \frac{a^* \mu(1-N)}{k} \tag{3-20}$$

$$e_{ag} = \frac{(1-a)\sigma_1 N}{k} + \frac{(1-a^*-b^*)\mu(1-N)}{k} \tag{3-21}$$

$$e_{bg} = \frac{(1-a^*-b^*)\mu(1-N)}{k} \tag{3-22}$$

$$e_{gb} = e_{ab} = e_{ba} = 0 \tag{3-23}$$

例如，e_{ag} 表达式的含义是，A 国个体要用 A 国货币交换到所需商品：要么寻找一位愿意与之交易的 A 国个体（$\sigma_1 N/k$），且该交易对手刚好持有商品（$1-a$）；要么找到一位 B 国个体（因为 A 国货币是国际货币）来进行交换 $[\mu(1-N)/k]$，且该 B 国个体刚好持有商品（$1-a^*-b^*$）。同理有 e_{ga} 和 e_{bg}。另外，由于 A 状态下 B 国货币只在 B 国流通，所以 $e_{gb} = e_{ab} = e_{ba} = 0$。

B国个体的交易概率表达式如下：

$$e_{gb}^* = \frac{b^* \sigma_2 (1-N)}{k} \tag{3-24}$$

$$e_{ga}^* = \frac{a^* \sigma_2 (1-N)}{k} + \frac{a\mu N}{k} \tag{3-25}$$

$$e_{bg}^* = \frac{(1-a^*-b^*)\sigma_2(1-N)}{k} \tag{3-26}$$

$$e_{ag}^* = \frac{(1-a^*-b^*)\sigma_2(1-N)}{k} + \frac{(1-a)\mu N}{k} \tag{3-27}$$

$$e_{ab}^* = \frac{b^* \sigma_2 (1-N)}{k} \tag{3-28}$$

$$e_{ba}^* = \frac{a^* \sigma_2 (1-N)}{k} \tag{3-29}$$

在A状态下，以下条件必然成立：

$$U_b \leqslant U_g < U_a < u + U_g \tag{3-30}$$

$$U_g^* < U_a^*, U_b^* < u^* + U_g^* \tag{3-31}$$

与前述内容类似，以上不等式的含义是显而易见的，并可简化为：

$$U_b \leqslant U_g \text{ 且 } U_a^* > U_g^* \tag{3-32}$$

我们将A状态下的交易概率分别代入"一、基本模型的构建"中"在稳态时的约束条件"，可得：

$$U_b \leqslant U_g \Leftrightarrow \mu(1-m_b)(1-N)[kr + \sigma_1 N + \mu(1-m_b)(1-N)]$$

$$- \frac{Nm_a[\sigma_1 N + \mu(1-m_b)(1-N)]^2}{1-(1-N)m_b} \leqslant 0 \tag{3-33}$$

$$U_a^* > U_g^* \Leftrightarrow \mu > F_a^*(N) \Leftrightarrow [\mu N + \sigma_2(1-m_b)(1-N)][kr + \sigma_2(1-N)] > 0 \tag{3-34}$$

其中，方程(3-33)在r=0时可以表示为$\mu \leqslant F_a(N)$。而且，方程(3-34)显然成立。我们假设$r=0, m_a=m_b=0.5, \sigma_1=\sigma_2=1$，并将以上两式绘制成图3-2，那么阴影部分面积A就描述了A状态。

当点(N,μ)位于图中阴影部分时，A状态得以实现。这意味着A国货币成为国际货币，而B国货币仅在B国被接受。如果A国人口（经济规模）占比足够大，那么无论两国间交易摩擦有多大，或者说经济整合程度多低，A国货币都可能成为国际货币。如果取消前述有关 m_a、m_b、σ_1、σ_2 以及 r 的简化条件，在 N、$\mu \in (0,1)$ 二维空间上绘制的图形依然会与图 3-2 类似。

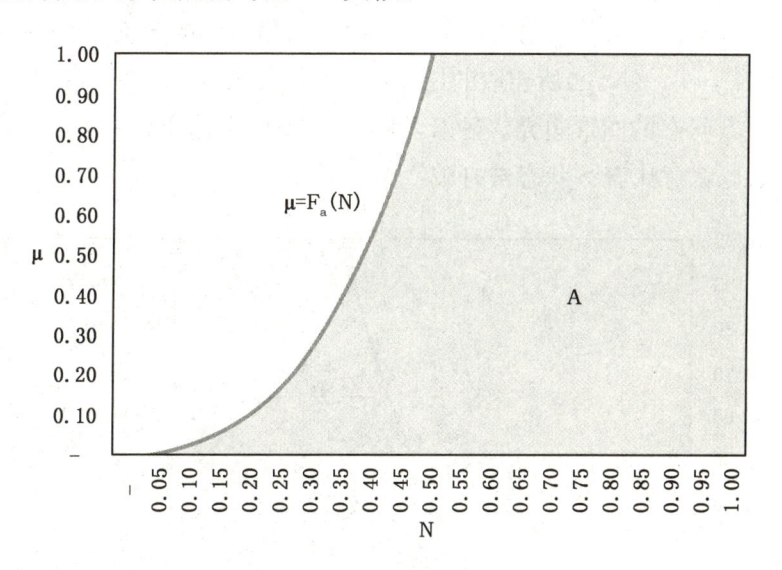

图 3-2　A 状态

另外，B 状态意味着 B 国货币成为国际货币，而 A 国货币只能在 A 国被接受。对 B 状态的分析与 A 状态完全相似，且其图形与 A 状态的图形左右对称。

第二节　基于搜寻模型的货币国际化的决定因素分析

事实上，以上对每一种均衡状态的描述，以及在 N、$\mu \in (0,1)$ 二维空间上的图形描述，仅仅表示在某种 N 和 μ 的特定分布下，某种均衡状态（S、A、B）有可能存在。

在简化的情况下，我们将 S、A 和 B 状态描述在同一 N、$\mu \in (0,1)$ 的二维空间上，可以发现各种状态的图形有较多的重叠区域（见图 3-3）。也就是说，以图中①为例：根据前述分析，我们一般会认为其处于 S 状态，即各国货币仅在各自国内被接受。但是，我们并不排除 A 和 B 状态的存在。因为①所处的位置同样位于 A 状态和 B 状态的存在范围以内。但是，如果①移动到②的位置，我们就可以确认 S 状态已经被打破，即肯定有一种国际货币已经产生。进而，如果继续移动到③的位置，我们就可以确定 A 国货币是国际货币。

在现实世界中，N(代表人口、经济或者贸易的相对占比)和 μ(代表各国之间的交易摩擦、经济整合程度)在短期内是不大可能改变的。因此，我们对问题的分析将基于对 S 状态下阈值 μ_{max} 的研究。我们对阈值 μ_{max} 的定义是：要使得 S 状态存在，那么对于任一 (N,μ) 所能取的最大值。如图 3-3 所示，这一系列 (N,μ_{max}) 的取值构成了 S 状态的图形边界。显然，对于二维空间上给定的一点 (N,μ)，当阈值 $\mu_{max} < \mu$ 时，也就意味着 S 状态被打破。

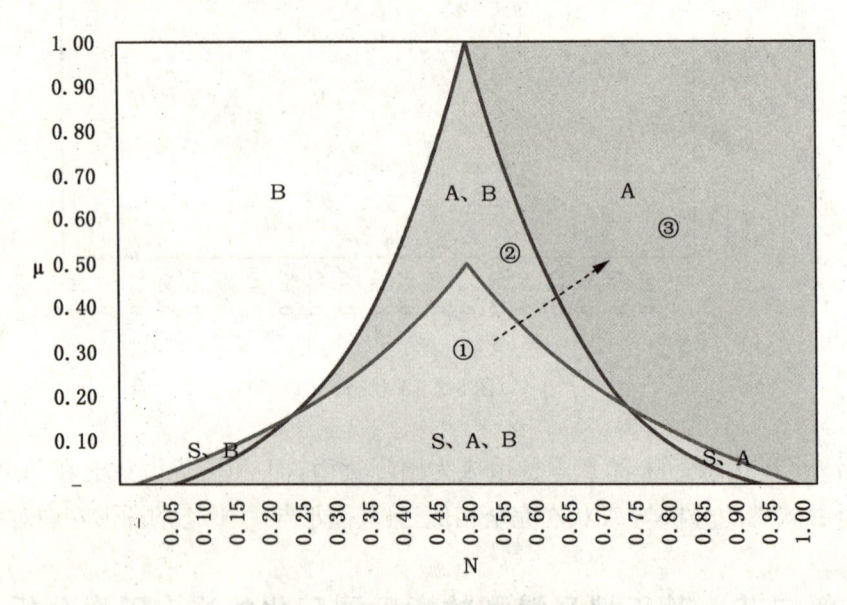

图 3-3 S、A 和 B 状态的重叠分布

在当前时点，如果我们假设 A 国和 B 国的货币只能在本国被接受，那么意味着整个 S 状态区域不存多重均衡。于是，只有当 (N,μ) 的组合点位于图 3-4 的阴影区域时，A 国货币才可能是国际货币。特别地，在图 3-4 的中间部分，即使 S 状态被打破，A 国货币依然可能不是国际货币，因为 B 状态在该区域也存在。

即使不简化 m_a、m_b、σ_1、σ_2 以及 r 的取值，图 3-4 中的基本关系依然成立。我们将在此基础上，以 A 国为例，分析一些基本的宏观经济条件对一国货币国际化的影响。

一、经济和贸易实力是一国货币国际化的根本

如图 3-4 所示，如果 N 足够大，那么阈值 μ_{max} 的取值将非常低，显然 A 国货币

更有可能变为国际货币。如图 3-4 中的①，即使两国间的交易非常不畅通（如 μ 可能达 0.1），只要 A 国的相对经济实力足够大（如 N 达 0.95），那么依然有 $\mu_{max} < \mu$，即 S 状态被打破。这意味着：在长期中，提高一国的经济话语权（N，人口、经济和贸易的相对占比），是一国货币国际化的根本之路。

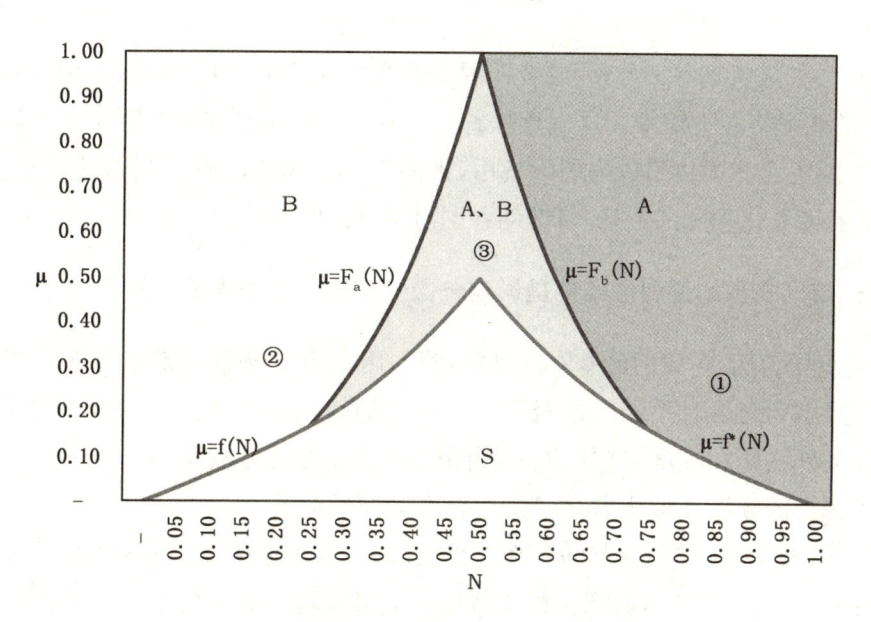

图 3-4　S 状态区域在初始时不存在多重均衡

如果一国经济实力过小，基本不存在货币国际化的可能，如图 3-4 中的②。即使阈值 μ_{max} 能够降低，A 均衡状态在此处也几乎不会产生。如果 A 国能够通过提高经济实力，使得 N 不断增加，那么其货币国际化的概率将增加。

在各国经济实力相差不大的情况下，如图 3-4 中的③，阈值 μ_{max} 的降低可能带来 A 国货币的国际化。阈值 μ_{max} 的降低有很多种方式，具体讨论稍后。

二、时间成本和专业化程度的提高将推动对国际货币的需求

根据前节中我们对 S 状态的分析，在 N、$\mu \in (0,1)$ 的二维空间中，其阈值 μ_{max} =min[f(N), f*(N)]，其中：

$$f(N) = \frac{\sigma_1^2 N^2 m_a (1-m_a)}{(1-m_b)(1-N)(\sigma_1 N + rk)} \tag{3-35}$$

$$f^*(N) = \frac{\sigma_2^2(1-N)^2 m_b(1-m_b)}{(1-m_a)N[\sigma_2(1-N)+rk]} \tag{3-36}$$

根据我们对基本模型的设定：折现率 r 实际上代表着现实世界中的短期利率，意味着个体为了寻求商品消费而忍受的时间成本。k 代表了经济中的专业化程度。

显然，如果折现率 r 上升，或者一国中的商品种类 k 上升，阈值 μ_{max} 都会降低，S 状态的图形将向下缩减。这也意味着至少有一种货币会成为国际货币。至于具体是 A 国还是 B 国货币成为国际货币，则由 N、m_a、m_b、σ_1 和 σ_2 等决定。至少，时间成本和专业化程度的上升，将推动各国对某种国际货币的需求。

三、跨国交易的便利性条件是影响一国货币国际化的重要因素

以 A 国为例，在我们的基本模型中，我们用 N/k 来描述正常状态下 A 国个体在国内寻求到交易对手的内在概率。在这个基础上，我们用 $\sigma_1 \in (0,1)$ 来描述国内交易的外在便利程度，这就使得 A 国国内真实的交易概率为 $\sigma_1 N/k$。其中，N 代表了国内的经济规模，k 代表了国内存在的商品种类。

可见，σ 涵盖了更加深刻的含义。我们认为，其既包括硬件意义上的交易渠道和便捷程度，也包含软件意义上的市场经济制度环境。比如在计划经济环境下，一国可能具有较大的经济规模 N，政府计划分配种类繁多的商品 k，但是，个体在国内自主寻找交易对手的硬件和软件条件都不具备，即 σ 非常低。接下来，我们将分析 σ 对一国货币国际化的影响。

假设 $m_a = m_b = 0.5$、$r = 0$，并假设 A 国国内不存在交易摩擦（即 $\sigma_1 = 1$），而 B 国国内交易存在摩擦。我们假设 B 国国内存在三种不同的摩擦程度，即 $\sigma_2 = 1$、0.5、0.1，我们将各种均衡状态的边界——包括 $\mu = f(N)$、$\mu = f^*(N)$ 和 $\mu = F_a(N)$——绘制成图 3-5。另外，我们也将 $\sigma_2 = 1$ 时的 $\mu = F_b(N)$ 绘制成图。

可见，如果 A 国和 B 国各自国内交易都不存在摩擦，那么 S 状态的图形面积就为 $S_1 + S_2 + S_3$，整个阴影部分则为 A 状态的潜在分布（其中淡色阴影部分可能是 A 状态，也可能是 B 状态）。但是，若 B 国国内的交易摩擦逐步增大（σ_2 减小），那么 S 状态的右侧边界 $\mu = f^*(N)$ 将向左下方进一步收缩，S 状态的分布区域将缩小。当 B 国国内的交易摩擦达到 $\sigma_2 = 0.1$ 时，即 B 国个体在本国寻找到交易对手的概率较正常状态降低了 90%，那么 S_1 和 S_2 区域都将变成 A 状态的潜在分布，S

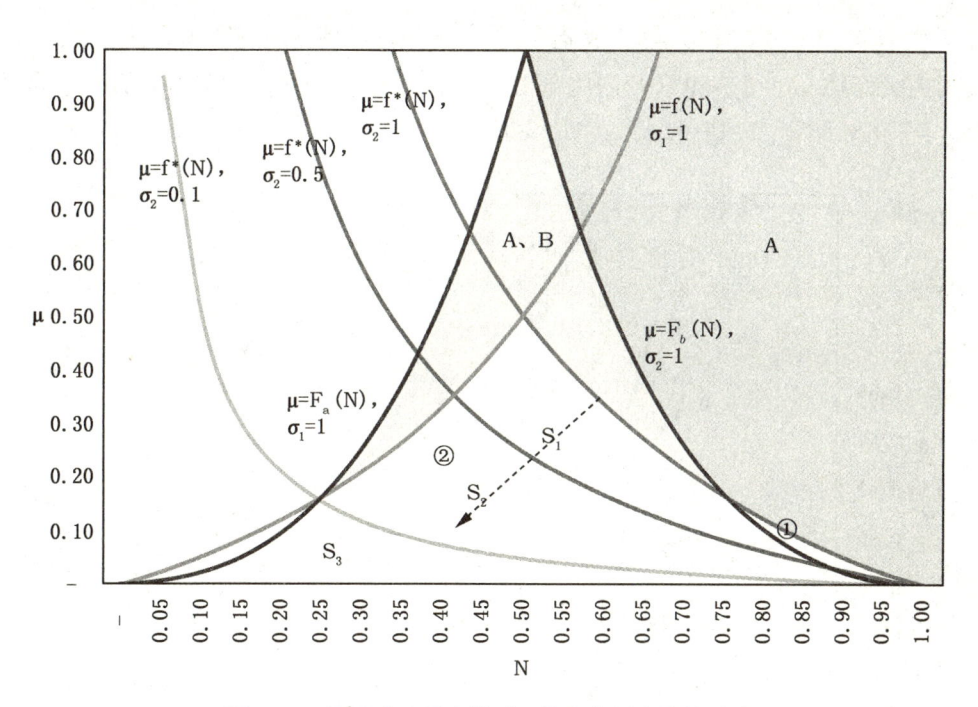

图 3-5　B 国国内交易摩擦对 S 状态右侧边界的影响

状态的分布面积收缩到仅为 S_3，A 国货币成为国际货币的概率大大增加。

第一种情况，假设 A 国经贸占比足够大：以图 3-5 中的①为例，如果 B 国国内交易摩擦增大，那么 $\mu=f^*(N)$ 曲线将向左下方进一步弯曲，S 状态区域继而缩小。于是，①必定会落入 A 状态的分布区域，即 A 国货币必定成为国际货币。

第二种情况，假设 A 国经济贸易占比一般：以图 3-5 中的②为例，情况看起来会稍微复杂一些。$\mu=f^*(N)$ 曲线会向左下方收缩，但在②所代表的经济环境下，A 国货币不一定会成为国际货币，因为②可能即将落入的区域是 A 和 B 状态共存的多重均衡状态。

然而，根据我们在上一节中对 A 状态的分析，如果 $\sigma_1 \neq 1$，我们知道 A 状态的区域 $\mu \leqslant F_a(N)$ 将由下式决定：

$$\mu \leqslant F_a(N) = \frac{-(2N^3-4N^2+2N)\sigma_1 + \sqrt{(2N^3-4N^2+2N)^2\sigma_1^2 + 16(-N^3+2N^2-2N+1)\sigma_1^2 N^3}}{2(-N^3+2N^2-2N+1)}$$

(3-37)

事实上，随着交易摩擦增大（即 σ_1 取值降低），A 状态的边界将向右收缩。在正常状态下,B 状态的边界与 A 状态的区域分布正好是左右对称的。因此,如果 A 国国内无摩擦($\sigma_1=1$),随着 B 国内部交易摩擦的增大(σ_2 减小),那么 B 状态的边界 $\mu=F_b(N)$ 将向左下方收缩(见图 3-6)。

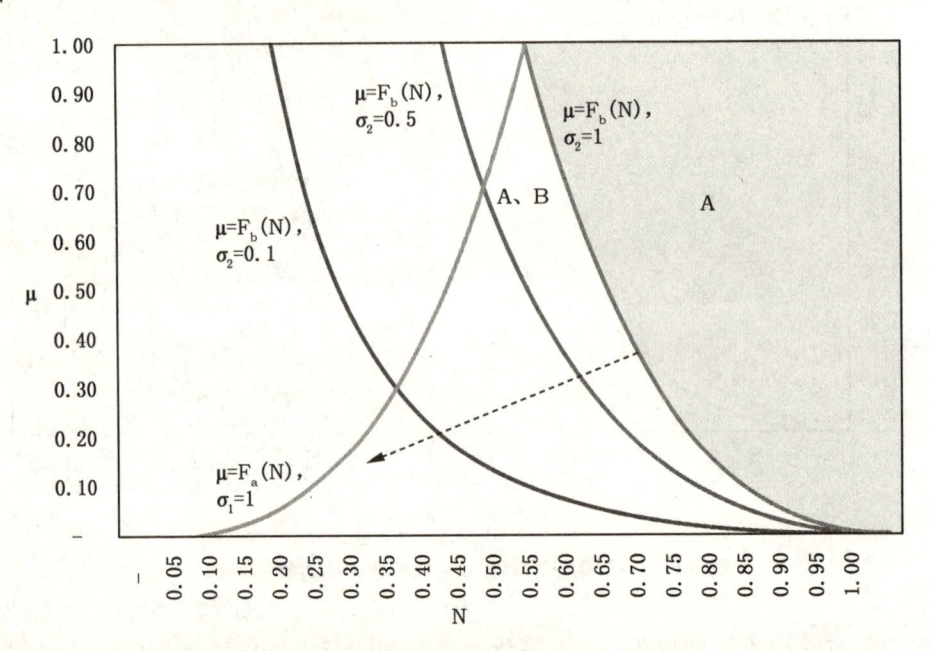

图 3-6　B 国国内交易摩擦对 B 状态边界的影响

所以,如果 B 国内部交易摩擦的增大,不仅 S 状态区域会向左下方缩减,B 状态区域也同样会向左下方缩减,即单纯为 A 状态的区域必定大幅向左下方拓展并增加。在这种情况下,只要 (N,μ) 的位置没有过分地处于劣势(极左下角),即 A 国具备尚可的经济贸易实力,那么 A 国货币成为国际货币的概率将大大增加。

四、强势货币和自律的货币政策有助于一国货币的国际化

在我们的基本模型中,我们用 m_a 和 m_b 来描述 A 国和 B 国各自的人均货币供应量。在前文的讨论中,我们通常假设 $m_a=m_b=0.5$,以把货币因素对模型结论的影响控制在中性。对此的理解是:第一,在均衡状态时,$m_a=0.5$ 意味着 A 国的人均商品持有量为 $(1-m_a=)0.5$,即货币供应量与其商品总量的关系是平衡的,即单位货币对应着单位商品。B 国亦类似。第二,在我们的模型中,商品在两国是无差异的。换言之,我们可以将两国各自的货币用商品来标价。那么显而易见的是,$m_a=m_b$意味着两国货币的汇率关系是稳定的。

如果一国的货币供应量发生变化,显然两国货币的相对价值将发生变化,那么均衡的国际货币状态如何呢？假设B国人均货币供应量$m_b=0.5$保持稳定,我们可以将A国不同人均货币供应量条件下($m_a=0.1,0.5,0.8$)的S状态和A状态的边界绘制成图3-7。

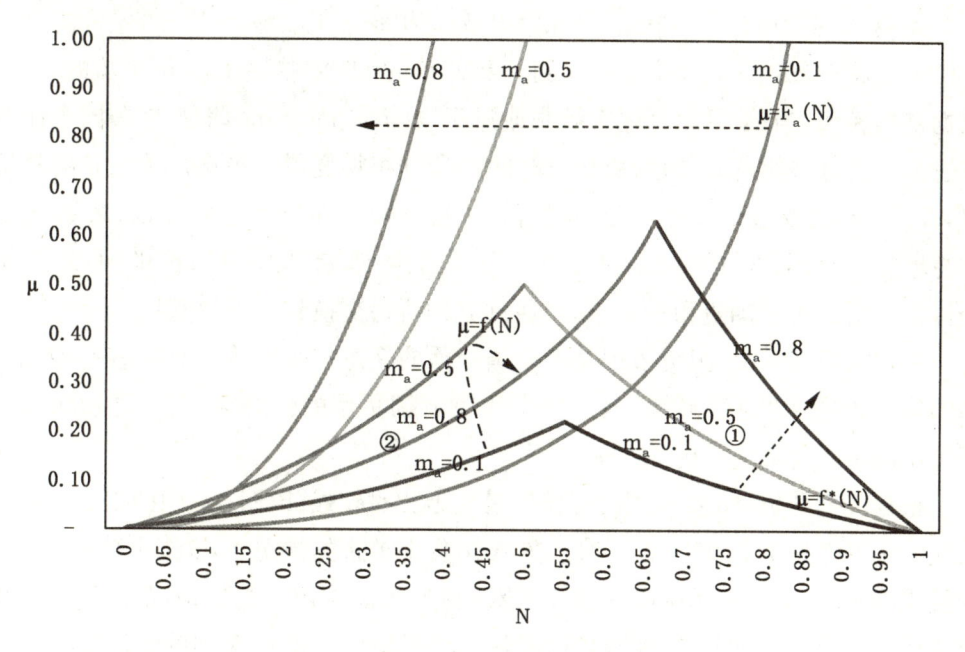

图3-7 货币政策对均衡状态边界的影响

站在B国个体的角度：

如图3-7所示,我们首先可以看到,如果A国货币供应量发生扩张(m_a增加),那么S状态的右侧边界$\mu=f^*(N)$将向右上方扩张,这会导致S状态区域向右上方扩张。实际上,$\mu=f^*(N)$描述的正是B国个体的行为。根据基本模型,A国货币的扩张意味着A国个体商品持有量的相对减少。那么,对于B国个体而言,其对A国个体拥有的商品的追逐程度将降低,显然,B国个体也就不需要那么多A国货币了。以上的理解是基于我们对基本模型的设定,强调的是对实物商品的追求。

在现实经济中,A国货币的扩张通常意味着该国货币成为一种弱势货币,即国内通货膨胀的上升和本币的对外贬值,而且该国在出口中以B国货币标价的商品价格会变得更低。显然,在这种情况下,B国个体肯定更倾向于持有B国货币,以通过国际贸易交换到价格越来越低的 A 国商品,而不是直接持有 A 国货币。所以,在 A 国货币扩张的情况下,B 国个体对 A 国货币的接受度会降低,那么 A 国货币国际化将变得困难;反之,如果 A 国货币收缩,则 B 国个体对 A 国货币(一种强势货币)的接受程度会增加。

站在 A 国个体的角度:

无论 A 国货币在正常状态下($m_a=0.5$)是扩张还是收缩,S 状态的左侧边界 $\mu=f(N)$ 都将在 $m_a=m_b$ 时位于最左侧。事实上,$\mu=f(N)$ 描述了 A 国个体的行为。根据基本模型,当 A 国货币过于扩张或过于紧缩时,$m_a \neq m_b$ 将使得 A 国个体持有过少或者过多的商品,即均衡状态时的库存分布将变得不平衡。无论是哪种情况,A 国个体必然会对其库存分布进行再平衡。如果 A 国货币紧缩,那么 A 国个体将增加对 B 国货币的持有,因为 A 国货币过少;如果 A 国货币扩张,那么 A 国个体也会增加对 B 国货币的追求,以通过 B 国货币交换到更多的商品。

在现实经济中,A 国货币相对于 B 国货币的任意扩张或收缩意味着一种无纪律的货币政策。在这种政策下,A 国个体对 B 国货币的偏好会上升,这意味着 A 国货币的国际化将变得更加不确定。

根据以上分析,如果 A 国的经济贸易实力相对较强(以图 3-7 中的①为例),那么我们主要考虑 B 国个体的行为。在 A 国货币扩张的情况下,B 国个体对货币 a 的接受度下降,A 国货币国际化将变得困难;在 A 国货币收缩的情况下,B 国个体对货币 a 的接受度将上升,A 国货币国际化将更容易。如果 A 国的经济贸易实力相对较弱(以图 3-7 中的②为例),B 国个体仍将青睐强势货币,但我们这里要着重考虑 A 国个体的行为。值得注意的是,在 $m_b=0.5$ 保持稳定的情况下,A 国货币的扩张将使得 A 状态的边界 $\mu=F_a(N)$ 向左扩张,即 A 状态区域变大。似乎,②落入 A 状态的概率会变大。然而,B 状态与 A 状态是左右对称的。这些新增的区域实际上意味着 A、B 状态的叠加。也就是说,A 国货币的扩张会使得 B 状态区域也变大。根据前述的分析,无纪律的货币扩张或收缩会使得 A 国个体对 B 国货币的接受度上升。也就是说,对于②而言,其变更为 B 状态的概率其实更大。

那么,我们的结论就显而易见了。我们认为货币币值的强势有利于一国货币的国际化,也强调货币政策的自律至关重要。

第三节 推动一国货币国际化的政策选择分析

宏观经济条件的改变毕竟是一个长期的过程。在真实经济中,货币国际化的程度也缺乏一个可以一概而论的测度标准。货币国际化显然是一个渐进的过程。一国货币从完全不被国际社会接受,到被国际社会在一定程度上接受并初步实现国际化,这中间存在一个过渡地带。在本书中,我们称为临界状态。那么,度过这种临界状态需要花费一国多长的时间呢?是否有某种方法可以予以推动和促进呢?基于我们的模型,我们将以上的探讨变更为如下的描述:如果在一种经济情景下,(N, μ)组合的点落在 S 状态的边缘但仍处于 S 状态,即尚未实现货币国际化,那么是否有一种力量可以加速 S 到 A 状态的转移,从而推动一国货币的国际化?

一、大国的政策能够在早期推动其货币国际化

按照前文所做的简化假设,不同的国际货币均衡状态如图 3-8 所示。其中,假设当前的初始状态为 S,即各国货币仅在各自国内被接受。那么,图 3-8 中的①、②、③代表了三种不同的经济情景(分别代表了 A 国和 B 国不同的经济实力比较),且每一种经济情景都处于 S 状态下。因为图 3-8 中点的位置在短期内并不会改变,所以要使得 A 国货币国际化,A 国政府可能会采取某些政策来加速其货币 a 国际化的进程。

我们首先将讨论情景一,即图 3-8 中的①。这种经济情景意味着 A 国拥有非常强的经济和贸易实力,但是 A 国货币尚未被 B 国接受。在现实经济中,这种情景相当于对中国与其周边某一个东南亚国家的关系的描述。

在情景一下,假设中图 3-8 中的①对应的(N_1, μ_1)组合正好描述了中国和某一个东南亚较小国家的经济情景。假设点(N_1, μ_1)的取值约为$(0.7, 0.2)$,其含义为两国的经济贸易实力对比为 7:3,而两国现实的经济整合程度为 0.2。此时,没有一国货币是国际货币。根据 S 状态的边界条件,我们可知当 N=0.7 时,阈值μ_{max} $(=0.21) > \mu_1 (=0.2)$,所以①确定位于 S 状态。

如本章第二节"基于搜寻模型的货币国际化的决定因素分析"所述,根据我们的模型,$\mu_{max} = f^*(N)$将决定 S 状态的右侧边界。对于一个特定的(N, μ)组合点,一旦$\mu_{max} < \mu$成立,就意味着 S 状态被打破。对于初始的 S 状态,我们对个体库存

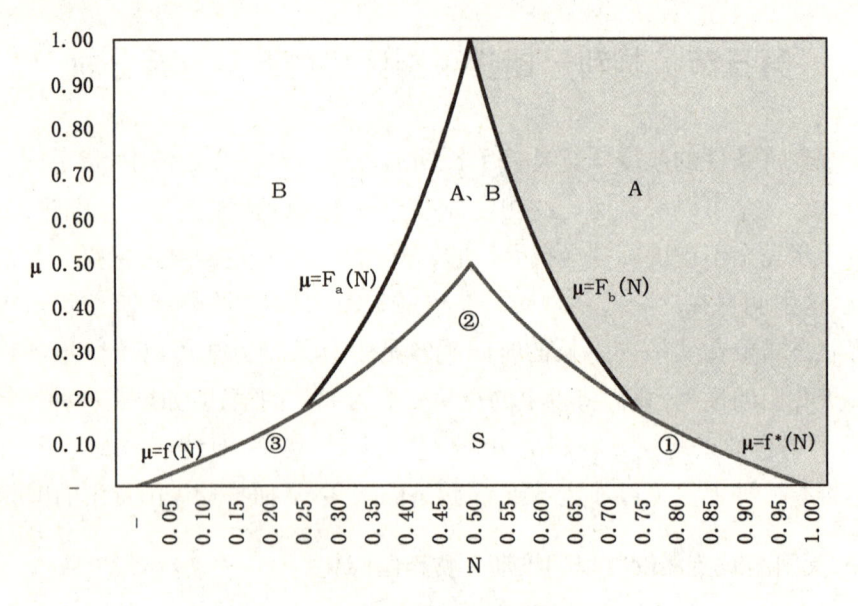

图 3-8　货币国际化的均衡状态

分布的描述是：

$$I = (1-a, a, 0) \tag{3-38}$$

$$I^* = (1-b^*, 0, b^*) \tag{3-39}$$

现在，我们假设 A 国采取了一种政策：A 国政府出面，在 B 国实现某种对 A 国货币的做市行为。比如，通过某种制度安排，在国外提高 A 国货币被使用的机会，并建立起 A 国货币在国内外的流入和流出渠道。比如，A 国政府可以通过税收优惠等措施，使得少量的 B 国个体接受 A 国货币。这类政策可以促进 A 国货币在国外的积淀，逐渐形成具有一定规模的货币池，以发挥对 A 国货币做市的功能。那么，这一政策会产生什么后果呢？

我们以 G 来表示存在于 B 国的一类群体：他们在 A 国政府某种政策的激励和安排下，接受了 A 国货币。这些在 B 国累积的 A 国货币将逐渐形成规模，最终形成 A 国货币的一个离岸市场。我们以 $G \in (0,1)$ 来表示这类群体占 B 国个体总数的比例，那么群体总和就为 $G(1-N)$。此时，A 国个体、B 国个体（非 G 类）和 G 类个体的库存分布可以描述如下：

$$I = (1-a, a, 0) \tag{3-40}$$

$$I^* = (1-b^*, 0, b^*) \tag{3-41}$$

$$I^G = (1-a^G-b^G, a^G, b^G) \tag{3-42}$$

根据各国总的货币供应量以及一价定律,并假设 $m_a = m_b = m$,以下条件在均衡状态时也必然成立:

$$Nm = Na + G(1-N)a^G \tag{3-43}$$

$$(1-N)m = (1-G)(1-N)b^* + G(1-N)b^G \tag{3-44}$$

$$\frac{1-a}{1-a^G-b^G} = \frac{a}{a^G} \tag{3-45}$$

$$\frac{1-b^*}{1-a^G-b^G} = \frac{b^*}{b^G} \tag{3-46}$$

根据这四个等式条件,我们可以得到 a、b^*、a^G 和 b^G 在均衡状态时的关系式:

$$a = m - \frac{1-N}{N}Ga^G \tag{3-47}$$

$$b^* = \frac{m}{(1-Ga^G)} \tag{3-48}$$

$$b^G = \frac{m(1-a^G)}{(1-Ga^G)} \tag{3-49}$$

其中,$a^G \in (0,1)$ 满足如下一元二次方程:

$$a^{G^2}\left[\frac{1-N}{N}G^2 + G - \frac{1-N}{N}Gm\right] + a^G\left[m^2 + \frac{1-N}{N}G(m-1) - mG - 1\right] - m^2 + m = 0 \tag{3-50}$$

由于在情景一(图 3-8 中的①)的条件下,考虑 A 国货币的国际化实际上只涉及 S 状态的右侧边界条件 $\mu = f^*(N)$,即 B 国个体的行为。那么在 A 国、B 国(非 G 类)和 G 类三类个体中,以下我们只需要分析 B 国个体(非 G 类)的交易概率和边界条件。根据库存分布和随机匹配几率的假设,并且假设 $\sigma_1 = \sigma_2 = 1$,我们可以得到 B 国个体(非 G 类)的交易概率:

$$e_{gb}^* = \frac{b^*(1-G)(1-N)}{k} + \frac{b^G G(1-N)}{k} \tag{3-51}$$

$$e_{bg}^* = \frac{(1-b^*)(1-G)(1-N)}{k} + \frac{(1-a^G-b^G)G(1-N)}{k} \tag{3-52}$$

$$e_{ag}^* = \frac{(1-a)\mu N}{k} + \frac{(1-a^G-b^G)G(1-N)}{k} \tag{3-53}$$

$$e_{ga}^* = e_{ab}^* = e_{ba}^* = 0 \tag{3-54}$$

例如，$e_{bg}^* = \dfrac{(1-b^*)(1-G)(1-N)}{k} + \dfrac{(1-a^G-b^G)G(1-N)}{k}$ 的含义是：由于 A 国个体不接受 B 国货币，那么 B 国个体能够用 B 国货币 b 交换到所需商品的概率，等于该个体寻找到一位愿意与之交易的 B 国个体 $\left[$非 G 类，其概率为 $\dfrac{(1-G)(1-N)}{k}\right]$，且该 B 国交易对手刚好持有商品（概率为 $1-b^*$）。或者，该个体寻找到一位愿意与之交易的 G 类个体 $\left[$概率为 $\dfrac{G(1-N)}{k}\right]$，且该 G 类交易对手刚好持有商品（概率为 $1-a^G-b^G$）。e_{gb}^* 和 e_{ag}^* 的含义类似。另外，由于 B 国个体（非 G 类）仍不接受 A 国货币，所以 $e_{ga}^* = e_{ab}^* = e_{ba}^* = 0$。

对于大量仍不接受 A 国货币的 B 国个体，以下条件必然成立：

$$U_a^* \leqslant U_g^* < U_b^* < u^* + U_g^* \tag{3-55}$$

对于 B 国个体，上述表达式的含义为：本币 b 在 B 国必然被接受，即 $U_g^* < U_b^* < u^* + U_g^*$。个体持有外币 a 并不会带来比直接持有商品更好的效用，即 $U_a^* \leqslant U_g^*$，那么外币 a 必然不会在这些 B 国个体中被接受。其核心条件是：

$$U_a^* \leqslant U_g^* \tag{3-56}$$

根据前述"基本模型的构建"中我们对于稳态条件的分析，要使得 $U_a^* \leqslant U_g^*$ 成立，则必然有 $e_{ag}^*(r + e_{gb}^* + e_{bg}^* + e_{ba}^*) + e_{ab}^* e_{bg}^* \leqslant e_{gb}^* e_{bg}^*$。那么在 G 类个体存在的情况下，我们将 B 国个体的交易概率代入 $U_a^* \leqslant U_g^*$ 成立的稳态条件，根据 a、b^*、a^G 和 b^G 在均衡状态时的关系式，并假设 $m_a = m_b = m$、$\sigma_1 = \sigma_2 = 1$、$r = 0$，可得：

$$\mu \leqslant f^*(N, G) = \dfrac{(1-N)(1-m-Ga^G)(Ga^G + m - G)}{N(1-m)(1-Ga^G)} \tag{3-57}$$

如前所述，$a^G \in (0,1)$ 满足如下的一元二次方程：

$$a^{G^2}\left[\dfrac{1-N}{N}G^2 + G - \dfrac{1-N}{N}Gm\right] + a^G\left[m^2 + \dfrac{1-N}{N}G(m-1) - mG - 1\right] - m^2 + m = 0 \tag{3-58}$$

显然，当 $G = 0$ 时，上式 $\mu \leqslant f^*(N, G)$ 就等价于前述"对不同均衡状态的讨论"中对 S 状态的描述，即 $\mu \leqslant f^*(N)$。

当 $G \neq 0$ 时，$\mu \leqslant f^*(N, G)$ 就描述了在 A 国政府采取一定政策之后，B 国个体所

面对的新的 S 状态边界条件。此时，$\mu_{max}=f^*(N,G)$ 就代表了引入政策因素之后新的阈值要求。在情景一下，我们设 N=0.7，将 G 与阈值 μ_{max} 的变动绘制成图 3-9。

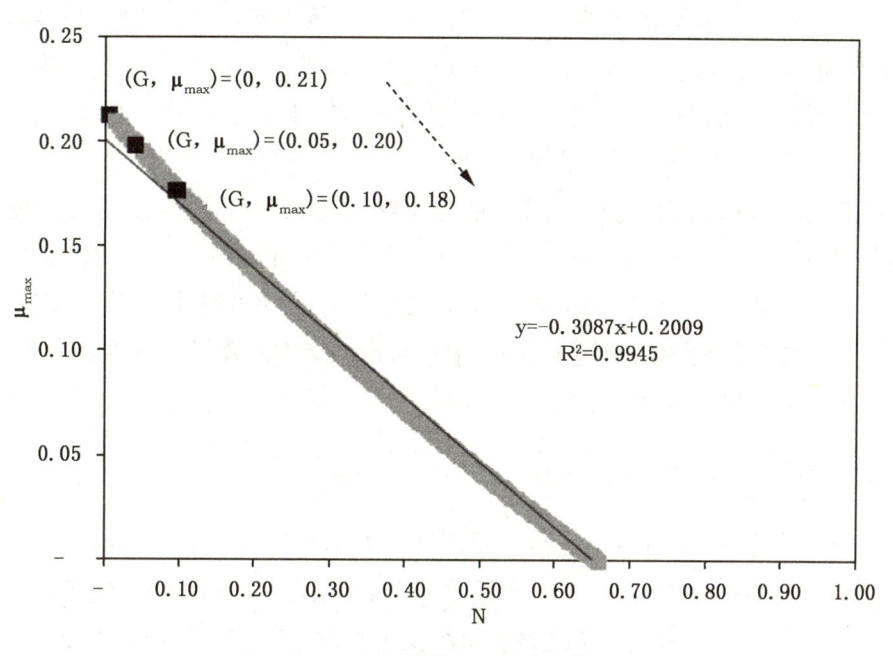

图 3-9　G 与阈值 μ_{max} 的动态关系

可以看到，在 A 国政府采取一定的政策来推动之后，阈值 $\mu_{max}=f^*(N,G)$ 会随着 G 的增加而下降。例如，情景一下的 (N_1,μ_1) 的取值约为 $(0.7,0.2)$，而 S 状态的阈值 $\mu_{max}(=0.21)>\mu_1$，所以如果 A 国政府不采取任何政策，那么在情景一下 A 国不可能摆脱 S 状态，即不能实现其货币的国际化。

然而，随着 A 国政府政策的推动，如果 G 增加到 5%，那么阈值 μ_{max} 将下降到 0.20；而当 G 增加到 10% 时，阈值 μ_{max} 将下降到 0.18。在这个过程中，μ_{max} 会逐渐变得小于 μ_1，也就是说 (N_1,μ_1) 能够逐渐摆脱 S 状态。最终，当 G 增加到 60% 以上时，阈值 μ_{max} 的要求已经接近于 0。这点很容易理解，因为如果 B 国一半以上的个体都已经开始使用 A 国货币，那么 A 国货币实际上已经成为国际货币了。

上述分析的现实含义是，尽管一国可能具备了较强的经济和贸易实力，但是其货币的国际化进程仍可能处在临界状态，即还未能被外国个体接受。那么，在这种早期的临界状态中，本国政府通过一定的政策安排来促进本国货币在国外的使用，

可以通过降低阈值 μ_{max} 的形式来促进本国货币的国际化进程。

事实上，政策在早期能够发挥巨大的作用，也更有效。我们注意到，阈值 μ_{max} 随着 G 的增加而下降的过程并非是线性的。在 G 从零开始增加的初始阶段，阈值 μ_{max} 的下降速度较之后的阶段会更快一些。所以，如果一国货币处于 S 状态下的临界地带，那么政府在早期采取积极的政策来推动，可以更加有效地使该货币摆脱这种临界状态，从而使其踏上国际化之路。

当然，我们认为政府对 G 的推动能力实际上是很有限的。比如，如果要单纯通过某种政策来推动 G 增加到 10 个百分点，那么其所需要的政策力度是非常巨大的。在初期依赖政策作用而增加之后，G 的增加最终仍需要依赖我们在"基于搜寻模型的货币国际化的决定因素分析"中所讨论的基本宏观经济条件，而不可能单纯依赖政策因素持续推动本国货币的国际化。

二、小国的政策推动效力有限

在上一节中，我们讨论的是经济和贸易实力相对较强的大国所面临的货币国际化之路，对应着图 3-8 中的①。然而，②和③的情况在现实经济环境中也普遍存在。本节分析的对象将是一个经济和贸易实力相对一般甚至较弱的国家货币国际化的难易程度。

我们对其货币国际化的分析仍然着重于考量 B 国个体的行为。如图 3-8 所示，如果初始状态为 S 状态，而我们在模型中引入政策因素，那么会产生变化的主要是 S 状态的右侧边界 $\mu = f^*(N)$。A 和 B 状态的边界条件并不会发生变化。

以图 3-4 中的②为例，我们假设 A 国的经济和贸易实力较弱。在"基于搜寻模型的货币国际化的决定因素分析"中，我们将 A 国类比为中国，而把 B 国类比为周边的东南亚小国。在本节中，这一类比实际上正好相反。那么，A 国的货币有没有可能国际化呢？可能性仍然是存在的。如果边界条件 $\mu = f^*(N)$ 能够向左下角大幅收缩，那么 S 状态还是会被打破。在③的情况下，A 国的经济和贸易实力变强了一点，但相对于其他国家仍不具备绝对优势。显然，$\mu = f^*(N)$ 如果能够向左下角收缩，那么 S 状态也会被打破。

然而，即使 $\mu = f^*(N)$ 能够大幅向左下角收缩，对于图 3-4 中的②和③而言，A 国货币的国际化之路仍是模糊的。在 S 状态被打破后，我们的现有模型不可能就 A 国货币能否国际化得出明确结论，因为 (N, μ) 的组合点会大概率落到 A 状态和

B状态的共存区域。在这种情况下,我们难以界定A国货币国际化之路的最终成果。

当然,成功国际化的可能性还是存在的,毕竟A、B状态的共存区域并未否定A状态的可能性。在以下分析中,我们将不再深究一国货币最终是否成功实现国际化,而是将注意力集中在探讨一国政策对打破S状态的促进效果。事实上,政策的作用方式和效果与"基于搜寻模型的货币国际化的决定因素分析"是类似的。

如上节所述,$\mu_{max}=f^*(N,G)$代表了引入政策因素后新的阈值要求。我们将若干不同经济实力条件下(N=0.1、0.3、0.5、0.7、0.9)的G与阈值μ_{max}的变动绘制成图3-10。

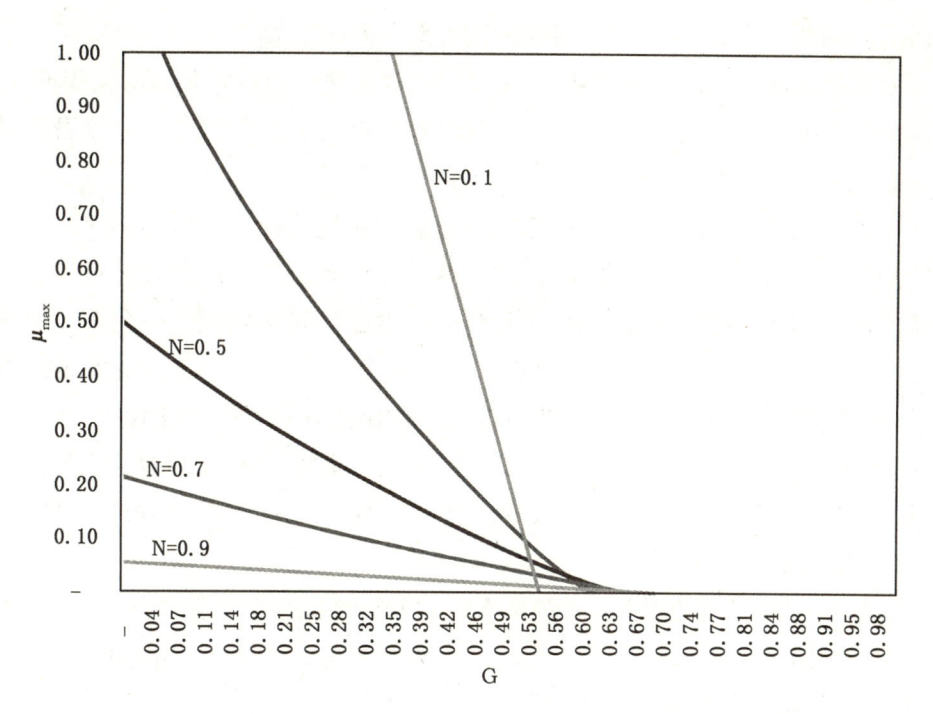

图3-10 不同经济规模下G与阈值μ_{max}的动态关系

如图3-10所示,A国经济和贸易实力越弱(N越小),那么摆脱S状态的阈值要求(μ_{max})就会越高。比如,实力强劲的国家(N=0.9)和实力一般的国家(N=0.5)所面对的阈值要求就已经存在非常大的差异。如果我们用数值来表示,那么至少在N=0.33时,G=0对应的初始阈值μ_{max}才会落入(0,1)区间。如果N≤

0.33,那么当 G 接近于 0 时,其对应的初始阈值要求甚至会超出其定义区间(0,1)。这意味着在自然的情况下这样的经济体(N≤0.33)是不可能实现其货币国际化的。根据 μ 的定义,我们知道它代表了两国经济的整合程度和交易便利程度,取值为(0,1)。$\mu=1$ 就已经意味着两国经济的完全整合;国与国之间的交易摩擦为零,也就意味着两国属于同一经济体。

以 N=0.3 为例,只有当 G>5% 时,μ_{max} 才会落入(0,1)的区间。极端一点,对于 N=0.1,模型所要求的初始 G 的取值就高达 35%。我们可以给出一个简化且易于理解的解释,即对于一个经济和贸易实力非常弱的国家(N=0.1),起码要有 35% 以上的外国个体已经在使用该国货币,我们才有必要去探讨或者说推动该国货币的国际化。否则,对于这一问题的探讨都变得没有意义。

根据前述分析我们可以看到,一国可以用政策来推动 G 增加以降低阈值 μ_{max},进而推动一国货币的国际化。但是,这种政策只有对经济和贸易实力较强的国家才会有比较好的效果。

事实上,这里能够衍生出一些非常有意思的讨论。换一个角度来理解我们所讨论的问题:比如说,一国经贸实力偏弱,然而在全球范围内已经存在对其货币的普遍使用。那么,该国货币国际化之趋势是会增强还是减弱呢?一个现实的例子就是瑞士法郎。此种货币在早期能够被普遍接受,其原因除了基本的宏观经济条件外,可能也有一些政治、汇率制度因素在起作用。其后,尽管该国的经济实力一般,但此种货币却能够长期保持国际货币的地位。事实上,这里涉及的正是国际货币的惯性问题,许多文献对此都有研究。本章主要研究国际货币形成的一般规律,第六章将讨论国际货币的惯性问题。

从图 3-10 中还可以看到,无论 N 多大,当 G 增加到 50% 左右的水平时,阈值 μ_{max} 的要求将趋于零。显然,因为当 B 国一半以上的个体都已经开始使用 A 国货币时,A 国货币实际上就是国际货币。

三、推动一国货币国际化的政策选择

通过上述两节的分析,我们对政策能否以及怎样发挥作用做出了一定的阐释。但是,我们似乎一直没有明确定义该政策到底是什么样的政策。

在我们的模型中,这种政策按如下的机理发生作用:对于 A 国货币,在一种特定的经济情景下,这种政策可以使得 B 国个体的行为边界发生变化,即 S 状态的

右侧边界向左下角收缩。在计算上,这种改变体现为阈值 μ_{max} 的降低。最终,尽管 (N,μ) 组合点的位置不变,但这种政策可以加速此点摆脱 S 状态区域的进程,使之更快地落入 A 状态。这种政策通过增加 G 的方法来降低 μ_{max}。从现实经济的角度,我们对这类政策的理解如下:

(一) 第一类政策:基于经常账户

G 意味着一类个体,即 B 国个体中愿意接受 A 国货币的那部分。显然,在初期没有 B 国个体愿意接受 A 国货币,所以 G=0。那么,政策是如何提高 G 的呢?本书基本模型的逻辑是基于个体对于商品消费的追逐。一国个体无论是持有本币还是外币,其目的都是最终寻找到所需的商品 i 来消费,并生产出新的别人所需的商品 i+1。在这样一种持续发展的经济中,货币是一座桥梁。

所以,G 类个体在政策刺激下愿意接受 A 国货币,其目的肯定是为了商品贸易。或许,持有这种全新的货币能够让他们以更低的成本或者更方便的渠道交换到所需商品。比如,A 国政府可以通过税收优惠等措施来降低 G 类个体的成本。而且,由于 G 类个体直接使用 A 国货币,那么在 G 类个体与 A 国个体的贸易中,A 国也就能够为之提供更加方便的交易渠道。在这样的政策实施过程中,A 国货币得以在国外积淀,或许会逐渐形成具有一定规模的货币池。如果这个存在于国外的货币池能够在流通上与 A 国国内打通,那么 G 类个体就能获得更低的交易成本和更便捷的交易渠道,G 类个体的规模就会内生性地逐渐壮大。

(二) 第二类政策:基于资本账户

在我们的模型中,政策的引入显然是基于国际贸易,从经常账户的角度出发的。在我们的分析中,我们反复强调了具有优势的宏观经济条件对货币国际化的重要影响。这其中包括人口因素、经济和贸易实力的相对比较、时间成本和经济专业化程度、市场经济的制度环境、商品经济的发达程度、货币政策的自律以及币值等众多因素。显然,我们坚信国际贸易(从经常账户出发)是一国货币国际化的原点。对于资本账户的讨论并不在本书的研究范围以内。

但是,政策显然不能够仅局限于贸易层面。正如我们在第一种政策可能性中所提到的,G 类个体的壮大必然伴随着国外货币池的积累。那么,暂时脱离我们所在的基本模型,这种不断壮大的货币池实际上就意味着货币离岸市场的形成。在这样一种货币池形成的过程中,个体对于货币的使用将变得丰富,而不会局限于贸易结算。外国个体必然要求更多更有效的投资渠道。那么,一国政府就需要采取合适的政策,来打通货币在国内外的循环渠道。

从我们的模型出发,我们认为货币离岸市场的形成是第一类政策的后果,而非原因。对于一国货币国际化是否可以一开始就从资本项目出发,我们在本书中并无深入的研究。但是我们可以确认的是,基于经常账户的政策安排也必须要有基于资本账户的政策来配合。

第四节 货币国际化影响因素的实证分析

接下来我们实证研究货币国际化背后的驱动因素是否与我们的理论模型一致。

一、实证模型

根据上述理论模型及数值模拟的讨论,影响货币国际化的因素主要涉及 N、μ 以及货币因素 m。[①] 由此,我们建立实证模型,进行面板数据的实证分析。

$$\ln CII_{it} = \alpha_i + \beta_{i1} \ln GDP_{it} + \beta_{i2} \ln DB_{it} + \beta_{i3} \ln E_{it} + \varepsilon_{it} \qquad (3-59)$$

在我们的实证模型中,因变量是对某一种货币国际化程度的衡量。模型的自变量是一系列影响货币国际化的因素。我们对这些影响因素的定义将与前文中对国际货币形成的理论分析相一致。对于各个参数的选择及其含义见表 3-2。

表 3-2　　　　　　　　　自变量的选择及其含义

	在理论模型中的含义	自变量	自变量入选原因	自变量代码
N	表示两国之间人口、经济和贸易的相对规模和实力比较。较强的经济和贸易实力是一国货币走向国际化的根本	GDP	GDP 是对一国经济实力的代表	GDP
μ	两国之间进行交易的便利程度,意味着支撑交易行为的硬件和软件环境的良好程度	营商环境	营商环境是对一国贸易行为支撑的软件和硬件的良好衡量指标	DB

---

① 在我们的实证模型中,r 和 k 将不被纳入讨论。这是因为 r 和 k 在理论模型中是作为总体性变量引入的,并没有分国别讨论。

续表

	在理论模型中的含义	自变量	自变量入选原因	自变量代码
m	货币政策及币值情况。自律的货币政策有利于一国货币的国际化	汇率	一国的货币升值有助于解释国际化货币的投资需求和交易需求	E

二、变量选择及数据来源

我们针对主要世界货币的国际化程度及其影响因素进行分析。本研究的数据统计时间是从2010年至2015年的24个季度。

（一）对货币国际化的衡量

中国人民大学货币研究所出版的《人民币国际化报告》，对2010年开始的人民币国际化指数（RII）按季度进行了计算，同时采用相同方法计算了美元、欧元、日元、英镑的国际化指数，作为对货币国际化程度的衡量。该指数的计算过程中主要考虑了特定货币在贸易计价、国际金融计价与官方外汇储备中所占的比例。由于所有货币国际化指数的总和必然为100，因此各种货币的国际化指数存在一个此消彼长的情况，考虑到此，我们选取了人民币、欧元、日元、英镑作为实证的对象，而没有将美元纳入实证范围。

（二）其他数据来源

1. 关于 N

GDP 表示在特定时期内特定国家的国内生产总值，用以衡量一国的经济发展水平。为了剔除物价变动与汇率变动对一国经济总量衡量的影响，我们采用了以不变价衡量且以本币为计价单位的 GDP 当季值。该数据来自世界银行。

2. 关于 μ

DB 表示特定国家的营商环境。该数据来自世界银行的 DOING BUSINESS 研究项目。在这个项目中，世界银行就不同国家在开办企业、基础设施服务、信贷获得性、税收法规、合同执行力、投资者保护等多方面进行了量化统计和评价。其中，每一年的"Distance to Frontier"数据展示了各国相较于全球历史最佳得分的接近程度，数值越高，表示营商环境越好。因此，我们选取了"Distance to Frontier"作为我们的研究数据。"Distance to Frontier"是按国别进行统计的数据，考虑到欧元区内有多个国家的情况，我们利用欧元区内不同国家的 GDP 作为权重对整个欧元区的营商环境进行测度。由于该数据每年公布一次,因此我们通过 Eviews 8.0 将年度数据转换为季度数据,在这里我们采用的是二次匹配均值的方法。

3. 关于 m

E 是不同货币对美元的汇率。考虑到在一国经济往来中更多使用对美元的汇率进行计价和结算,我们利用各国对美元汇率作为对货币币值的测度。由于汇率每天波动,交易也在每天产生,因此我们计算了季度内的每日汇率平均值。我们采用的是官方汇率,数据来自世界银行的统计数据。

三、实证分析

（一）协整检验

由于选取的数据为 4 种货币 24 个季度,是比较典型的长面板数据,需要考虑时间趋势下是否存在伪回归的问题。因此,我们需要对数据进行平稳性检验和协整检验。

首先,我们选择原假设为存在不同单位根的 Fisher-ADF 检验和原假设为存在相同单位根的 LLC 检验对原数列进行检验,然后考虑对不平稳的数列进行差分,再次检验一阶差分数列是否平稳。具体检验结果如表 3-3 所示。

表 3-3　　四种货币国际化及其影响因素单位根检验(2010Q1～2015Q4)

变量	水平统计量 ADF 检验	水平统计量 LLC 检验	一阶差分 ADF 检验	一阶差分 LLC 检验	结论
lnCII	57.561***	−2.815***	—	—	I(0)平稳
lnGDP	7.836	1.831	103.219***	−11.167***	I(1)平稳
lnDB	56.956***	−1.327**	—	—	I(0)平稳
lnE	7.167	−1.102	28.172***	−2.146**	I(1)平稳

注:*、**、*** 分别代表 10%、5% 和 1% 显著性水平下拒绝原假设。

单位根检验结果表明,lnCII 和 lnDB 是平稳的,对于存在相同单位根和不同单位根的假设都显著拒绝。而 lnGDP 和 lnE 是原数列不平稳,经过差分后的数列一阶平稳。根据多元回归的宽限条件,在被解释变量的单整阶数不高于任何一个解释变量的单整阶数的情况下,可以继续检验各变量之间的协整关系(谢建国等,2012;王金营等,2012)。因此,我们对这四个变量进行了协整检验。

我们参照 Westerlund(2007)提出的对面板数据进行协整检验的方法。Westerlund 构造了 Gt、Ga、Pt、Pa 四个统计量,通过建立误差修正模型衡量长期协整关系。组统计量 Gt 和 Ga 的原假设为在允许面板异质性的条件下不存在协整关系。面板统计量 Pt 和 Pa 的原假设为面板同质的条件下不存在协整关系,Westerlund 认为通常情况下两组统计量的检验结果是一致的,但在面板数据时间较短(如 T=32)时,回归结果受参数影响较大,可能会出现只有一组统计量通过检验的情况,也是可以接受的。协整检验的结果如表 3-4 所示。

表 3-4　　　　　　　　　　面板协整检验结果

统计量	统计量的值	Z 值	P 值
Gt	−2.199	−0.957	0.169
Ga	−8.736	−0.296	0.384
Pt	−7.042***	−3.363	0.000
Pa	−17.294***	−4.125	0.000

注:*、**、*** 分别代表 10%、5%和 1%显著性水平下拒绝原假设。

面板统计量结果拒绝了原假设,表明在面板同质的条件下存在协整关系,因此可以对面板进行回归。

(二)Hausman 检验

对于面板数据,一般需要考虑模型采用个体截距不同的固定效应还是个体截距相同的随机效应。我们用 Hausman 检验对模型的选择进行判断。Hausman 检验对固定效应模型和随机效应模型的回归结果进行比较,检验的原假设为面板不存在个体效应。因此,当检验结果拒绝原假设时应该采用固定效应模型,否则采用随机效应模型。

我们对面板数据分别进行随机效应和固定效应模型的回归,并进行 Hausman 检验,结果显示 Hausman 检验值为 117.23,显著拒绝原假设,表明模型存在个体效应,因此应该采用固定效应模型进行回归。

(三)实证结果

我们对人民币、欧元、日元、英镑从 2010 年第一季度到 2015 年第四季度的国际化指数以及相应国家或地区的 GDP、营商指数、汇率的面板数据,采用固定效应模型,用Stata12进行回归,回归结果见表3-5。

表3-5　　　货币国际化影响因素固定效应模型分析(2010Q1～2015Q4)

解释变量	系数估计	P
lnGDP	6.325***	0.000
lnDB	5.133***	0.000
lnE	−1.045***	0.009
c	−74.39***	0.000
R^2 within	0.775	
F	38.69***	
Hausman	117.23***	

注:*、**、***分别代表10%、5%和1%显著性水平下拒绝原假设。

实证结果表明,模型回归的整体拟合效果较好,且GDP、营商指数、汇率对货币国际化水平具有显著的影响。其中经济实力对一种货币国际化水平的影响最大,GDP每上升1%,货币国际化水平可提高6.33%。另外,交易便利化程度对货币国际化也有较大影响,营商环境指数每上升1%,货币国际化指数可提高5.13%。货币强弱程度对货币国际化水平也有显著的影响,对美元升值1%可造成货币国际化指数上升1.04%。

(四)稳健性检验

考虑到模型回归的稳健性,我们尝试采用进出口总量衡量经济实力,用货币实际汇率指数衡量该货币的币值水平,重新对数据进行回归。表3-6所示的三个模型分别表示用进出口总量代替GDP,用实际汇率指数代替对美元汇率回归所得结果。其中进出口总量数据来源于世界银行,实际汇率指数来源于国际清算银行。

稳健性检验三个模型回归的结果表明,各系数的估计值与原模型相符,回归结果较为稳健。因此,我们可以认为经济实力、交易便利性和币值水平对货币国际化有显著正效应。

表 3-6　　　　货币国际化影响因素稳健性检验结果(2010Q1~2015Q4)

解释变量	模型 1	模型 2	模型 3
lnGDP			6.046*** (13.32)
lnIMEX	4.885*** (7.83)	4.872*** (9.11)	
lnDB	7.600*** (3.93)	5.613*** (3.18)	5.222*** (3.70)
lnE	−2.585** (−4.32)		
lnEER		3.410*** (6.90)	0.791** (1.99)
c	−66.034*** (−7.65)	−76.757*** (−10.05)	−77.462*** (−12.86)
R^2 within	0.542	0.639	0.767
F	12.89***	211.17***	350.63***
Hausman	41.72***	69.02***	168.79***

注：*、**、***分别代表10%、5%和1%显著性水平下拒绝原假设。括号中的数字为估计系数 t 的值。

第五节　人民币国际化影响因素的实证分析

对人民币区域化和国际化问题的研究有很多。如姜波克和张青龙(2005)等对人民币国际化的条件，以及对成本和收益进行了详细的分析。殷剑峰(2011)、徐明棋(2006)等则详细研究了日元国际化的经验教训，提出了人民币国际化可能遇到的问题和挑战，分析了人民币国际化的潜在路径和可能性。范祚军和关伟(2008)、韩民春和袁秀林(2007)等则从贸易和货币竞争等视角对人民币区域化问题进行了策略性的研究。郑凌云(2006)、李婧(2011)等从边境及跨境贸易本币结算的视角分析了人民币区域化的发展以及人民币国际化的战略安排。

货币的国际化是其国内职能在国外的延伸。马荣华和唐宋元(2006)、钟阳(2011)等在关于人民币区域化和国际化的问题上进行了一些比较基础性的实证研究。对于货币国际化程度的度量,显然要反映货币作为价值尺度、交易中介和度量单位的作用。理论界对于货币国际化程度的度量方法有许多研究。比如,张光平(2011)利用国际清算银行有关一国货币在全球外汇市场交易中的占比数据来分析货币国际化程度,并提出人民币比之其他主要货币的相对国际化程度和变化趋势。李稻葵和刘霖林(2008)在实证分析中利用了三个指标来度量一种货币的国际化程度,涵盖了国际储备中的货币构成、国际贸易结算中的货币构成和国际债券中的货币构成。这些数据主要来自国际货币基金组织(IMF)和国际清算银行(BIS)。

然而,对于如何度量人民币国际化使用程度的研究仍然较少。无论是贸易结算还是外汇市场交易,IMF和BIS通常都只能提供若干主要货币的完整数据。我们对人民币区域化程度的研究需要涉及大量的东南亚国家,而人民币在这些国家的详细使用数据难以获得。因此,在我们的实证研究中,人民币的国际化将是一个定性问题。

值得申明的是,我们对人民币国际化的定义并不打算从货币的各种职能的角度去考虑,这主要是受限于实证数据的原因。事实上,我们的实证过程可以被称为对人民币在海外接受情况的实证,而非严格意义上的人民币国际化程度。至于具体的人民币使用程度,由于数据的缺乏,我们并不会深入讨论。对于定性问题的分析,意味着我们在模型的构建上将有别于一般的线性回归模型。

一、实证模型

我们将采用二元Logit模型进行实证分析。实证模型如下:

$$\text{Logit}(P_i) = \alpha + \beta_{i1}\text{GDP}_i + \beta_{i2}\text{Trade To China}_i + \beta_{i3}\text{Distance Close}_i + \beta_{i4}\text{Doing Business}_i + \beta_{i5}\text{Currency Appreciation}_i + \beta_{i6}\text{Currency Variation}_i \tag{3-60}$$

在我们的实证模型中,因变量是我们对于人民币是否在特定国家被接受的定性判定。模型的自变量是一系列影响人民币区域化的因素。我们对这些影响因素的定义将与前文中对国际货币形成的理论分析相一致。对于各个参数的含义解释和变量见表3-7。

表 3-7　　　　　　　　　　　自变量的选择及其含义

	在理论模型中的含义	候选自变量	自变量代码
N	表示两国之间人口、经济和贸易的相对规模和实力比较。较强的经济和贸易实力是一国货币走向国际化的根本。	GDP	GDP
		对中国的贸易总量	Trade To China
μ	两国之间进行交易的便利程度，意味着支撑交易行为的硬件和软件环境的良好程度。	与中国的地理距离	Distance Close
		营商环境	Doing Business
m	货币政策及币值情况。自律的货币政策有利于一国货币的国际化。	货币升值程度	Currency Appreciation
		汇率波动程度	Currency Variation

二、变量判断及数据来源

我们对人民币在其他国家的使用情况的调查和相关影响因素的统计将覆盖全球 214 个国家和地区。本研究的数据统计时间是从 2004 年至 2011 年。我们将其划分为两个时间段，分别为阶段Ⅰ（2004～2007 年）和阶段Ⅱ（2008～2011 年）。

（一）对人民币国际化的判定

如前所述，对于人民币在特定国家的被接受程度，我们将使用二分变量 y_i 来代表我们所作出的定性判断。对于特定国家 i，$y_i=1$ 就表示人民币在该国被接受；$y_i=0$ 则代表人民币不被接受。对于特定国家，我们判断人民币是否在该国被接受将取决于如下四个方面的条件是否成立：

(1) 中国是否与该国签署了双边的本币结算协定？
(2) 中国是否与该国签署了双边的本币互换协议，或建立了相应的安排？
(3) 该国央行是否接受人民币为储备货币，如购买人民币债券？
(4) 人民币是否在该国真实地被使用，比如地摊银行或正规存贷款业务？

在一定时期内，如果上述任一条件成立，那么我们都将认定人民币在该国被接受，即 $y_i=1$；否则为 0。

上述判断的依据来源于中国人民银行和各国央行的官方统计和公告，以及已有研究文献的统计数据或新闻报道。因为人民币的国际化程度在时间轴上并不是清晰可辨的,所以我们将分三个时间点(2003年、2007年和2011年)来进行统计,即统计三个时间点前后是否有明显的证据来支持前述条件的成立。我们对全球214个国家和地区进行统计的结果见表3-8。

表3-8　　　　　　　　人民币在部分国家或地区的接受情况统计

	判断标准													y_1		
	本币结算协定			本币互换			储备货币			真实使用					
	2003	2007	2011	2003	2007	2011	2003	2007	2011	2003	2007	2011	2003	2007	2011
蒙古	1	1	1	0	0	1	0	0	0	1	1	1	1	1	1
尼泊尔	1	1	1	0	0	0	0	0	0	0	1	1	1	1	1
中国香港	0	0	0	0	0	1	0	0	0	1	1	1	1	1	1
越南	1	1	1	0	0	0	0	0	0	1	1	1	1	1	1
中国澳门	0	0	0	0	0	0	0	0	0	1	1	1	1	1	1
老挝	1	1	1	0	0	0	0	0	0	0	0	0	1	1	1
缅甸	0	0	0	0	0	0	0	0	0	1	1	1	1	1	1
韩国	0	0	0	0	1	1	0	0	1	0	0	0	0	1	1
马来西亚	0	0	0	0	0	1	0	0	1	0	0	0	0	1	1
泰国	0	0	0	0	0	1	0	0	0	0	1	1	0	1	1
巴基斯坦	0	0	0	0	0	1	0	0	0	0	1	1	0	1	1
朝鲜	0	1	1	0	0	0	0	0	0	1	1	1	1	1	1
俄罗斯	0	1	1	0	0	0	0	0	0	1	1	1	1	1	1
菲律宾	0	0	0	0	1	0	0	0	0	1	1	1	1	1	1
哈萨克斯坦	0	1	1	0	0	1	0	0	0	0	0	0	0	1	1
新加坡	0	0	0	0	0	1	0	0	0	1	1	1	1	1	1
印度尼西亚	0	0	0	0	0	1	0	0	0	0	0	0	0	0	1
吉尔吉斯斯坦	0	1	1	0	0	0	0	0	0	0	0	0	0	1	1
孟加拉国	0	0	0	0	0	0	0	0	0	0	0	1	0	0	1
中国台湾	0	0	0	0	0	0	0	0	0	1	1	1	1	1	1
阿根廷	0	0	0	0	0	1	0	0	0	0	0	0	0	0	1
阿联酋	0	0	0	0	0	1	0	0	0	0	0	0	0	0	1
澳大利亚	0	0	0	0	0	0	0	0	0	0	0	1	0	0	1
白俄罗斯	0	0	0	0	0	1	0	0	0	0	0	0	0	0	1
冰岛	0	0	0	0	0	1	0	0	0	0	0	0	0	0	1
柬埔寨	0	0	0	0	0	0	0	0	1	0	0	0	0	0	1

续表

	判断标准												y_1		
	本币结算协定			本币互换			储备货币			真实使用					
	2003	2007	2011	2003	2007	2011	2003	2007	2011	2003	2007	2011	2003	2007	2011
土耳其	0	0	0	0	0	1	0	0	0	0	0	0	0	0	1
乌克兰	0	0	0	0	0	1	0	0	0	0	0	0	0	0	1
乌兹别克斯坦	0	0	0	0	0	1	0	0	0	0	0	0	0	0	1
新西兰	0	0	0	0	0	1	0	0	0	0	0	0	0	0	1
日本	0	0	0	0	1	0	0	0	0	0	0	0	0	1	0
……	0	0	0	0	0	0	0	0	0	0	0	0	0	0	0

关于贸易本币结算：越南早在20世纪90年代就与中国签署了《关于结算与合作的协定》，并于2003年进行了修订。俄罗斯于2002年与中国签署了《关于边境地区贸易的银行结算协定》，并于2011年修订，将地理范围扩大。2002年及以后，老挝、尼泊尔、吉尔吉斯斯坦、朝鲜和哈萨克斯坦先后与中国签订了双边本币支付结算协定。2009年以后，中国开始了跨境贸易人民币结算试点。吕栋和汪昊旻（2012）等对双边本币结算的发展进行了梳理。

关于双边本币互换：中国与他国的双边本币互换真正起始于2008年。目前，中国已与接近20个国家和地区签订了本币互换协定或作了相应的安排，并且互换规模一直在扩大中。2008年以前，中国在《清迈协议》框架下与若干国家展开了货币互换，但以美元为主。其中，中韩、中日、中国与菲律宾之间的货币互换使用了一定的人民币。

关于人民币作为储备货币：2006年，菲律宾央行开始接纳人民币作为储备货币。此后，韩国、泰国、马来西亚、柬埔寨等国也在不同程度上开始接受人民币作为储备货币，比如加大购买人民币债券的力度。

关于人民币在境外的真实流通：数据来源于李泽平和李旭超（2009）、周元元（2009）、黄志刚（2008）、新疆金融学会课题组（2007）、中国人民银行南宁中心支行课题组（2007）、徐国才（2007）、王国明（2002）等众多文献记载。自20世纪90年代后期开始，中国周边的部分东南亚国家的人们开始接受人民币在当地的使用，典型的如越南、蒙古和缅甸等国。香港和澳门民间对人民币的接纳也一直存在。2004年开始，香港地区的银行正式开展人民币存款业务，而澳门地区人民币个人业务的清算也得到安排。随着中国对外贸易的发展,人民币的使用逐渐扩展到如哈萨克斯坦、朝鲜等周边很多国家。

(二)其他数据来源

在我们的实证模型中,表示时间成本的 r 和表示经济专业化分工程度的 k 将不被纳入讨论。这是因为 r 和 k 在理论模型中是作为总体性变量被引入的,并没有分国别讨论。我们在前述理论分析中指出,个体时间成本的上升以及经济专业化程度的提高将推动所有个体对于国际货币的需求。从整体意义上看,这实际上是一种历史趋势。

1. 关于 N

GDP 表示在特定时期内特定国家的 GDP 均值。比如,在阶段Ⅰ(2004~2007年)中,我们将计算出该国在这四年中的 GDP 均值。该数据来自世界银行(IFC)。根据我们的理论分析,较强的经济和贸易实力是一国货币走向国际化的根本。Trade To China 表示在特定时期内,特定国家与中国的商品和服务贸易总额(进出口)。比如,在阶段Ⅰ(2004~2007年)中,Trade To China 将取该国在这四年中与中国贸易总量的均值。其中,贸易数据来自国际货币基金组织(IMF)的世界贸易方向统计年鉴(2011年)。显然,一国对中国的贸易量越高,那么该国在经济方面对中国的依附性就更高。

2. 关于 μ

Distance Close 表示特定国家与中国的地理邻近程度。在我们的实证模型中,Distance Close 将作为一个次序变量,其取值分别为 2、1、0。其中,我们对所有与中国相接壤的国家赋值为 2。我们对所有与中国陆地边境线相距1000公里以内的国家,以及其他东南亚及太平洋地区[依据世界银行(IFC)的分类:South Asia、East Asia & Pacific]的国家和地区赋值为 1,剩余国家和地区则赋值为 0。显然,在我们的理论模型中,Distance Close 是构成 μ(交易便利性)的最原始、最直观的因素。Doing Business 表示特定国家的营商环境。该数据来自世界银行(IFC)的 Doing Business 研究项目。在这个项目中,世界银行就不同国家在开办企业、基础设施服务、信贷获得性、税收法规、合同执行力、投资者保护等多方面进行了量化统计和评价。其中,每一年的"Distance to Frontier"数据展示了各国相较于全球历史最佳得分的接近程度,数值越高,表示营商环境越好。因此,我们选取了"Distance to Frontier"作为我们的研究数据。显然,Doing Business 是构成 μ(交易便利性)

的重要因素。

3. 关于 σ

值得注意的是，我们在前述理论分析中指出，发达的商业环境有助于一国货币的国际化。也就是说，B 国商业环境相对于 A 国越弱，那么 B 国个体越有可能接受对方的货币。这一结论在我们的理论模型中体现为 σ_1 与 σ_2 的相对强弱程度。表面来看，Doing Business 这一指标似乎也可以作为 σ 的代理变量。但是，其预期的系数符号可能会与它作为 μ 的代理变量时刚好相反。一方面，B 国商业环境越差，σ_2 越小，B 国个体越有可能接受 A 国货币；但另一方面，商业环境越差也意味着双方交易的便利性受到极大影响，μ 也越小，B 国与 A 国之间进行交易的机会就越小，那么也就不太可能接受 A 国货币。这似乎构成了一种矛盾。事实上，这种矛盾确实存在。在前面的分析中，我们的结论实际上来自一个绝对的两国经济假设。在这种假设条件下，B 国的商业环境越差，B 国个体便要寻求一种较优的货币，那么 A 国货币便是唯一选择。但在现实经济中，人民币显然不是 B 国个体的唯一选择，因为世界上还存在许多种优秀的货币能够被作为硬通货。因此，这也就是我们不采用 Doing Business 作为 σ 的代理变量的原因。由于很难选择代理变量，我们没有把 σ 纳入实证模型。

4. 关于 m

Currency Appreciation 和 Currency Variation 则分别代表特定国家在一定时期内的汇率升值幅度和汇率波动程度。我们采用的是官方汇率，数据来自世界银行（IFC）的历史统计。根据我们的理论分析，强势货币和自律的货币政策有助于一国货币的国际化。

三、实证结果

（一）阶段Ⅰ（2004～2007 年）的实证分析结果

我们首先将针对阶段Ⅰ（2004～2007 年）进行实证研究。我们获得的案例数量为 214 个。在我们的二元 Logit 模型中，我们设定 $P_i > 0.5$ 时 $y_i = 1$。经过检验，自变量数据不存在明显的多重共线性和非线性问题。实证结果见表 3-9。

表 3-9　　　"影响人民币国际化的因素"阶段Ⅰ或Ⅱ或Ⅲ改进(阶段Ⅰ)

Variable	Coefficient	Std. Error	t-Statistic	Prob.
GDP	−0.0001	2.19E-05	−4.761	0.000
Distance Close	0.2889	0.0227	12.71	0.000
Doing Business	6.67E-05	0.0005	0.121	0.903
Trade To China	0.0058	0.0008	7.055	0.000
Currency Appreciation	0.0002	0.0008	0.266	0.789
Currency Variation	0.0004	0.0014	0.278	0.781
常量	−0.0202	0.028	−0.723	0.470

其中,Coefficient 就是模型估计的因子系数 β,Prob 表示显著性水平。

可以看到,GDP、Distance Close 和 Trade To China 的表现都比较显著,其系数也与我们的预期相符。其中,Distance Close 在 0% 的显著性水平下显著,并且其系数为正。正如我们在理论分析中得到的结论,地理距离是最自然也最直观的影响因素。两国间地理距离越近,发生交易的便利性就越高,一国货币就更可能被他国所接受。Trade To China 在 0% 左右的显著性水平下显著,其系数为正。显然,他国与中国的贸易量越大,人民币对他国的渗透也就越容易发生。GDP 在 0% 左右的显著性水平下显著,其系数为负。正如我们在理论模型中对 N 的讨论,两国之间实力越是悬殊,那么弱国更有可能接受强国的货币。这些实证结果都印证了我们在理论模型中对 N 和 μ 的讨论。

值得一提的是,Doing Business、Currency Appreciation 和 Currency Variation 的表现都不怎么显著。通过观察它们系数的取值和标准差情况,我们或许还是可以认为其系数的取值符号与我们的预期相符。可以看到,模型显示 Doing Business 越大越好。正如我们在理论模型中对 μ 的讨论,我们认为营商环境越好,两国个体的交易便利性就越好,越有利于人民币在他国的接受度。同样地,模型显示相对于中国的 Currency Appreciation 越小越好,而 Currency Variation 越大越好。在理论模型中,我们认为强势货币和自律的货币政策有利于一国货币的国际化。站在对方国家来考虑,上述系数恰好反映了我们的结论。

具体而言,Currency Appreciation 和 Currency Variation 的不显著可能恰好反映了一个事实,即在人民币早期(2007 年之前)的区域化使用过程中,货币的升值等因素并不是主要驱动因素。从我们的理论原点出发,我们自然可以了解到,在一国货币走向国际化的早期,其根本驱动因素来自 N 和 μ,而 m 等因素仅仅是次要因素。也就是说,对实物商品的追逐,以及双方个体进行交易的可达性和便利性才是最重要的。

(二)阶段Ⅱ(2008~2011年)的实证分析结果

在完成针对阶段Ⅰ(2004~2007年)的实证研究之后,我们将同样的模型应用到阶段Ⅱ(2008~2011年)的统计数据上。事实证明,人民币国际化背后的驱动因素在这两个阶段之间出现了一些轻微的结构变化,这或许也正好印证了我们在上文中的一些分析。

在针对阶段Ⅱ(2008~2011年)的实证研究中,我们获得的案例数量同样为214个。实证结果见表3-10。

表3-10　"影响人民币国际化的因素"阶段Ⅰ或Ⅱ或Ⅲ改进(阶段Ⅱ)

Variable	Coefficient	Std. Error	t-Statistic	Prob.
GDP	−7.89E-05	2.77E-05	−2.842	0.0049
Distance Close	0.299	0.031	9.633	0.0000
Doing Business	0.0006	0.0008	0.799	0.4251
Trade To China	0.003	0.0008	3.514	0.0005
Currency Appreciation	−0.001	0.0013	−0.832	0.4059
Currency Variation	0.009	0.0046	1.954	0.0520
常量	−0.052	0.0403	−1.297	0.1959

我们将阶段Ⅰ和Ⅱ的两次对参数的预测加以比较,可以发现,正如我们在理论模型中的分析,GDP、Distance Close 和 Trade To China 作为根本性的驱动因素,它们的表现在两个阶段中都比较显著,系数符号也十分吻合。

然而,对于其他变量,可以看到在阶段Ⅱ,货币方面的因素显著性程度均有一定的提高。其中 Currency Variation 一项更是达到在 5% 的显著性水平下显著。在阶段Ⅰ中,我们发现有关货币方面的因素并不是主要驱动因素。从现实意义上来讲,在人民币走向国外的早期阶段,确实应当是由 GDP、Distance Close 和 Trade To China 等代表 N 和 μ 的根本要素来推动的。但是在阶段Ⅱ中,我国的人民币国际化迈出了新的步伐。尽管货币因素的显著性依然不够强,但是在显著性水平上还是有所提升的。那么我们可以认为,在 2007 年以后,稳健的货币政策和人民币升值趋势对人民币走向国际确实发挥了作用,而该作用在 2007 年之前并不那么显著。

事实上，如果我们对模型做进一步的优化，就可以看到营商环境对于货币国际化的作用。在两个国家之间没有达到本币结算协定、本币互换、储备货币和真实使用任何一种状态的情况下，我们可以看到营商环境造成的影响并不显著。但是，当两个国家达到上述四种状态之一，甚至是不止一种的时候，我们可以看到，营商环境对于促进进一步的货币国际化是有帮助的。

下面，我们对 Logit 模型进行一定的改造，把二元的组合变为多元。如果没有达到本币结算协定、本币互换、储备货币和真实使用，$y_i=0$；如果达到了一种，则 $y_i=1$；以此类推，最多为 $y_i=4$。

表 3-11　　　"影响人民币国际化的因素"阶段Ⅰ或Ⅱ或Ⅲ改进（阶段Ⅱ改进）

Variable	Coefficient	Std. Error	t-Statistic	Prob.
GDP	−0.0002	5.07E−05	−4.122	0.000
Distance Close	0.5112	0.056	9.017	0.000
Doing Business	0.0019	0.001	1.393	0.164
Trade to China	0.0078	0.001	5.035	0.000
Currency Appreciation	−0.0005	0.002	−0.253	0.800
Currency Variation	0.0129	0.008	1.510	0.132
常量	−0.1320	0.073	−1.792	0.074

可以看到，尽管营商环境没有达到非常显著，但是已经从40%以上的显著性水平下降到16%，而且系数的符号也从负变为正。从现实意义上来讲，一旦贸易双方就货币结算达成协议，必定会大大增加贸易数量和贸易范围，那么更好的营商环境将有助于进一步吸引资金，从而对货币国际化起到推动作用。随着经济全球化的深入和交易方式的革新，地理因素可能已经不是影响 μ 的最重要的代理变量。从这个意义上，我们或许能够理解为什么 Doing Business 在阶段Ⅱ中的显著性会比较高。

综上所述，不管是对阶段Ⅰ还是对阶段Ⅱ的检验，我们都确认了经济实力、贸易实力、地理距离对人民币国际化的推动作用。这些因素与我们在理论模型中对 N 和 μ 的讨论十分吻合。我们通过分阶段的检验发现，在人民币国际化早期阶段，前述根本因素的推动是至关重要的。自金融危机以后，人民币币值的强势表现确实也推动了人民币进一步走向国际化。

第六节 本章小结

一种货币要实现国际化,其背后必然是被一些根本性因素在驱动。我们认为这些基本要素就是经济和贸易实力的相对大小,以及支撑个体跨国交易的便利性条件。然而,经济条件的改变毕竟是一个长期的过程,货币国际化也显然是一个渐进的过程。一国货币从完全不被国际社会接受,到被国际社会在一定程度上接受并初步实现国际化,这中间存在着漫长的过渡地带。所以,我们讨论了政府政策对一国货币国际化的潜在推动作用。

在我们对政策效力的讨论中,我们认为那些经济贸易实力较强的、交易便利性条件更好的大国或许能够通过政策在早期来推动该国货币的国际化。当然,我们认为政府政策的推动能力实际上是很有限的。货币被他国的普遍接受仍依赖于那些根本性的经济条件,而不可能单纯依赖政策因素。然而,目前中国具备较好的经贸实力,同时货币处于走向海外的早期阶段,正好是处于能够充分发挥政策推动作用的时期。在我们的理论模型中,政策通过增加 G 的方法来降低 μ_{max}。

首先,这体现为基于经常账户的政策,即对贸易的重视。具体而言,它们类似于跨境贸易和边境贸易人民币结算。一国个体无论是持有本币还是外币,其目的都是最终寻找到所需的商品来消费,并生产出新的别人所需的商品。在这样一种持续发展的经济中,货币是一座桥梁。在目前的边境贸易人民币结算和跨境贸易人民币结算的一系列制度设计和安排中,包含了退税等激励措施,以及更便捷的结算方式和渠道的安排。这些安排可以有效地降低本国和他国个体使用人民币的成本,提高了便利性。我们之所以强调这一类政策,是因为其背后的基本逻辑与我们的理论分析十分吻合。2009 年之前,中国与若干邻近国家签署边境贸易本币结算协定。2009 年 4 月,中国正式决定在上海、广州、深圳、珠海和东莞等城市开展跨境贸易人民币结算试点。2011 年以后,跨境贸易人民币结算境内地域范围被扩大到全国。制度安排是当期促进跨境贸易人民币计价结算的重要因素。

其次是基于资本账户的政策。在我们的模型中,尽管没有能够深入地从资本账户的角度来予以讨论,但政策显然不能够局限于贸易层面。贸易的人民币结算必然伴随着国外人民币货币池的积累,以至于人民币离岸市场的形成。显然,国外个体对于人民币的使用方式将变得丰富,而不会局限于贸易结算。外国个体必然要求更多更有效的投资渠道。那么,一国政府就需要采取合适的政策,来打通货币在国内外的循环渠道。正如我们所看到的,人民币在香港地区的存量已经越来越多。近段时间以来,中国政府通过在海外发行人民币国债,以及扩大 RQFII 额度等方式来积极打通人民币的回流渠道。

针对主要世界货币国际化水平影响因素的实证研究结果表明,货币国际化水平的提升过程中,经济贸易实力和交易的便利性条件作为根本性的影响因素一直在发挥作用,本币币值也在该过程中有重要影响。这与我们的理论分析完全相符。这些实证结论实际上提醒我们,任何货币国际化的前提都离不开那些根本性的原因,即能够为个体提供更大的交易机会和便利性。

然而,经济条件的改变毕竟是一个长期的过程,货币国际化显然也是一个渐进的过程。对于人民币国际化来说,从人民币完全不被国际社会接受,到被国际社会在一定程度上接受,到人民币国际化不断地深入,需要我们在经济地位、交易便利性和货币政策等方面付出不懈的努力。

第四章

利率、汇率波动和跨境贸易计价货币选择

我们观察到,20世纪90年代末开始,日元国际化呈倒退现象,日元资产的收益率低于美元资产的收益率可能是日元在日本跨境贸易计价结算比例不断下降的重要原因,这在现有文献中没有论及。因此,我们认为有必要研究一国的利率水平、资产收益率高低和经济增长快慢等因素对跨境贸易人民币计价结算的影响。

第一节 主要国家利率和资产收益率变化情况

从第一章文献综述我们看到,影响国际贸易计价货币选择的宏观因素有货币供给波动大小、汇率波动程度和经济总量大小等。但是,我们认为影响计价货币选择的宏观因素还应考虑利率、经济增长、资产收益率等因素。

一、主要发达国家利率差

自1971年以来,除了70年代末80年代初的利率攀升阶段,各主要发达国家的国债收益率整体水平都在下降。

从国别来看,日本、德国国债收益率长期以来低于美国,但德国国债收益率1989年以后与美国国债收益率的差越来越小(见图4—1)。1971年至20世纪90年代中期,除德国外的其他主要欧洲国家国债收益率相对美国都有一定程度的溢价,而从90年代中期以后收益率溢价均缩小至±1%。

国债收益率相对美国溢价

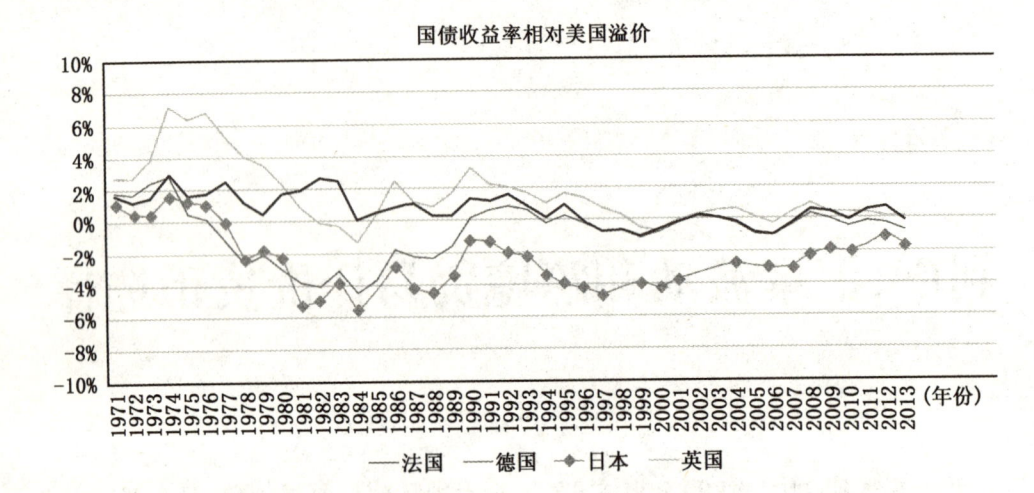

资料来源：IMF。

图 4-1 主要发达国家与美国国债收益率的差

二、主要发达国家资产收益率

从 1971 年至 1989 年股票市场泡沫破裂前，日本股票市场的表现显著超越其他发达国家。其他发达国家的股票价格指数基本上呈现同涨同跌的趋势，特别是 2000 年以来各国每年的股票指数变动率基本上相当（见图 4—2）。

股价指数，Index2010=100

资料来源：IMF。

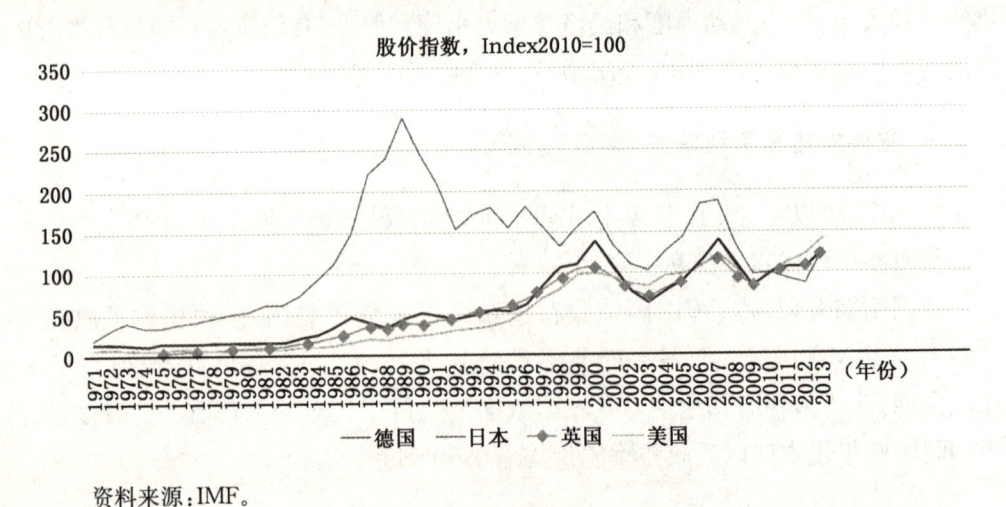

图 4-2 主要发达国家股价的变化

三、主要发达国家货币兑美元汇率

自布雷顿森林体系崩溃以来,德国马克、日元和欧元相对于美元持续升值,而英镑相对于美元基本维持稳定,略有贬值(见图4-3)。

资料来源:IMF。

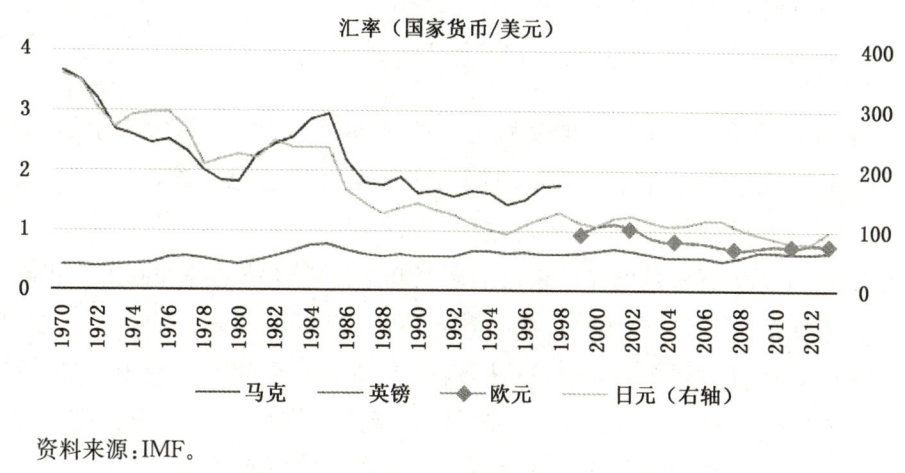

图4-3 主要发达国家货币兑美元汇率的走势

第二节 利率、汇率波动和跨境贸易计价货币选择:日本的经验[①]

日元计价结算比例的不断下降可能与其国内长期低利率、经济持续低迷有关。美国利率高于日本利率,美元资产的收益率高于日元资产的收益率,企业以预期利润最大化为目标,在一定程度上导致了日本企业在国际贸易中对美元产生偏好。

一、理论模型

本文的理论模型借鉴了Goldberg and Tille(2005)模型的建模思路。我们的模型拓展了Goldberg and Tille(2005)模型中的企业利润函数,将贸易双方国家的利差引入模型,推导出计价货币选择模型。

假设本国(d国)的出口商,生产品牌为z的某种商品,出口至外国(f国)。出

---

① 本节主要内容详见罗忠洲和徐淑堂(2012)。

口商的生产函数为：

$$Q_{df}(z) = \frac{1}{\alpha}[L_{df}(z)]^{\alpha}, 0<\alpha<1 \tag{4-1}$$

其中，$Q_{df}(z)$ 是商品 z 的产出，$L_{df}(z)$ 是劳动力的投入，α 是表示规模报酬的参数。出口商面临的来自 f 国的需求：

$$D_f(z) = \left[\frac{P_{df}(z)}{P_f}\right]^{-\lambda} C_f \tag{4-2}$$

其中，$P_{df}(z)$ 是在 d 国生产的品牌为 z 的这种商品用 f 国货币表示的价格，P_f 是在 f 国出售的这种商品的所有品牌以 f 国货币表示的价格指数，$1<\lambda<\infty$ 是各品牌之间的替代弹性参数，C_f 是 f 国对这种商品的总需求。

假设出口商在发布其商品价格之前已经知道影响经济的各种冲击。在影响经济的冲击发生之前，出口商生产品牌 z 这种商品，以货币 k 来定价。我们用 $P_{df}^k(z)$ 表示价格，所有的厂商都面临相同的决策问题，所以在后面的讨论中，我们省略了 z。当采用本国货币计价时，k=d；当采用外国货币计价时，k=f。出口商通过选定计价货币 k 并设定相应的价格来达到利润最大化。出口商的利润函数为：

$$\prod_{df}^k = E\left\{S_{dk}P_{df}^k\left[\frac{S_{dk}P_{df}^k}{S_{df}P_f}\right]^{-\lambda}C_f I_{dk} - W_d(\alpha)^{\frac{1}{\alpha}}\left[\left(\frac{S_{dk}P_{df}^k}{S_{df}P_f}\right)^{-\lambda}C_f\right]^{\frac{1}{\alpha}}\right\} \tag{4-3}$$

其中，S_{dk} 是货币 d 和 k 的汇率，表示每单位货币 k 等价的货币 d 的数量，S_{dk} 增加即货币 d 相对货币 k 贬值；W_d 是 d 国的名义工资；$I_{dk}=1+R_d+\eta(R_d-R_k)$，其中，$R_k$ 表示 k 国利率，参数 $\eta<0$ 表示收入对两国利率之差的敏感程度。

将利润函数(4-3)关于 P_{df}^k 求导，求得利润最大化的一阶条件为：

$$(P_{df}^k)E(S_{dk})^{1-\lambda}(S_{df})^{\lambda}(P_f)^{\lambda}C_f I_{dk} = \frac{\lambda\alpha^{(1-\alpha)/\alpha}}{\lambda-1}(P_{df}^k) - \frac{\lambda}{\alpha}EW_d(S_{dk})^{-\frac{1}{\alpha}}$$
$$(S_{df})^{\frac{\lambda}{\alpha}}(P_f)^{\frac{\lambda}{\alpha}}(C_f)^{\frac{1}{\alpha}} \tag{4-4}$$

结合式(4-4)，利润函数(4-3)扩展如下：

$$\pi_{df}^k = \frac{\lambda}{\lambda-\alpha(\lambda-1)}\{(1-\lambda)p_{df}^k + (1-\lambda)Es_{dk} + \lambda Es_{df} + \lambda Ep_f + Ec_f + Ei_{dk} +$$

$$\frac{1}{2}E[(1-\lambda)s_{dk} + \lambda s_{df} + \lambda p_f + c_f + i_{dk}]^2\} - \frac{a(\lambda-1)}{\lambda-\alpha(\lambda-1)}$$

$$\{-\frac{\lambda}{\alpha}p_{df}^k + Ew_d - \frac{\lambda}{\alpha}Es_{dk} + \frac{\lambda}{\alpha}Es_{df} + \frac{\lambda}{\alpha}Ep_f + \frac{1}{\alpha}Ec_f +$$

$$\frac{1}{2}E\left[w_d-\frac{\lambda}{\alpha}s_{dk}+\frac{\lambda}{\alpha}s_{df}+\frac{\lambda}{\alpha}p_f+\frac{1}{\alpha}c_f\right]^2\right\} \tag{4-5}$$

其中,等式左边 $\pi_{df}^k=(\prod_{df}^k-\prod_0)/\prod_0$。

有两点需要说明:一是关于 I_{dk} 的取值,在这里,我们选取 $I_{dk_0}=1$,从而 $i_{dk}=\ln I_{dk}=\ln[1+R_d+\eta(R_d-R_k)]$,根据微积分极小值的相关知识,可以用 $R_d+\eta(R_d-R_k)$ 来近似替代 i_{dk}。二是式(4-5)中我们并没有把 p_{df}^k 放入平方项,这是因为出口厂商按照式(4-4)取定了 P_{df}^k,而我们的扩展正是基于这一点,我们就可取 $P_{df_0}^k=P_{df}^k$,这样 $p_{df}^k=0$。我们也可以从另外一个角度来理解:厂商根据参数变量(本文中的利率、汇率等)来设定最佳的定价以使利润最大化,那么最大化利润应该只是这些参数变量的函数,而不会包含定价本身。

我们将式(4-5)中含有 k 的量和不含 k 的量分离,对其进行整理可得:

$$\pi_{df}^k=C_{df}+\frac{\lambda}{\lambda-\alpha(\lambda-1)}ER_{dk}+\frac{\lambda}{\lambda-\alpha(\lambda-1)}E[(q_{df}+R_d)R_{dk}]$$
$$+\frac{1}{2}\frac{\lambda}{\lambda-\alpha(\lambda-1)}E(R_{dk}^2)+\frac{\lambda(1-\lambda)}{\lambda-\alpha(\lambda-1)}E(s_{dk}R_{dk})+\frac{\lambda(1-\lambda)}{2\alpha}E(s_{dk}^2)$$
$$+\frac{\lambda(1-\lambda)}{\lambda-\alpha(\lambda-1)}E\left[s_{dk}\left(\frac{\alpha-1}{\alpha}q_{df}-w_d+R_d\right)\right] \tag{4-6}$$

其中,$q_{df}=\lambda s_{df}+\lambda p_f+c_f$,$R_{dk}=i_{dk}-R_d=\eta(R_d-R_k)$,$C_{df}$ 是与计价货币 k 的选择无关的量:

$$C_{df}=-\frac{\alpha(\lambda-1)}{\lambda-\alpha(\lambda-1)}Ew_d+\frac{1}{\lambda-\alpha(\lambda-1)}E(q_{df}+R_d)+\frac{1}{2}\cdot\frac{\lambda}{\lambda-\alpha(\lambda-1)}$$
$$E(q_{df}+R_d)^2-\frac{1}{2}\cdot\frac{\alpha(\lambda-1)}{\lambda-\alpha(\lambda-1)}E\left(w_d+\frac{q_{df}}{d}\right)^2 \tag{4-7}$$

当 k=d,即采用出口商所在国货币 d 计价时,$\pi_{df}^k=\pi_{df}^d$;

当 k=f,即采用出口目的地国货币 f 计价时,$\pi_{df}^k=\pi_{df}^f$。

令 $\varepsilon_{df}=\pi_{df}^f-\pi_{df}^d$,

$$\varepsilon_{df}=\pi_{df}^f-\pi_{df}^d=\frac{\lambda}{\lambda-\alpha(\lambda-1)}ER_{df}+\frac{\lambda}{\lambda-\alpha(\lambda-1)}E[(\lambda p_f+c_f+R_d)R_{df}]$$
$$+\frac{1}{2}\cdot\frac{\lambda}{\lambda-\alpha(\lambda-1)}E(R_{df}^2)+\frac{\lambda}{\lambda-\alpha(\lambda-1)}E(s_{df}R_{df})+\frac{\lambda(\lambda-1)}{2\alpha}\cdot\frac{\alpha(\lambda+1)-\lambda}{\alpha(\lambda-1)-\lambda}E(s_{df}^2)$$
$$+\frac{\lambda(1-\lambda)}{\lambda-\alpha(\lambda-1)}E\left\{s_{df}\left[\frac{\alpha-1}{\alpha}(\lambda p_f+c_f)-w_d+R_d\right]\right\} \tag{4-8}$$

式(4-8)看起来是相当复杂的,但是,R_{df}、R_d、s_{df}相比 p_f、c_f 和 w_d 在数量级上是比较小的,我们可以略去上式中数量级较小的二次项:

$$\varepsilon_{df}^* = \frac{\lambda}{\lambda-\alpha(\lambda-1)} E[(1+\lambda p_f+c_f+R_d)R_{df}] + \frac{\lambda(1-\lambda)}{\lambda-\alpha(\lambda-1)} E\left\{s_{df}\left[\frac{\alpha-1}{\alpha}(\lambda p_f+c_f)-w_d\right]\right\} \quad (4-9)$$

我们回顾一下,$\lambda>1$,$0<\alpha<1$,$\frac{\lambda}{\lambda-\alpha(\lambda-1)} = \frac{\lambda}{(1-\alpha)\lambda+\alpha} > 0$,并且关于 λ 递增;$\frac{\lambda(1-\lambda)}{\lambda-\alpha(\lambda-1)}<0$ 且关于 λ 递减。观察式(4-9)的第一项,$1+\lambda p_f+c_f+R_d>0$,当 R_{df} 越大时,ε_{df}^* 越大,而 $R_{df}=\eta(R_d-R_f)$,$\eta<0$,所以当外国利率高出本国利率越多,ε_{df}^* 越大。观察式(4-9)的第二项,$\frac{\alpha-1}{\alpha}<0$,所以 $\frac{\alpha-1}{\alpha}(\lambda p_f+c_f)-w_d<0$,那么,当 s_{df} 越大时,即预期本币越贬值时,ε_{df} 越大。

综上所述,出口商倾向于选择利率高、预期将升值的货币作为计价货币,并且这种倾向随着 λ 的增大而增大,即出口商面临的竞争越激烈,这种倾向越明显,出口商需要迎合市场的变动来最大化自身的利润。从另一个方面来看,$\lim_{\lambda \to 0}\varepsilon_{df}=0$,这说明如果出口商的垄断能力越强,其在最大化其利润的计价货币决策上就有更多的自主权。

二、实证分析

英镑和美元均通过强大的政治力量、制度安排和特殊的经济背景实现了国际化的目标。随着经济实力的增强,马克和日元在 20 世纪 80 年代逐步走向国际化,但二者国际化的道路不同,因而结果也差异很大。20 世纪 90 年代,随着欧元的诞生,马克的国际化转化为区域货币欧元的国际化,欧元迅速成为仅次于美元的国际货币。而日元在泡沫经济崩溃后,其国际化程度出现了下降。人民币国际化不具备英镑和美元国际化的政治经济背景,亚洲地缘政治的微妙关系、欧洲主权债务危机的发生使原本脆弱的亚洲货币合作前途更趋渺茫,人民币只能靠经济实力的增强渐进国际化,日元国际化的经验和教训值得我们借鉴。因此,我们实证的样本选择日元,实证分析影响日元国际化的因素。

(一)实证模型

根据(4-9)式,我们可以建立以下实证模型:

$$exyen = \alpha_0 + \alpha_1 erjpus + \alpha_2 tscjp + \alpha_3 exjpwo + \alpha_4 gbyjpus + \mu \quad (4-10)$$

这里,exyen 表示日本出口贸易中日元计价的比例,erjpus 表示日元兑美元名义汇率,tscjp、exjpwo 表示日本出口产品的竞争力,gbyjpus 表示日美国债利差,μ 为误差项。其中 $\alpha_1 < 0$、$\alpha_2 > 0$、$\alpha_3 > 0$、$\alpha_4 > 0$。

(二)数据选择

1. 日元计价比例

日本出口贸易中日元计价的比例如表 4-1 所示。

2. 日元汇率

采用直接标价法的日元兑美元名义汇率。数据来自 2010 年 8 月 IMF 的 IFS。

3. 出口竞争力

由于难以获得具体微观企业的数据,我们用日本贸易特化指数(trade specialization coefficient)来衡量一国企业整体的竞争能力。同时,我们用日本出口贸易额占全世界贸易额的比重来衡量日本出口规模的变化。数据来自 2010 年 8 月 IMF 的 IFS。

4. 日美利差

日美利差采用日本国债收益率减去美国十年期国债收益率。数据来自 2010 年 8 月 IMF 的 IFS。

以上所有数据均采用年度数据,并对数据取对数。

数据样本区间为:1984 年至 2009 年。

表 4-1　　　　1971~2009 年日本出口贸易中日元计价的比例

年份	比例(%)	年份	比例(%)	年份	比例(%)	年份	比例(%)
1971	2	1981	31.2	1991	39.4	2001	34.9
1972	8.7	1982	32.2	1992	40.1	2002	35.8
1973	11.3	1983	34.5	1993	41.35	2003	38.85
1974	15	1984	33.7	1994	40.2	2004	40.1
1975	17.5	1985	35.9	1995	36.8	2005	38.85
1976	19.4	1986	35.3	1996	35.55	2006	37.8

续表

年份	比例(%)	年份	比例(%)	年份	比例(%)	年份	比例(%)
1977	18.8	1987	33.4	1997	35.8	2007	38.3
1978	19.8	1988	34.3	1998	36	2008	39.85
1979	24.9	1989	34.7	1999	36.05	2009	40.2
1980	29.4	1990	37.5	2000	36.1		

注：(1)相关文献缺少1999年的原始数据，我们采用1998年和2000年的数据平均值的方法计算得来。

(2)1992年为9月份数据，1993~1998年为3月和9月调查值的平均值，2000年以后为上半年和下半年调查值的平均值。

资料来源：1971~1974年的数据来自日本经济调查协会(1975)《日元在对外贸易中的使用》、1975~1988年的数据来自《大藏省国际金融局年报》相关各期(转引自深町郁弥《美元本位制》，日本经济评论社，1993年，第66页)；1989~2000年的数据来自日本通产省《进出口决算货币动向调查》；2000年以后的数据来自日本财务省《贸易计价货币比例》(http://www.mof.go.jp)。

（三）研究方法

根据(4-10)式进行协整检验，以确认各变量之间是否有长期均衡关系。本实证所用计量软件为 Eviews 5.0。

（四）实证结果

1. 单位根检验

协整理论可以用来分析经济变量之间的长期关系。其基本思想是：尽管许多经济变量随时间呈现出很强的非平稳性，但一组变量在某段时间间隔内有保持一族线性关系的趋势，协整分析有助于去发现这种趋势。协整分析方法可以用来检验经济理论的有效性。如果将经济变量集看成一个经济系统，则该系统产生协整过程的必要条件是系统中的所有经济变量是同阶的积分过程。因此，在进行协整检验之前，必须进行单位根检验，以判断各变量的非平稳性及是否具有同阶的积分。我们采用的单位根检验方法是 Augment Dikey-Fuller 检验法，结果如表4-2所示：

表 4-2　　　　　　　　　　变量单位根检验值

变　量	ADF 检验值	临界值(5%)	检验类型(c,t,l)	结　论
exyen	−2.854	−3.612	(c,t,1)	不平稳
Δexyen	−3.948	−3.622	(c,t,1)	平稳
exjpus	−1.119	−1.956	(0,0,2)	不平稳
Δexjpus	−4.369	−1.956	(0,0,1)	平稳
tscjp	−2.721	−3.603	(c,t,0)	不平稳
Δtscjp	−5.506	−3.612	(c,t,0)	平稳
exjpus	−2.190	−3.603	(c,t,0)	不平稳
Δexjpus	−4.939	−3.612	(c,t,0)	平稳
gbyjpus	−1.332	−3.603	(c,t,0)	不平稳
Δgbyjpus	−4.304	−3.612	(c,t,0)	平稳

从表4-2我们可以看出，日元计价比例、日元汇率、出口竞争力和日美利差等各变量均为非平稳序列，而其一阶差分后都是平稳的时间序列。因此，所有变量序列都是一阶单整序列。

2. 协整检验

一般进行协整检验的方法是Engle和Granger提出的EG两步法。然而，当对两个以上变量做协整检验时，这种方法存在一个较大的缺陷：把不同的变量作为被解释变量时，可能检验得出不同的协整向量。而Johansen检验法不仅克服了EG两步法的缺陷，而且做多变量检验时，还可以精确地检验出协整向量的数目。日元计价比例、日元汇率、出口竞争力和日美利差的Johansen协整检验结果如表4-3所示。

表 4-3　日元计价比例、日元汇率、出口竞争力和日美利差的Johansen协整检验

Hypothesized No. of CE(s)	Eigenvalue	Trace Statistic	0.05 Critical Value	Prob.**
None*	0.845420	120.1028	69.81889	0.0000
At most 1*	0.752222	71.55965	47.85613	0.0001
At most 2*	0.575438	35.28389	29.79707	0.0105
At most 3	0.388528	13.00978	15.49271	0.1145
At most 4	0.008454	0.220740	3.841466	0.6385

注：滞后期为2；样本数为28。

从检验结果我们看到,在1%的显著水平下,拒绝了原假设,而通过了新假设。迹统计显示,在1%的显著水平下,日元计价比例、日元汇率、出口竞争力和日美利差之间存在协整向量,即存在长期的稳定关系。关于日元计价比例的正规化长期方程如下：

$$exyen = 5.481 - 0.2343\ exjpus + 0.0589 tscjp - 0.352 exjpus + 0.1833 gbyjpus$$

$$(-8.86)^{***} \qquad (3.392)^{***} \qquad (-8.329)^{***} \qquad (15.75)^{***} \quad (4\text{-}11)$$

注：括号内为 t 值；样本数为 130；***、** 表示在 1%、5% 的统计水平显著。

(4-11)式表明,在 1984～2009 年间,日元对美元每升值 1%,日本出口贸易中用日元计价的比例就增加 0.2343%,日元升值有利于出口企业用日元计价结算；出口企业竞争力每提高 1%,则日元计价的比例就增加 0.0589%,出口竞争力的提高有利于日本出口企业用日元计价；日本利率比美国利率低 1%,则日元计价的比例就减少 0.1833%,日本利率低于美国利率有利于日本出口企业用美元计价。同时,我们也看到,日本出口额占全球比例的下降并没有导致日元计价比例的下跌,这可能与计价货币选择的惯性有关。

三、小结

本书在全面回顾跨境贸易计价货币选择理论的基础上,通过引入贸易国利差变量拓展 Goldberg and Tille (2005) 模型,并实证分析了 1984～2009 年日元计价货币选择的影响因素。本研究得出了以下结论：

(一)贸易国利差是影响计价货币选择的重要因素之一

我们的模型拓展了 Goldberg and Tille (2005) 模型中的企业利润函数,将贸易双方国家的利差引入模型,推导出计价货币选择模型。模型显示,出口商倾向于选择利率高、预期将升值的货币作为计价货币,出口商面临的竞争越激烈,这种倾向越明显,出口商需要迎合市场的变动来最大化自身的利润。如果出口商的垄断能力越强,则其在最大化其利润的计价货币决策上拥有更多自主权。

(二)日元持续升值有利于日本出口企业用日元计价结算

1984～2009 年间,从长期来看,日元对美元每升值 1%,日本出口贸易中用日元计价的比例就增加 0.2343%,日元升值有利于出口企业用日元计价结算。但在短期,这种影响作用有待进一步研究。

(三)日本出口企业竞争力的提高有利于日元计价货币的选择

1984~2009年间,从长期来看,日本出口企业竞争力每提高1%,则日元计价的比例就增加0.0589%;从短期来看,该比例为0.08%。

(四)日美利差的扩大不利于日元计价货币的选择

1984~2009年间,从长期来看,日本利率比美国利率低1%,则日元计价的比例就减少0.1833%,日本利率低于美国利率有利于日本出口企业用美元计价。但在短期,统计上没有得到有意义的结论。

因此,有效推进人民币跨境贸易结算,提高出口企业产品竞争力是根本,而保持人民币持续升值的趋势、相对稳健的货币政策则为推进人民币跨境贸易结算提供了积极的宏观经济环境。

第三节 人民币汇率、利率与香港人民币存量[①]

虽然香港人民币离岸金融中心的发展取得了一定成果,但是香港人民币存量距建设成熟的人民币离岸市场需要的规模还有一定的距离。目前在港人民币存款占内地人民币存款不足1%,相对于成熟的离岸市场的离岸存款规模而言远远不足,如现在美元离岸存款占国内M2的30%~40%,日元离岸存款占国内M2的10%以上。另外,香港大部分人民币存款为定期存款,对于资本市场的流动性需求而言,资金池仍然不够大。何帆、张斌和张明等(2011)认为,人民币债券市场规模至少要达到5 000亿元以上才能有较好的流动性,相应地,人民币存款存量需达到2万亿元。所以研究香港人民币存量的影响因素具有重要意义,能对如何继续稳步增加香港离岸人民币存量、促进香港人民币离岸金融中心的发展起到重要的借鉴作用。

一、香港人民币资产情况

在最近10年里,随着内地对香港人民币离岸市场政策的开放和完善,香港人民币离岸金融中心发展取得显著成果。从简单的人民币零售存款业务发展到具有一定规模的人民币清算业务、人民币跨境贸易结算业务和人民币资本市场。香港

---

① 本节主要内容详见罗忠洲和黄婉薇(2013)。

人民币存量是香港人民币离岸金融中心发展程度的一个重要指标,有了充足的人民币存量,香港人民币货币市场、债券市场、外汇及衍生品市场才能顺利启动和发展。

(一)香港人民币存款

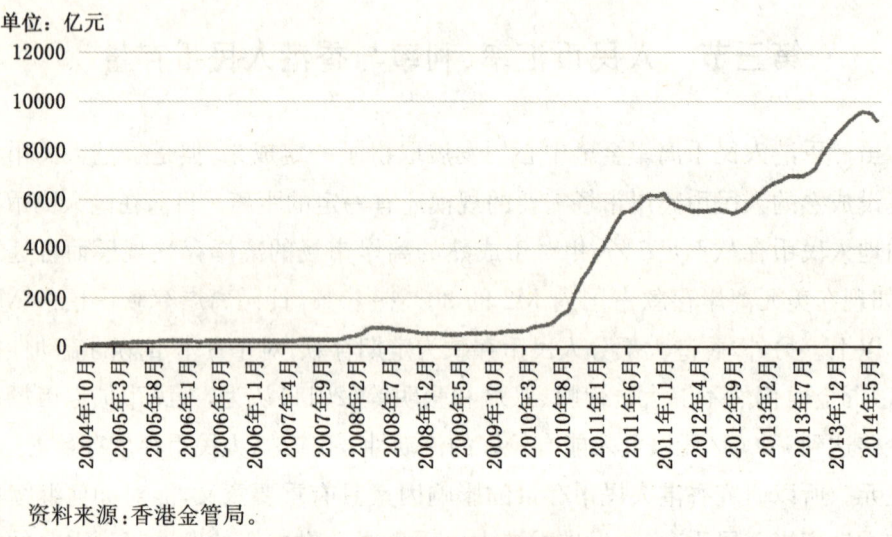

从2004年起,香港人民币存款总额保持上升趋势,而从2010年下半年开始,随着利好政策的陆续推出,香港人民币存款总额出现快速上升的态势,2011年香港人民币存款总额比2010年增加了86%。截至2014年6月,香港人民币存款总额为9259亿元人民币,其中活期存款和定期存款的占比分别为16.2%和83.8%,加上1990亿元的人民币存款证,人民币存款及存款证总量达到11249亿元人民币。

资料来源:香港金管局。

图 4-4　香港人民币存款总额

(二)香港人民币债券

2007年6月,中国人民银行和国家发改委联合颁布《境内金融机构赴香港特别行政区发行人民币债券管理暂行办法》,规定政策性银行和国内商业银行可以在香港市场发行人民币债券。2009年,在内地有较多业务的香港企业或金融机构允许在港发行人民币债券,2010年逐渐有港企开始发行人民币债券,2011年8月起境内非金融企业也可以赴港发行人民币债券。

香港人民币债券发行规模逐年提高。2007年、2008年、2009年、2010年、2011

年、2012年分别为100亿元、120亿元、160亿元、357.6亿元、1050亿元和约1200亿元人民币。截至2013年底，香港人民币债券发行量累计约4000亿元人民币。

香港人民币存量规模也逐年提高。2007年、2008年、2009年、2010年、2011年、2012年、2013年分别为100亿元、220亿元、304亿元、656亿元、1728亿元、2536亿元和2958亿元人民币。截至2014年10月22日，香港人民币债券共288只，存量金额为3399.24亿元人民币，约为香港人民币存款总量的1/3。

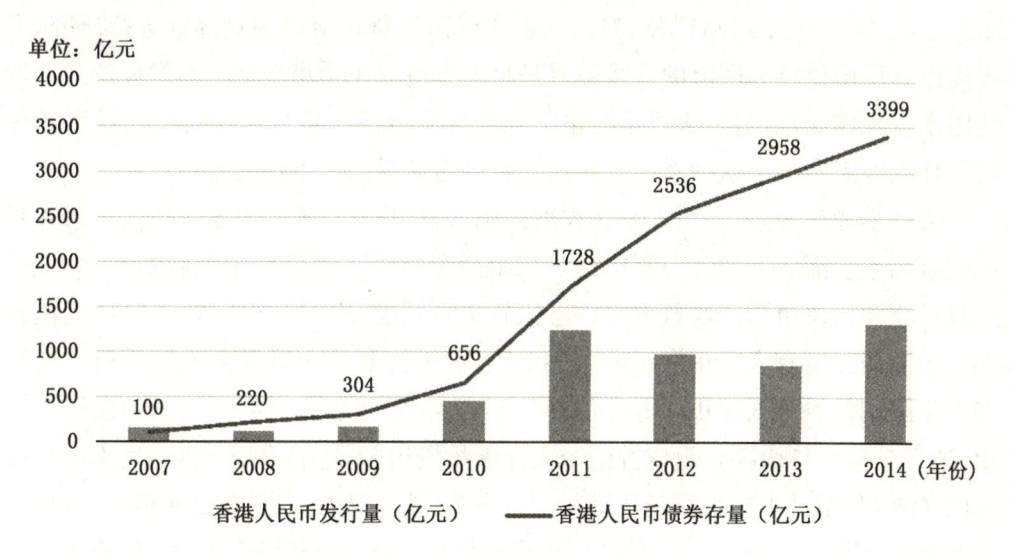

资料来源：香港金管局。
图4-5 香港人民币债券发行量及存量变化

（三）香港人民币股票

在离岸人民币股票市场上，2011年6月港交所开启了"双币双股"的招股模式，证券发行人可以同时发行用人民币和港元计价的股票。2012年10月29日，首只人民币交易股本证券为香港主板上市公司合和公路基建有限公司配售的人民币交易股份于港交所上市。人民币股份合和公路基建－R，其股票代码为80737，人民币股份的公司市值约为96亿元。这是首只在境外上市的人民币交易股本证券，并为联交所首只双柜台股本证券，这只股票的发行打开了人民币股票的大门。但是整体而言，香港人民币股票市场发展缓慢，存量较小。

二、文献综述

从供需的角度分析，Peter M. Garber(2012)认为香港人民币的供给方主要是大陆进口商，而香港人民币的需求方则为人民币 FDI 投资者、RQFII 投资者、部分出口商、有投资人民币产品意愿的投资者以及投机者。而从 2014 年以前情况来看，香港人民币的流出与流入存在一定的不对称性，即流入大于流出，供给大于需求。孟浩(2011)运用 DS 模型，对人民币离岸市场货币流动的对称性进行研究，发现离岸人民币供给和回流的政策障碍是目前香港人民币市场进一步发展的主要制约因素。总体而言，离岸人民币存量很大程度上取决于境外居民持有人民币的意愿。什么因素影响了这种意愿？我国学者们对此提出了不同的看法。

部分学者认为，人民币汇率及香港人民币存、贷款利率是决定香港人民币存量的关键因素。潘成夫(2007)利用最小二乘法分析人民币升值预期收益率、港元资产收益率和人民币资产收益率对香港银行人民币存款的影响，发现人民币升值预期是香港居民持有人民币资产的重要动因，而港元利率上升导致人民币资产的吸引力下降则是香港人民币业务发展的障碍。何帆、张斌和张明等(2011)假设人民币、港元及美元货币存款组成香港个人存款投资组合，他们根据无抵补利率平价成立的条件，利用最小二乘回归法进行实证分析，发现人民币汇率变动预期、港币存款利率以及与人民币贸易结算和人民币债券发行相关的利好政策对人民币存款总额都有显著影响。而 Peter M. Garber(2012)认为，支撑人民币离岸市场发展的主要因素是升值预期下的投机需求，如果 CNH 和 CNY 的汇率差价走弱甚至逆转，香港的人民币存款便会出现净减少。

就人民币升值预期对香港人民币存量的正面影响看，部分学者认为升值预期的推动力不可持续，长期而言，贸易结算和资本市场的发展才是持续推动力。何东和马骏(2011)认为，根据美元、欧元和日元的离岸市场发展经验，升值预期只是香港人民币离岸市场发展推动的因素之一，而人民币贸易结算、人民币对外直接投资和境外人民币直接投资等实体经济需求，以及境外居民对人民币资产本身的需求是推动人民币持有意愿上升的可持续动力。马骏(2011)认为，香港人民币存款规模在 2012 年会大幅增长，而增长来源是人民币贸易结算的持续流入、人民币贷款和债券发行的扩大。其中第一个原因与跨境贸易的发展相关，而第二个原因则与香港人民币的投资收益相关。中国金融 40 人论坛课题(2011)认为，CNH 对于

CNY 的溢价对人民币存款增加有推动作用,这也是人民币离岸市场发展初期必要的。但从长期来说,贸易结算的真实需求会增加境外持有人民币的意愿,而从反方向说,香港人民币存量的增加能促进以市场主导的、有弹性的人民币汇率形成。同样,张建军(2011)从离岸人民币资本市场建设的角度出发,认为依赖人民币升值预期增加境外人民币存量是离岸市场建设不可避免的阶段,但是这种方式不可持续,到一定阶段应该重点建设人民币离岸资本市场。

本节在前人研究的基础上,以人民币汇率、香港银行同业拆借利率和人民币存款利率三个变量分别代表人民币价值、香港资金利用成本和人民币的回报率,利用时间序列的协整检验法,对三个变量对香港人民币存量的影响进行实证分析。

三、实证模型和数据

近年来,我国政府频频出台支持人民币跨境贸易结算、人民币境外直接投资、人民币外商直接投资和 RQFII 等政策,香港离岸人民币存款总量大幅增长。而同时,影响离岸人民币存量的因素也越来越复杂。人民币汇率固然对香港人民币存量存在重要影响,但随着政策放松和香港人民币资本市场的建设,香港与内地间跨境人民币资金流动愈发方便和频繁。所以香港银行间资金拆借利率和香港人民币存款利率分别作为资金的借贷成本和投资收益,也能够影响离岸人民币存款的增减。

(一)实证模型

对香港离岸人民币存量建立实证模型如下:

$$\text{hkrmb} = \alpha_0 + \alpha_1 \text{rmbex} + \alpha_2 \text{hibor} + \alpha_3 \text{rdr} + \mu \quad (4-12)$$

在上述模型中,hkrmb 表示香港离岸人民币存款总额,单位为千亿元人民币,rmbex 表示人民币兑美元汇率,hibor 表示香港银行间同业拆借利率,rdr 表示香港人民币存款利率。其中 $\alpha_1 < 0, \alpha_2 > 0, \alpha_3 > 0$。

(二)数据选择

本文实证分析的四组数据均采用 2004 年 10 月到 2012 年 12 月的月末数据。其中,hkrmb 为香港离岸人民币存款总额,hibor 为香港银行同业 3 个月拆借利率,rdr 为香港人民币(金额在 10 万元以下)的 3 个月存款利率,上述数据均取自香港金融管理局网站;rmbex 为人民币兑美元汇率中间价,数据来自中国人民银行货币政策司官方网站。

(三)研究方法

本次实证分析涉及的四个变量,即香港离岸人民币存款总额、人民币汇率中间价、香港银行同业拆借利率和香港离岸人民币存款利率。四个变量均为时间序列,拟先对其分别进行单位根检验,如序列存在单位根,再进行同阶差分单位根检验,如果同阶差分后序列是平稳的,则按模型进行多变量的协整检验,用以确认上述各变量间是否存在着长期的均衡关系。最后进行格兰杰因果检验,确认各变量之间的因果关系。本实证使用计量软件为 Eviews 6.0。

四、实证分析结果

(一)单位根检验

在检验人民币存款总额和各自变量的协整关系之前,首先检验时间序列的平稳性,若序列为同阶单整,再进行协整关系的存在性检验。本文用 Augment Dickey-Fuller 检验方法(Dickey-Fuller,1979)来检验序列中是否存在单位根。若序列存在单位根,序列即为非平稳的,然后对序列进行同阶差分,直至检验结果为平稳。时间序列 hkrmb, rmbex, hibor, rdr 的平稳性检验结果如表 4-4 所示。

表 4-4 变量单位根检验值

变量	ADF 检验值	临界值(5%)	检验类型 (c,t,l)	结论
rmbex	−0.7581	−3.4568	(c,t,1)	不平稳
Δrmbex	−4.6703	−3.4573	(c,t,1)	平稳
hibor	−3.2063	−3.4563	(c,t,1)	不平稳
Δhibor	−8.1793	−3.4568	(c,t,1)	平稳
rdr	−1.8741	−3.4563	(c,t,1)	不平稳
Δrdr	−9.6981	−3.4568	(c,t,1)	平稳
hkrmb	−1.5525	−3.4568	(c,t,1)	不平稳
Δhkrmb	−3.6964	−3.4568	(c,t,1)	平稳

注:Δ 表示序列的一阶差分;滞后期数的选择标准是以 SC 与 AIC 值最小为准;样本数为 99;检验类型中,c 表示常数项,t 表示趋势项,最大滞后阶数选择 1。

从表 4-4 可以看出,香港离岸人民币存款总额、人民币汇率中间价、香港银行同业 3 个月拆借利率和香港离岸人民币 3 个月存款利率都属于非平稳系列,而经过一阶差分后均是平稳的时间序列。由此得出，上述四个变量序列都是一阶单整序列。根据这个结果，我们可以对变量进行协整检验。

（二）协整检验

虽然时间序列 hkrmb、rmbex、hibor、rdr 是非平稳的一阶单整序列，但其可能存在某种平稳的线性组合，反映变量之间长期稳定的关系。所以在序列为一阶单整的基础上，我们进行协整检验，检验时间序列是否存在协整关系。本书在建立 VAR 的基础上采用 Johansen(1995) 提出的多变量系统极大似然估计法对多变量时间序列进行协整检验。

Johansen 协整检验是一种基于向量自回归模型的检验方法，所以在进行协整检验之前必须先确定 VAR 模型的滞后期数。为了消除误差项之间的自相关，同时保持一定的自由度，因此先选择最大滞后阶数 3，然后通过 VAR 估计选择最优滞后阶数。首先以使 AIC 和 SC 值最小的原则选择滞后阶数，若 AIC 和 SC 并非同时取值最小，则采用 LR 检验进行取舍。检验结果表明，滞后阶数为 2 的 VAR 模型拟合优度最好，残差序列具有平稳性。但由于协整检验实际上是对无约束 VAR 模型进行协整约束以后得到的 VAR 模型，所以该 VAR 模型的滞后期数应为无约束 VAR 模型一阶差分后变量的滞后期数，即协整检验的 VAR 模型滞后期数为 1。Johansen 协整检验结果如表 4-5 所示。

表 4-5　　　　　　　　　　Johansen 协整检验结果

原假设	特征值	迹检验统计量	1%显著水平临界值	P 值**
None*	0.2927	80.4753	61.2669	0.0000
At most 1*	0.2242	46.8785	41.1950	0.0018
At most 2	0.1629	22.2496	25.0781	0.0263
At most 3	0.0502	4.9983	12.7608	0.2836

注：* 表示在 1%的显著水平上拒绝原假设；滞后期为 1。

由表 4-5 可以得出，在 1%的显著水平下，变量间至少存在两个协整关系。协整方程为：

$$hkrmb = 28.86 - 0.958\,rmbex + 0.2181\,hibor - 33.019\,rdr$$
$$(14.95^{**})\quad(3.35^{**})\quad(2.07^{*})\quad(13.48^{**})\qquad(4\text{-}13)$$

注：括号内为 t 值；样本数为 97；** 和 * 分别表示系数在 1%、5%的统计水平

下显著。

在得出协整关系式的基础上,我们对残差进行单位根检验,发现残差在1%的显著水平下平稳(见表4-6),所以变量之间存在协整关系的结论可靠。

表 4-6　　　　　　　　　　　残差单位根检验结果

		t 值
ADF 检验数据		−10.76162
显著性水平	1%	−4.056461
	5%	−3.457301
	10%	−3.154562

根据实证检验结果,我们得出以下结论:一是从长期看,香港离岸人民币存款总额与人民币汇率中间价、香港银行同业3个月拆借利率、香港离岸人民币3个月存款利率之间存在稳定的均衡关系;二是在2004年10月到2012年12月期间,人民币汇率中间价每升值1个基点(0.0001),香港离岸人民币存款总额增加958万元,符合人民币升值预期推动香港人民币存量持续增加的预期;三是香港银行间资金市场3个月拆借利率每上涨1个基点(0.01%),香港离岸人民币存款总额增加2.181亿元,符合资金流向回报率高的地区之预期;四是香港人民币存款利率对香港人民币存量的回归结果与预期不一样:香港离岸人民币3个月存款利率的增加导致香港人民币存量的下降。这可能是因为两个变量之间存在相互影响:香港离岸人民币存款利率的上升增加境外居民在香港持有人民币的意愿,但香港人民币存量的增加会导致人民币存款利率下降。而香港资金市场上的币种选择较多,所以居民持有人民币的意愿对人民币利率的上升不敏感。但香港人民币存量因为其他原因大幅增加,从资金供需角度出发,对香港人民币存款利率产生较强的下调压力。

(三)格兰杰(Granger)因果关系检验

协整检验证明香港人民币存款总额与人民币汇率中间价、香港银行同业拆借利率、香港离岸人民币存款利率之间存在长期稳定的关系,但是这种关系是否构成因果关系还需要进一步验证。本文先对 hkrmb 与 rmbex、hibor、rdr 间的长期格兰杰因果关系进行检验,检验结果如表4-7所示。

表 4-7 格兰杰因果检验结果

零假设	P 值
rmbex 不是 hkrmb 的格兰杰原因	0.1105
hkrmb 不是 rmbex 的格兰杰原因	0.8329
hibor 不是 hkrmb 的格兰杰原因	0.0138*
hkrmb 不是 hibor 的格兰杰原因	0.4439
rdr 不是 hkrmb 的格兰杰原因	0.0000*
hkrmb 不是 rdr 的格兰杰原因	0.0000*

注：当 P 值小于 0.05 时，拒绝原假设。

由表 4-7 可知，从长期来看，hibor 是 hkrmb 的格兰杰原因，这说明长期内香港银行间同业拆借利率是香港人民币存款总额变化的原因。rdr 和 hkrmb 在长期来说互为对方的格兰杰原因，这说明不仅香港人民币存款利率对香港人民币存量有影响，香港人民币存量对香港人民币存款利率也存在反作用力：香港人民币存量的上升会导致人民币存款利率的下降。从数据上也可以发现，这种反作用力比较强。

五、对发展香港人民币离岸市场的政策建议

通过对香港离岸人民币存款总额与人民币汇率、香港银行间同业拆借利率和香港人民币存款利率之间的协整关系进行实证分析，我们得到以下结论：

(1)人民币汇率对香港离岸人民币的存款增长有显著正影响，人民币的持续升值推动香港离岸人民币存量的增加。

(2)香港银行间同业拆借利率对香港人民币存款增长有着长期的正影响，即在资金自由流动的条件下，资金会流向使用成本比较高的地区。

(3)但是香港人民币存款利率对香港人民币存款的影响与预期相反，长期来说，香港人民币存款的增加伴随着香港人民币存款利率的下降。

在政策不断完善的情况下，香港人民币离岸市场发展迅猛，但与香港其他货币尤其是亚洲美元离岸市场相比，还只是处于起步阶段。参考国际经验，离岸金融中心的发展无不依赖于充足的离岸货币存量。只有当香港人民币离岸市场成为人民币存量充足的"蓄水池"，人民币资本市场、外汇市场、人民币 FDI 和 RQFII 才能真正发展起来。所以对香港人民币离岸市场而言，如何扩大离岸中心的交易量是最终目标,提高境外居民使用人民币的意愿、吸引人民币存款是重要手段。

根据实证分析结果,我们认为通过保持人民币币值稳定,加强香港人民币资本市场建设,加强两岸之间汇率和利率的联动与继续推动利好政策的实施,可以推动离岸人民币存量的持续和稳定增长。具体建议包括以下几个方面:

1. 保持人民币长期缓慢升值的预期

实证检验证明人民币汇率是影响香港人民币存量最显著的因素。由于香港人民币离岸市场在建设初期,香港人民币存量不足,所以我国应该通过保持人民币长期缓慢升值的预期来促进香港人民币存量的增加。

2. 加强香港人民币资本市场建设

实证检验证明,香港银行间同业拆借利率对香港人民币存量存在长期的显著影响,而拆借利率代表了贷款成本即资金使用成本,于资金所有者而言则代表了资金回报率。所以,要增加香港人民币存量,就要提高香港人民币的资金回报率。这要通过突破储蓄和外汇等有限的投资途径,发展香港人民币资本市场,增加人民币产品的种类和数量来达到。

3. 加强两岸之间利率和汇率的联动

由于人民币汇率和香港银行间同业拆借利率对香港人民币存量都存在显著影响,所以汇率和利率这两种资金价格是否能有效反映人民币价值就显得十分重要。所以我们建议建立香港离岸人民币市场的利率和汇率的基准,在降低投机风险的同时,使得利率和汇率对离岸人民币资金存量的影响机制更加准确和客观。

4. 继续实施和完善推进人民币回流机制建设的措施

由于利好政策的落实对于提高香港人民币存量有重要作用,所以建议继续贯彻落实《境外直接投资人民币结算试点管理办法》和《基金管理公司、证券公司人民币合格境外机构投资者境内证券投资试点办法》,并且根据实际情况逐步放宽人民币FDI和RQFII的相关政策,扩大投资者数量,提高投资金额,增加投资标的。

第五章

商品计价权、汇率波动和跨境贸易计价货币选择

综合前述理论和实证研究,影响国际贸易计价货币选择的微观因素有货币的交易成本、讨价还价能力等。但是,我们认为国际重要能源和原材料定价权也是影响企业计价货币选择的重要微观因素。英镑和美元均通过强大的政治力量和特殊的经济背景实现了国际化的目标。尽管美国的经济实力不断下降,美元呈现长期贬值的趋势,但美元在国际贸易计价结算中依然发挥重要的作用,而英镑的地位一落千丈,甚至不及日元。理论上,美元的惯性可以用交易成本低、汇率波动幅度小、其他国家钉住美元的汇率制度来解释,但也与国际重要能源和原材料定价权密切相关。欧元和日元的国际化程度虽不及美元,但在跨境贸易计价结算货币方面依然具有重要的地位。欧元区国家和日本在跨境贸易计价货币选择惯性方面的经验也值得我们研究。

关于国际货币惯性研究的理论模型较少,Matsuyama et al. (1993)建立了一个随机匹配模型来研究国际货币,这就是著名的搜寻模型。该模型着重于货币在一个不确定性匹配环境中所提供的交易服务,一旦一种货币成为国际货币,这种国际货币本身所具有的更高匹配可能性将进一步稳固其作为国际货币的地位。Marc Flandreau and Clemens Jobst(2009)使用19世纪晚期英镑作为世界主要国际货币时的数据,证实了搜寻模型的结论。Eiji Ogawa and Yuri Nagataki Sasaki(1998)认为,国际货币尤其像美元这样的关键货币的惯性确实存在,就算该国货币存在一定程度的贬值,因其在国际货币中拥有较高的份额,对其国际货币的地位影响不大。Eilas Papaioannou and Richard Portes(2006)指出,官方外汇储备选择表现出

很强的惯性。Eichengreen(1998)运用历史数据计量分析证明,欧元作为国际储备货币将超越美元,但由于历史惯性,这个过程十分缓慢。Chinn and Frankel(2005)对1973~1998年全球外汇储备份额与货币选择决定因素指标数据进行回归分析,计算出一阶滞后的自回归变量系数为0.85~0.95。何帆和李婧(2005)认为,货币国际化有一定的历史惯性,新的国际货币将有可能从区域经济一体化中诞生。

在跨境贸易人民币结算初期,相关制度的形成、政策的支持发挥着重要的作用。自跨境贸易人民币结算试点以来,各地区跨境贸易人民币结算业务迅速增长,2015年人民币结算额累计超过7万亿元人民币(中国人民银行,2015),约占进出口总量的27%。但政策推动对跨境贸易人民币结算的影响是短期的、有限的,与日元占日本出口贸易计价货币40%的比重(日本财务省,2011)、欧元占欧元区主要国家跨境贸易计价货币超过50%的比重(ECB,2012)相比较,跨境贸易人民币结算业务量依然较小。因此,借鉴欧元区国家和日本在跨境贸易计价货币选择方面的经验,研究采取合适的策略使跨境贸易人民币结算由政策推动向市场选择转变,形成跨境贸易人民币结算的市场惯性,对做好顶层设计、有效推进跨境贸易人民币结算和人民币国际化进程具有重要的现实意义。

本章通过将进口贸易本国货币计价比例引入Goldberg and Tille(2008)模型,建立了出口企业计价货币选择理论模型。模型结果显示,进口要素中本国货币计价的比例越高,那么出口厂商计价货币中本国货币的比例就越高。这也得到了欧元区国家和日本的数据实证分析结果的支持。

第一节 大宗商品计价权的现状

第二次世界大战后,美国在世界贸易中处于绝对优势地位,利用布雷顿森林体系的"双挂钩"政策,美元借此成为居于全球主导地位的贸易计价货币,绝大部分大宗商品均以美元作为计价货币。随后,美元凭借国际资本市场和商品市场的传统优势地位以及对大宗商品的计价权,利用期货市场逐步控制主要国际大宗商品的定价权。一般来说,国际贸易中的大宗商品计价遵循最活跃商品交易所的计价方式。其中,原油活跃在纽约商业交易所(NYMEX)和洲际交易所(ICE),均由美元计价;贵金属在伦敦金属交易所(LME),均由美元计价;农产品多在芝加哥商品交易所(CBOT),均由美元计价。联合国贸易和发展会议(UNCTAD)发布的81种原材料价格序列,只有5种不是以美元计价的:可可豆(用SDR计价)、热带锯木(tropical saw wood)(用英镑计价)、橡胶(用新元计价)、锡(用马来西亚林吉特计价)、阴极铜(用英镑计价)。另外,铝同时用美元和英镑标价。

在罗杰斯商品指数中,大宗商品的计价几乎全部使用美元。唯一例外的是橡胶,罗杰斯商品指数采用的是东京商品交易所作为交易的最主要场所,因此计价单位是日元。

表5-1　　　　　　　　罗杰斯商品指数构成商品的计价货币

商品名称	最活跃交易所	计价货币
原油	NYMEX	美元
布伦特原油	ICE	美元
天然气	NYMEX	美元
RBOB汽油	NYMEX	美元
民用燃料油	NYMEX	美元
柴油	ICE	美元
铜	LME	美元
铝	LME	美元
黄金	COMEX	美元
白银	COMEX	美元
铅	LME	美元
锌	LME	美元
铂	NYMEX	美元
镍	LME	美元
锡	LME	美元
钯	NYMEX	美元
小麦	CBOT	美元
玉米	CBOT	美元
棉花	ICE	美元
大豆	CBOT	美元
豆油	CBOT	美元

续表

商品名称	最活跃交易所	计价货币
咖啡	ICE	美元
活牛	CME	美元
糖	ICE	美元
可可	ICE	美元
瘦猪	CME	美元
木材	CME	美元
制粉小麦	NYSE	美元
橡胶	TOCOM	日元
小麦	KCBT	美元
大米	CBOT	美元
蓖麻	ICE	美元
豆粕	CBOT	美元
橙汁	ICE	美元
燕麦	CBOT	美元
油菜籽	LIFFE	美元
III类牛奶	CME	美元

资料来源：Wind 资讯。

第二节 大宗商品计价货币的演变

石油贸易在大宗商品贸易中占据举足轻重的地位。石油计价货币的演变在大宗商品计价货币演变中具有典型代表地位。

一、多币种石油计价的发展历史与演变

美国是世界石油工业的发源地，在初期就成为世界最大的石油产出国和消费国，石油贸易最先自然选择了美元作为计价货币。随着石油开采技术和运输交易的自由化，包括英镑、法郎、德国马克等都在一定的时期作为石油计价货币存在。

19世纪中叶以来，英国逐步成为世界上最强大的资本主义国家，拥有最强大

的政治、经济和军事实力,通过跨国石油公司在世界范围内攫取石油资源,控制石油工业和石油贸易。由于世界上大量的黄金流入英国伦敦,英国的黄金储备是世界上最多的,所以自1815年开始,建立在英国黄金储备上的英镑成为世界上最主要的信用货币。1816年,英国颁布法令宣布黄金是唯一的价值标准。英国的外交、军事、货币政策无一不是为保证英镑的国际货币地位的。英镑成为当时乃至后来很长一段时间的国际货币。当时伦敦城内拥有众多大型金融财团,建立了许多大型的国际银行,它们操纵着黄金储备的兑换和货币的供给。此外,当时英国以其发达的海上交通运输、强大的军事实力和工业技术垄断着世界上大部分的能源和原材料贸易,控制了咖啡、煤炭、石油等重要资源,并在国际贸易中以英镑作为计价和结算货币。当时绝大部分的石油都是以英镑计价的。英国的工业化优势也逐步转变成金融货币的优势。在第一次世界大战前后,英镑是世界金融体系和国际货币体系的支柱,不仅是由英镑与黄金的挂钩关系决定的,而且英镑在国际贸易和国际金融中的广泛使用也巩固了英镑在国际货币体系中的霸权地位。

第一次世界大战前,欧洲大陆的经济发展突飞猛进,尤其以当时的德意志帝国最为突出。在这段时间内,德国的工农业迅速发展,工农业技术水平迅速提高,铁路交通建设发展迅速,建立了许多工业企业,科学技术也有大的发展,工农业发展与金融业的发展紧密结合。良好的经济发展水平和金融业的大发展,推动了德国马克在资产和贸易计价方面的发展,德国马克逐步成为国际货币。在这一时期,各主要资本主义国家包括英、美、德、法、俄等国家在内,都极力地争取对石油这一重要能源的控制权,在全球范围内进行石油战争,并规定本国控制下的石油贸易采取本国货币计价,进一步推动了本国货币的国际化。所以,在1970年以前,石油计价货币是多元的。

二、以美元为主的石油计价时期

1970年以后,美国经济遭遇了危机,尤其是爆发了严重的货币危机,导致各国对美元的信心降低,其他资本主义国家纷纷开始大量抛售美元兑换黄金,美国的黄金储备急剧减少,时任总统尼克松宣布美元不再与黄金挂钩后布雷顿森林体系崩溃,美元作为纯粹的信用货币不再具有稳定的价值,在国际货币体系中的地位也有所下降,部分国家希望能够借此摆脱对美元的依赖,德国马克、日元的币值大幅上升,在国际货币体系中的地位提升,美元的国际货币地位存在崩溃的危险。但是,美国于 20 世纪 70 年代初与沙特阿拉伯签订了秘密的不可动摇协议,建立美国—沙特经济合作联合委员会,协议规定沙特阿拉伯将继续使用美元作为石油贸易的计价和结算货币,而美国为沙特阿拉伯提供武器、军事等其他物资和支持。当时沙特阿拉伯是世界上最大的石油产出国和出口国,而美国又是世界上最大的石油进口国,所以这样的一份协议重新树立了美元在国际货币体系中的地位,使得美元逐步成为绝大多数石油出口国的计价货币,这也迫使石油进口国只能通过继续储备美元来满足石油进口的需求,同时也推动了其他大宗商品以美元计价和结算。

有资料显示,这项协议的内容还包括双方在金融领域的合作,美国财政部与沙特阿拉伯货币局签订了沙特阿拉伯将购买持有期至少 1 年的美国财政部的有价证券。这项内容确立沙特需要每年将收入的石油美元投资到美国的债券市场,一方面保证了美国弥补赤字所需的石油美元回流,另一方面也将欧佩克的石油产出和美元的汇率变动紧密联系在一起,保障了石油美元计价的稳定性。美国拥有世界上最发达的金融业,衍生品市场比较健全,纽约商品交易所的能源期货和期权交易占到三大能源交易所交易总量的一半以上,这奠定了美元与石油不可分割的基础。在石油金融逐步兴起后,美国以其发达的金融体系成为石油金融发展的阵地,美国的衍生品市场、债券市场成为石油美元投资的重要领域,这为石油美元回流提供了平台,吸引了大多数石油美元投资。美元的回流改善了美国的收支情况,巩固了美元的计价货币地位。美元与黄金的脱钩并没有导致美元霸权的崩溃,相反,美元通过成为石油等大宗商品计价和结算货币的途径保持了美元在世界范围内的刚性需求,维护了美元在国际货币体系中的霸权地位。但这样的石油美元计价机制支撑的美元为主体的国际货币体系不是稳定和持久的,随着经济发展,石油美元计价机制表现出与美元黄金挂钩时期相类似的问题,具体体现在美国贸易逆差大幅增加、美元汇率不断下跌等,这都使得各国重新思考石油计价机制和国际货币体系的改革。欧元、卢布、日元等货币的兴起和部分国家宣布转换石油计价货币,给目前的石油美元计价机制带来了挑战,为未来货币体系的改革提供了新的思路。

20 世纪 70 年代的这一协定,为战后至今的石油贸易计价和结算描绘了制度性框架。其后,虽然有伊拉克和伊朗尝试使用非美元进行石油结算,但是由于种种原因,政治层面的更迭和动荡,使这些尝试都无果而终,或者说政治的更迭本身就是这些抗争的结果。美元在石油及其他能源、大宗商品的计价结算地位依然难以撼动。这为美元作为世界货币的地位奠定了坚实的基础。

第三节　出口企业计价货币选择理论模型①

本模型借鉴了 Goldberg and Tille(2008)模型的利润最大化建模思路,并在该模型基础上,通过引入进口贸易本国货币计价比例这一影响因素,以考察进口要素中本国货币计价比例的高低对出口厂商计价货币选择的影响。在模型的求解上,本书与 Goldberg and Tille(2008)也有较大不同,力求模型的结果简洁明了、易于理解。

一、模型设定

考虑一个存在两个国家的模型:本国(以 d 表示)和外国(以 f 表示),在本国有一个出口厂商,生产一种商品并出口至外国的该产品市场上进行销售,面临着市场上的其他产品的竞争。

出口厂商对其产品可以以本国货币 d 计价,也可以用外国货币 f 计价,或者以两国货币的线性组合 k 计价。假设计价货币 k 中外国货币的比例为 θ,本国货币的比例为 $1-\theta$(即 1 单位货币 k 由 θ 单位的外国货币 f 和 $1-\theta$ 单位的本国货币 d 构成),其中,$0 \leqslant \theta \leqslant 1$。当 $\theta=1$ 时,就是以外国货币计价;当 $\theta=0$ 时,就是以本国货币计价。

假设出口厂商的生产函数具有如下形式:

$$Q=\frac{1}{\alpha}[\min(L,\beta M)]^{\alpha},0<\alpha<1 \tag{5-1}$$

其中,Q 是指产量,L 是指劳动力的投入量,M 是指原材料的投入量,α 是指规模报酬参数,α 越小,规模报酬越小。上述形式的生产函数中的 $\min(L,\beta M)$ 这一部分,实质上要求劳动力和原材料必须按照一定的数量比例投入才是最佳的,否则都将造成资源的浪费,这一点类似里昂惕夫生产函数的规定。因此,可以将这种按照最佳数量比例构成的劳动力和原材料的组合抽象为一种新的要素,记为 I,那么生产函数可以重新写成如下形式:

$$Q=\frac{1}{\alpha}I^{\alpha},0<\alpha<1 \tag{5-2}$$

上式中 I 可以看作劳动力和原材料的最佳比例组合,假设要素 I 的价格以本

---

① 本节主要参考罗忠洲等(2015)。

国货币表示为 W_I^d。随着经济和贸易的全球化发展，要素在国家间的流动也是十分普遍的，因此可以认为，要素 I 的计价中，必然也包含一定的外国货币，与出口厂商计价货币的假设类似，在这里假设进口要素计价外币中外国货币的比例为 η。

假设外国市场上对出口厂商的产品需求为下式：

$$D=\left(\frac{P_f}{P}\right)^{-\lambda} C, \lambda>1 \tag{5-3}$$

其中，D 为对出口厂商的产品需求量，P_f 为出口厂商以外国货币 f 表示的产品价格，P 为外国市场上对该种产品的平均报价（也是以外国货币 f 表示），C 表示外国市场上对该种产品的总体需求量，参数 λ 表示出口厂商的产品与外国市场上其他竞争者的产品之间的替代弹性，λ 越大，表示出口厂商的产品与外国市场上其他竞争者的产品之间的替代性越大。

假设出口厂商在知道汇率波动、要素价格及其计价比例、产品的需求函数等各种影响因素的未来分布情况后做出决策，那么它的目标就是通过选择计价货币中外国货币的比例 θ 和以计价货币 k 表示的价格 P_k，以最大化其期望利润。根据前面假定的生产函数和需求函数，推导出出口厂商的期望利润函数如下式：

$$\Pi=E\left\{S_{dk}P_k\left[\frac{S_{dk}P_k}{S_{df}P}\right]^{-\lambda}C-W_I^d(\alpha)^{\frac{1}{\alpha}}\left[\left(\frac{S_{dk}P_k}{S_{df}P}\right)^{-\lambda}C\right]^{\frac{1}{\alpha}}\right\} \tag{5-4}$$

式（5-4）中，Π 表示出口厂商的期望利润，等号右边的 E 表示期望，S_{dk} 是本国货币 d 与计价货币 k 之间的汇率，其中，1 单位计价货币 k 等于 S_{dk} 单位本国货币 d；类似地，S_{df} 是本国货币 d 与外国货币 f 之间的汇率，1 单位外国货币 f 等于 S_{df} 单位本国货币 d。

二、模型求解

首先用式（5-4）对变量 P_k 求偏导，求得利润最大化问题的一阶条件为下式：

$$(P_k)^{1-\lambda}E(S_{dk})^{1-\lambda}(S_{df})^\lambda P^\lambda C=\frac{\lambda\alpha^{(1-\alpha)/\alpha}}{\lambda-1}(P_k)^{-\frac{\lambda}{\alpha}}EW_I^d(S_{dk})^{-\frac{\lambda}{\alpha}}(S_{df})^{\frac{\lambda}{\alpha}}P^{\frac{\lambda}{\alpha}}C^{\frac{1}{\alpha}} \tag{5-5}$$

将式（5-5）代入利润函数式（5-4），并利用变量乘积及变量之差的二次近似扩展式，可得下式：

$$\pi=\frac{\lambda}{\lambda-\alpha(\lambda-1)}\{(1-\lambda)p_k+(1-\lambda)Es_{dk}+\lambda Es_{df}+\lambda Ep+Ec$$

$$+\frac{1}{2}E\left[(1-\lambda)s_{dk}+\lambda s_{df}+\lambda p+c\right]^2\}$$

$$-\frac{a(\lambda-1)}{\lambda-\alpha(\lambda-1)}\left\{-\frac{\lambda}{\alpha}p_k+Ew_I^d-\frac{\lambda}{\alpha}Es_{dk}+\frac{\lambda}{\alpha}Es_{df}+\frac{\lambda}{\alpha}Ep+\frac{1}{\alpha}Ec\right.$$

$$\left.+\frac{1}{2}E\left[w_I^d-\frac{\lambda}{\alpha}s_{dk}+\frac{\lambda}{\alpha}s_{df}+\frac{\lambda}{\alpha}p+\frac{1}{\alpha}c\right]^2\right\} \tag{5-6}$$

式(5-6)中小写的变量均为原变量经二次近似扩展后的量,对等号右边进行一些代数上的简化处理,目的是把其中与计价货币 k 无关的量整理出来,可以得到下式:

$$\pi=\chi+\frac{\lambda}{\lambda-\alpha(\lambda-1)}\left[\frac{1}{2}E(s_{dk}-\lambda q_k)^2+E(s_{dk}-\lambda q_k)c\right]$$

$$+\frac{a(\lambda-1)}{\lambda-\alpha(\lambda-1)}\left[-\frac{1}{2}E\left(\frac{\lambda}{\alpha}q_k\right)^2+\frac{\lambda}{\alpha}Eq_kw_I^d+\frac{\lambda}{\alpha^2}Eq_kc\right] \tag{5-7}$$

其中,$q_k=s_{dk}-s_{df}-p$,式(5-7)右边第一个量 χ 是与计价货币 k 无关的项,其具体构成如下式:

$$\chi=-\frac{a(\lambda-1)}{\lambda-\alpha(\lambda-1)}Ew_I^d+\frac{1}{\lambda-\alpha(\lambda-1)}\left[\lambda E(s_{de}+p)+Ec\right]$$

$$+\frac{1}{2}\frac{\lambda}{\lambda-\alpha(\lambda-1)}Ec^2-\frac{1}{2}\frac{a(\lambda-1)}{\lambda-\alpha(\lambda-1)}E\left(w_I^d+\frac{1}{\alpha}c\right)^2$$

$$+\frac{\lambda}{\lambda-\alpha(\lambda-1)}E(s_{df}+p) \tag{5-8}$$

可以看到,式(5-8)中所有变量均与计价货币 k 无关。这样把与 k 无关的量整理出来,是因为我们接下来将把式(5-7)对 θ 进一步求导,而 θ 是计价货币 k 中外国货币的比例。

因为 1 单位货币 k 是由 θ 单位外国货币 f 和 $1-\theta$ 单位本国货币 d 构成,因此有:

$$s_{dk}=\theta s_{df} \tag{5-9}$$

因为要素 E 的计价中,外国货币的比例为 η,则同样有:

$$w_I^d=\eta s_{df} \tag{5-10}$$

由(5-9)式和(5-10)式,可以得到:

$$\frac{\partial s_{dk}}{\partial \theta}=\frac{\partial q_k}{\partial \theta}=s_{df} \tag{5-11}$$

用式(5-7)对 θ 求导,得到下式:

$$\frac{\partial \pi}{\partial \theta} = \frac{-\lambda(\lambda-1)}{\lambda-\alpha(\lambda-1)} E\left[s_{dk} + \lambda \frac{1-\alpha}{\alpha} q_k - w_I^d - \frac{1-\alpha}{\alpha} c\right] s_{df} = 0 \qquad (5-12)$$

式(5-12)则是计价货币选择的决定公式,将式(5-10)、式(5-11)代入式(5-12)中,可以得到:

$$E\left[\left(1+\lambda\frac{1-\alpha}{\alpha}\right)\theta s_{df} - \lambda\frac{1-\alpha}{\alpha} s_{df} - \eta s_{df} - \lambda\frac{1-\alpha}{\alpha} p - \frac{1-\alpha}{\alpha} c\right] s_{df} = 0 \qquad (5-13)$$

进一步分离,得到:

$$\left[\left(1+\lambda\frac{1-\alpha}{\alpha}\right)\theta - \lambda\frac{1-\alpha}{\alpha} - \eta\right] Es_{df}^2 = \frac{1-\alpha}{\alpha} E(\lambda p + c) s_{df} \qquad (5-14)$$

在浮动汇率制度下,本国货币和外国货币之间的汇率肯定存在一定的波动,因此可以认为 $Es_{df}^2 \neq 0$,将其代入式(5-14)中,可以得到:

$$\left[\left(1+\lambda\frac{1-\alpha}{\alpha}\right)\theta - \lambda\frac{1-\alpha}{\alpha} - \eta\right] = \frac{\frac{1-\alpha}{\alpha} E(\lambda p + c) s_{df}}{Es_{df}^2} \qquad (5-15)$$

对式(5-15)关于 θ 求解,得到:

$$\theta = \frac{\eta + \lambda\frac{1-\alpha}{\alpha} + \dfrac{\frac{1-\alpha}{\alpha} E(\lambda p + c) s_{df}}{Es_{df}^2}}{1 + \lambda\frac{1-\alpha}{\alpha}} \qquad (5-16)$$

上式即为计价货币外国货币比例 θ 的决定式,其中,$0<\eta<1, 0<\alpha<1, \lambda>1$。

式(5-16)初看起来还有点复杂,不易理解。为了大致研究 η、λ 和 α 对 θ 的影响方向,我们可以先做一点简化处理。进一步假设:

$$Eps_{df} = Ecs_{df} = 0 \qquad (5-17)$$

也就是说,汇率波动和整体市场的平均价格和需求没有相互关系,这种假设是有一定的合理性的,这时因为在短期内,我们可以认为价格存在一定的刚性,厂商并不会频繁地调整其价格,因此可以认为短期内市场整体价格和需求与汇率的相关性很小,乃至接近于0。将 $Eps_{df} = Ecs_{df} = 0$ 代入式(5-16)中,简化后得到下式:

$$\theta = \frac{\eta + \lambda\frac{1-\alpha}{\alpha}}{1 + \lambda\frac{1-\alpha}{\alpha}} \qquad (5-18)$$

式(5-18)的形式则相当简单,且易于理解。首先我们可以知道,θ 由 η、λ 和 α 决定,即出口厂商计价货币中外币的比例由要素购买中的外币支付比例、产品之间的替代弹性、生产的规模报酬因素共同决定。

三、模型的含义

下面我们用求偏导数的方法对各种因素的影响方向进行分析。分别用 θ 对 η、λ 和 α 求偏导数,可以得到以下三个式子:

$$\frac{\partial \theta}{\partial \eta} = \frac{1}{1+\lambda \frac{1-\alpha}{\alpha}} > 0 \quad (5-19)$$

$$\frac{\partial \theta}{\partial \lambda} = (1-\eta) \frac{\frac{1-\alpha}{\alpha}}{\left(1+\lambda \frac{1-\alpha}{\alpha}\right)^2} > 0 \quad (5-20)$$

$$\frac{\partial \theta}{\partial \alpha} = -\frac{\lambda(1-\eta)}{\left(1+\lambda \frac{1-\alpha}{\alpha}\right)^2 \alpha^2} < 0 \quad (5-21)$$

式(5-19)、式(5-20)、式(5-21)的含义非常明显,θ 与 η 正相关,与 λ 正相关,与 α 负相关。其实际含义即为:进口要素中外国货币计价的比例越高,那么出口厂商计价货币中外国货币的比例越高;企业产品替代弹性越高,那么出口厂商计价货币中外国货币的比例越高;企业的规模报酬越小,那么出口厂商计价货币中外国货币的比例越高。这三个结论在经济学上都符合逻辑。

上述分析是在价格刚性的假设下进行的,从长期来看,我们还需要分析 θ 与 s_{df}^2 之间的关系。我们重新回到式(5-16),可以看到,θ 与 s_{df}^2 之间的关系由 $E(\lambda p+c)s_{df}$ 的正负号决定,当 $E(\lambda p+c)s_{df}<0$ 时,θ 与 s_{df}^2 正相关;当 $E(\lambda p+c)s_{df}>0$ 时,θ 与 s_{df}^2 负相关。为了得到一个比较明确的结果,我们考察一个总体需求函数:

$$C = C_0 \cdot P^{-\mu} \quad (5-22)$$

其中,P 表示整体价格,C 表示整体需求,$\mu>1$ 表示整体的需求价格弹性,μ 越大,需求价格弹性越大。进行一系列的代数运算,我们可以得到:

$$E(\lambda p+c)s_{df} = (\lambda-\mu) Eps_{df} \quad (5-23)$$

首先,$Eps_{df}<0$,这是因为外币升值(即 $s_{df}>0$),以外币表示的市场平均价格下降,因此汇率和价格呈反方向变动。当 $\lambda-\mu>0$ 时,也就是出口厂商的产品相比市场总体而言竞争力较差时,$E(\lambda p+c)s_{df}<0$,这时 θ 与 s_{df}^2 正相关,即汇率波动越大,出口厂商更愿意选择以外国货币定价;反之,当出口厂商的产品相比市场总体更有竞争力时,$\lambda-\mu<0$,$E(\lambda p+c)s_{df}>0$,这时,θ 与 s_{df}^2 负相关,即汇率波动越大,出口厂商越倾向于以本国货币定价。

第四节 实证分析

考虑到数据的可得性,在上述理论模型的基础上,接下来我们将对 2000～2011 年欧元区国家和日本的跨境贸易计价货币选择的影响因素进行实证分析。

一、实证模型

根据公式(5-18)的结果,本文建立以下基础实证模型:

$$\text{ESE}_{it}=\beta_0+\beta_1\text{ESI}_{it}+\beta_2\text{VOE}_{it}+\beta_3\text{TSI}_{it}+\varepsilon_{it} \tag{5-24}$$

其中,ESE 表示出口贸易中用欧元或日元计价的比例,ESI 表示进口贸易中用欧元或日元计价的比例;VOE 表示欧元或日元兑美元汇率的波动性,是根据欧元或日元兑美元的日汇率数据计算的年标准差;TSI 表示欧洲各国或日本的贸易特化指数,以反映各国出口企业的综合竞争力情况,由进出口贸易顺差(或逆差)除以进出口贸易总额得到;β_i 为相应的系数;ε 为误差项。

二、数据来源

(一)欧元区时间序列数据

根据数据的可得性[①],欧元区国家选取 8 个国家:比利时、法国、德国、希腊、意大利、卢森堡、葡萄牙、西班牙。实证数据选择 2000～2011 年的年度数据,各国进出口贸易欧元计价比例的数据来源于欧洲中央银行(ECB)的 *THE INTERNATIONAL ROLE OF THE EURO*(2010～2012)有关各期,并进行对数处理;欧元

[①] 本文选取的欧元区跨境贸易计价货币比例数据来源于 ECB(2010、2011、2012)。第一批欧元区成员国中,我们选取了法国、德国、西班牙、意大利、卢森堡、比利时、葡萄牙和希腊数据较完整的 8 个国家。而荷兰的数据从 2010 年开始才有统计,奥地利的数据从 2008 年开始才有统计,爱尔兰的数据从 2006 年开始才有统计,芬兰的数据一直未被统计,所以本文未采用这 4 个国家的数据。我们所选取的这 8 个国家是欧元区里经济规模、对外贸易规模比较大的核心国,我们认为这些国家能够代表欧元区国家跨境贸易计价货币选择的主要特点。

兑美元的汇率数据来自美联储官方网站;贸易特化指数根据年度进出口总额计算得到,原始数据来源于 IMF 的 DOT。其中德国 2000 年、2001 年,希腊 2000 年,意大利 2000 年、2011 年,卢森堡 2000 年的进出口数据缺失,通过计算该国已有数据年份的平均年增长率,再以基年乘以或除以该平均年增长率得到替代值。

(二)日本时间序列数据

根据数据的可得性,日本实证数据选择 1980~2012 年的年度数据。日本进出口贸易日元计价比例的数据来源于日本大藏省《国际金融局年报》(1980~1988 年)、日本通产省《进出口决算货币动向调查》(1989~1998 年)和日本财务省《贸易计价货币比例》(2000 年以后)。其中,1992 年至 1994 年的数据为对应年份 9 月份的数据,1995 年至 1997 年为对应年份 3 月份和 9 月份数据的平均值,1998 年的数据为该年 3 月份的数据,2000 年以后数据为当年下半年的数据,1999 年的数据缺失,取 1998 年和 2000 年数据的平均值。日元兑美元的汇率数据来自美联储官方网站;贸易特化指数根据年度进出口总额计算得到,原始数据来源于 IMF 的 DOT。

三、实证结果

(一)欧元区面板数据实证分析

1. 静态模型估计结果

混合回归模型假定所有个体即国家情况完全相同,没有个体效应。是否有个体效应,需通过 LSDV 法进行考察,结果显示大多数个体虚拟变量均很显著,因此拒绝"个体虚拟变量都为 0"的原假设,即认为存在个体效应,混合回归在此欠妥。而个体效应究竟是固定效应还是随机效应,在此进行豪斯曼检验。检验结果显示 P 值为 0.3373,显著不为 0,不能拒绝原假设,因此采用随机效应模型。

静态面板的实证结果显示:欧元区 8 国的出口贸易中欧元计价比例与进口贸易中欧元计价比例的正相关关系较为显著;欧元区国家出口贸易中欧元计价比例也受到欧元兑美元波动性的影响,欧元兑美元汇率波动越大,欧元区国家的企业越倾向于选择用本币即欧元计价;欧元区国家的企业出口竞争力越强,也越倾向于选择用本币即欧元计价,但其影响较小;欧洲 8 国的出口贸易中欧元计价比例虽同受这些因素的影响,但也有各自的特点。

表 5-2　　　　　　　　　欧元区面板数据静态模型估计结果

	(1)	(2)
β_0	1.73 (3.09)**	1.68 (2.57)***
β_1	0.55 (3.76)***	0.58 (3.43)***
β_2	0.10 (1.87)*	0.11 (2.25)**
β_3	−0.00 (−0.61)	0.00 (3.61)***

注:1. 模型(1)为固定效应模型 $LNESE_{it} = \beta_0 + \beta_1 LNESI_{it} + \beta_2 VOE_{it} + \beta_3 TSI_{it} + \mu_i + \varepsilon_{it}$;模型(2)为随机效应模型 $LNESE_{it} = \beta_0 + \beta_1 LNESI_{it} + \beta_2 VOE_{it} + \beta_3 TSI_{it} + \mu_i + \varepsilon_{it}$。

2. 括号内为 z 值,***、**、* 分别表示在 1%、5%、10%的统计水平显著。

2. 动态模型估计结果

由于出口贸易计价比例存在惯性,当期的出口贸易计价比例受到上一期的影响,解释变量中包含滞后一期的被解释变量,适用动态面板数据的估计方法。[①]

目前处理动态面板数据的方法主要有差分广义矩估计和系统矩估计。由于系统 GMM 可以调高估计的效率,因此此处采用 Blundell and Bond(1998)的系统 GMM 方法进行估计。

根据 Sargan 检验,无法拒绝"所有工具变量均有效"的原假设,因此系统 GMM 中工具变量设定有效;根据扰动项自相关检验结果,扰动项一阶自相关,二阶无自相关,符合应用系统 GMM 的前提假设。

根据系统 GMM 方法得到的动态面板实证结果表明,欧元区出口贸易欧元计价比例有很强的惯性,当期出口贸易欧元计价比例受上一期的影响在统计上显著;欧元区 8 国的出口贸易中欧元计价比例与进口贸易中欧元计价比例依然呈现正相关关系,如果欧元在进口贸易中计价权越大,其在出口贸易中计价的比例也越大。但欧元兑美元汇率波动性的大小和欧元区国家企业出口竞争力的强弱对欧元区国家跨境贸易计价货币选择的影响不明显。对比静态的随机效应模型,个体效应(即常数项)减小,主要被滞后一期的出口贸易欧元计价比例解释,即每个个体由于上一期的差异也会给当期造成较大影响,构成很大一部分的个体效应。

[①] 我们对面板数据的单位根和协整关系进行了检验,限于篇幅未能报告。需要的读者可来函索取。

表 5-3　　　　　　　　欧元区面板数据动态模型估计结果

	动态模型	随机效应模型
β_0	−1.03 (−0.86)	1.68 (2.57)***
β_1	0.66 (2.37)**	0.58 (3.43)***
β_2	−0.01 (−0.03)	0.11 (2.25)**
β_3	−0.00 (−0.07)	0.00 (3.61)***
β_4	0.62 (3.67)***	

Sargan 检验 p 值为 1.00,AR(1)检验 p 值为 0.0788,AR(2)检验 p 值为 0.2366。

注:1. 动态模型为 $LNESE_{it}=\beta_0+\beta_1 LNESI_{it}+\beta_2 VOE_{it}+\beta_3 TSI_{it}+\beta_4 LNESE_{i,t-1}+\mu_i+\varepsilon_{it}$。
2. 括号内为 t 值,***、** 分别表示在 1%、5% 的统计水平显著。

(二)日本数据协整分析

1. 单位根检验

本实证所采用的各变量数据为时间序列,首先对各序列进行平稳性检验,检验结果表明,ESE、ESI、VOE、TSI 序列均为一阶单整。

表 5-4　　日元出口计价比例、日元进口计价比例、日元汇率和出口竞争力的单位根检验

变量	ADF 检验值	临界值 (1%)	检验类型 (c,t,l)	结　论
ESE	−4.1008	−4.2846	(c,t,1)	不平稳
ΔESE	−4.1551	−2.6417	(0,0,1)	平稳
ESI	−0.6138	−4.2738	(c,t,1)	不平稳
ΔESI	−5.6005	−4.2846	(c,t,1)	平稳
VOE	−3.5559	−3.5637	(c,0,1)	不平稳
ΔVOE	−7.0537	−4.2967	(c,t,1)	平稳
TSI	−2.7775	−4.2738	(c,t,1)	不平稳
ΔTSI	−4.9568	−4.2846	(c,t,1)	平稳

2. 协整检验

一般进行协整检验的方法是 Engle 和 Granger 提出的 EG 两步法。然而,当对两个以上变量做协整检验时,这种方法存在一个较大的缺陷:把不同的变量作为被解释变量时,可能检验得出不同的协整向量。而 Johansen 检验法不仅克服了 EG 两步法的缺陷,而且做多变量检验时,还可以精确地检验协整向量的数目(Johansen and Juselius,1990)。日元出口计价比例、日元进口计价比例、日元汇率波动性和出口竞争力的 Johansen 协整检验结果如表 5-5 所示。

表 5-5 日元出口计价比例、日元进口计价比例、日元汇率波动性和出口竞争力的协整检验

Hypothesized No. of CE(s)	Eigenvalue	Trace Statistic	0.05 Critical Value	Prob.**
None*	0.6038	49.432	40.174	0.0046
At most 1	0.3877	20.724	24.275	0.1315
At most 2	0.1510	5.5157	12.320	0.4974
At most 3	0.0141	0.4411	4.1299	0.5700

注:根据 AIC、FPE、HQ 准则,最优滞后期为 1。

从检验结果我们看到,在 5% 的显著水平下,日元出口计价比例、日元进口计价比例、日元汇率波动性和出口竞争力之间存在协整关系,即存在长期的均衡关系。关于日元出口计价比例的正规化长期方程如下:

$$ESE = 1.05ESI + 3.24VOE - 0.04TSI \qquad (5-25)$$
$$(8.76)^{***} \quad (9.92)^{***} \quad (0.16)$$

注:括号内为 t 值;***、** 分别表示在 1%、5% 的统计水平显著。

上式说明在 1980 年至 2012 年期间:(1)日本进口贸易中日元计价比例提高 1 个百分点,日本出口贸易中日元计价比例提高 1.05 个百分点,这说明进口贸易中日元计价比例的提高,有助于提高出口贸易中日元计价的比例;(2)美元兑日元汇率波动性每增加 1 个单位,日本出口贸易中日元计价比例提高 3.24 个百分点,根据理论模型中对 θ 与 s_{df}^2 关系的分析,可以推断出在此期间,日本的出口产品需求价格弹性低于市场整体需求价格弹性,这一点也是符合现实情况的;(3)日本 TSI 指数的下降,并没有如理论模型预期的那样导致日本出口贸易中日元计价比例的下降,一个很可能的原因就是计价货币选择中存在的惯性。1971 年,日本出口贸易中日元计价比例仅为 2%,之后十年随着日本经济的腾飞,这一比例也在不断地

提高，在 1983 年达到 40.5%，同时段，TSI 指数也呈上升趋势。随着日本经济衰退，从 1986 年至今，TSI 指标显现出明显的下降趋势，而日本出口贸易中日元计价比例可能因为惯性的原因一直维持在 40% 左右。本书的样本采集时间为 1980 年至 2012 年，因此才出现 TSI 的系数表现为负值，与理论模型的预期有出入。

第五节　谋求大宗商品人民币计价权的策略和风险[①]

BP 世界能源统计 2011 年数据显示，中国消耗着全球 40% 的金属、20% 的能源以及 21% 的农产品。但由于我国在世界商品定价体系中处于弱势地位，只是国际价格的被动接受者，导致我国大宗商品特别是能源、原材料等在国际市场上经常是高价买入，买后价格随之下跌，给国家造成巨大的经济损失。因此，争取国际定价权，维护国家的经济利益已成当务之急。

中国金融战略的核心内容包括人民币汇率改革、资本账户开放和人民币国际化。跨境贸易人民币结算是人民币国际化的重要组成部分。在跨境贸易人民币结算初期，相关制度的形成、政策的支持发挥着重要的作用，但跨境贸易人民币结算的业务量依然较小。由政策推动转为市场主体自发选择人民币计价结算才是长久之计。大宗商品人民币计价权的确立有利于跨境贸易人民币结算。

《国务院关于推进上海加快发展现代服务业和先进制造业建设国际金融中心和国际航运中心的意见》（国发［2009］19 号）提出："到 2020 年，基本建成与我国经济实力以及人民币国际地位相适应的国际金融中心"。中国（上海）自由贸易试验区的设立为实现上述目标提供了契机。自贸区大宗商品人民币计价权的形成将有利于推进人民币国际化的进程，进一步拓展上海国际金融中心的市场深度。

本节拟从美元、欧元和日元的视角，回顾大宗商品计价权影响货币国际化的历史经验；然后，以原油期货为例，阐析我国谋求大宗商品人民币计价权的策略；最后分析我国谋求大宗商品人民币计价权面临的挑战。

一、大宗商品计价权影响货币国际化的历史经验

英镑和美元均通过强大的政治力量和特殊的经济背景实现了国际化的目标。

[①] 本节主要参考罗忠洲（2013）。

尽管美国的经济实力不断下降,美元呈现长期贬值的趋势,但美元在国际贸易计价结算中依然发挥着重要作用,而英镑的地位一落千丈,甚至不及日元。理论上,美元的惯性可以用交易成本低、汇率波动幅度小、其他国家钉住美元的汇率制度来解释,但也与其具有国际重要能源、原材料等大宗商品的计价权密切相关。

(一)商品计价权在国际货币中的地位

国际货币是一国货币在国际交易中执行价值尺度、交易媒介和储藏手段三个职能。货币的价值尺度职能主要包括两个方面:第一是作为记账单位使用,第二是作为计价货币使用。

从英镑、美元、欧元和日元等国际货币的发展历程来看,一国货币广泛应用于国际贸易的计价结算,会使该国货币逐步运用于国际金融领域,进而成为各国的官方储备货币。在国际贸易中充当主要计价货币(invoicing currency)是该货币拥有强大国际地位的一个重要特征,也是衡量一国货币国际化程度的重要标志。从这个角度来看,国际货币的交易媒介职能比价值贮藏、记账单位的职能要更为重要(Bourguinat,1985)。

在当前的国际石油、铁矿石、贵金属、农产品等大宗商品交易中,美元几乎垄断了计价货币的地位,超过一半的全球出口是以美元来计值的。由此,作为事实上的世界储备货币,美元占到全球官方外汇储备的2/3,超过4/5的外汇交易均用美元计价,所有的国际货币基金组织贷款也是以美元来计值的。从这个角度来看,美元作为交易媒介的垄断地位极为重要,美国的核心利益就是以美元作为国际石油交易的计价货币,以巩固美元的霸权地位(管清友、张明,2006)。

(二)石油美元机制是美元国际货币地位的根本

20世纪50年代早期,美国的石油生产量占到全球的一半左右。但在20世纪70年代以前,国际石油交易的计价货币是多元的。在第二次世界大战期间,英国曾利用英镑的国际货币职能排挤美国石油公司在国际市场上与英国石油公司竞争,英镑区的国家也曾经联合起来提高英镑结算比例、控制美元结算比例。

在布雷顿森林体系下,"美元与黄金挂钩、其他各国货币与美元挂钩"的双挂钩政策强化了美元的国际货币地位,石油美元计价机制初步形成。

在1971年尼克松宣布美元与黄金脱钩后,美元币值不稳,欧佩克国家拟摆脱石油美元计价机制。但美国在20世纪70年代和沙特阿拉伯签订了一项秘密协议,该协议规定沙特中央银行可以购买在竞拍机制之外的美国政府债券,美国政府保证这些资金的安全,但沙特必须确保以美元作为石油的计价货币。而由于沙特是世界第一大石油出口国,因此欧佩克其他成员国也接受了这一协议。正是这一系列协议奠定了美元在国际石油交易计价货币中的垄断地位。石油美元机制成为世界的共识。

当前,无论现货还是期货及其衍生品市场,全球石油、黄金、有色金属、农产品等大宗商品交易大部分均以美元定价,而美国正是通过美元垄断石油等大宗商品的交易媒介地位来维系和巩固美元的霸权地位。

(三)欧元和日元的实证分析

欧元和日元是仅次于美元的国际货币。虽然在大宗商品计价权方面不具有优势,但是欧元区国家和日本在制成品方面具有定价优势,由此维系着欧元和日元的国际货币地位。

利用2000~2012年欧元区15国的面板数据和1980~2012年日本的数据进行实证分析的结果证明:进口贸易中本币计价比例的提高,有助于提高出口贸易中本币计价的比例。如果本币在贸易商品中的计价权越大,其在出口贸易中本币计价的比例也大。[①]

二、谋求大宗商品人民币计价权的策略分析

现阶段,谋求大宗商品人民币计价权不能一蹴而就,应选择具有代表性的重要商品如原油作为试点,积累经验后再推广到成品油、天然气、铁矿石、铜、铝、大豆等产品。

(一)推出原油期货,谋求亚太地区原油定价权

石油是世界上最重要的大宗商品之一。原油期货是石油期货最重要的品种,美国纽约商品交易所(NYMEX)的西得克萨斯轻质原油(WTI)期货、英国伦敦洲际交易所(ICE)的布伦特(Brent)原油期货目前在国际上最具影响力。其中WTI原油期货是美国以及西半球其他市场常用的原油价格标杆,而Brent原油期货则是西欧、地中海和西非地区原油价格的标杆。虽然WTI原油期价的重要性日益凸显,但全球仍有70%左右的交易量以Brent原油为基准作价。但近年来,Brent油价因北海石油储备的逐渐枯竭而被人为抬高。相反,WTI价格因美国石油的过剩

---

① 实证分析方法和详细结论见第四节。

而被人为降低。欧美原油价差的拉大渐成破坏亚洲能源市场行情的主要不确定因素之一。

亚太地区只有新加坡燃料油期货市场比较有影响力,但交易的品种却远没有欧美发达国家的石油期货市场丰富。亚太地区也缺少自己原油期货定价的基准油,目前原油期货定价是以印度尼西亚某种原油的印度尼西亚原油价格指数或亚洲石油价格指数为基础,加上或减去调整价;或以马来西亚塔皮斯原油的亚洲石油价格指数为基础,加上或减去调整价。我国应及时推出原油期货,以谋取亚太地区原油定价权。

目前我国只有燃料油期货一种,这使得我国在石油期货市场中的影响力远远没有达到该有的水平。我国应借鉴燃料油期货市场成功建立的经验,尽早推出原油期货等其他品种的石油期货,以适应市场的需求。对于建立原油期货市场,我国已具备很多有利条件:首先,中国是世界上第二大石油消费国、重要的石油生产国,在世界石油市场中具有重要的地位;其次,具有上海燃料油期货市场的实践经验和国家政策的有力支持;最后,我国加入WTO后,履行WTO承诺,改善石油市场供给结构。

(二)扩大期货投资主体,完善原油人民币价格形成机制

参与期货市场的投资者足够广泛,交易的价格就更具代表性,市场的话语权才会逐渐建立。国内市场一些商品的价格已具有相当的影响力,但是国际投资者还不能够直接参与我国期货市场的交易。因此,期货交易形成的价格主要是国内市场交易的价格,其全球代表性、辐射度和影响力受到了很大约束,难以形成跨区域的产品定价权。

《中国(上海)自由贸易试验区总体方案》(国发[2013]38号)中,"允许金融市场在试验区内建立面向国际的交易平台,逐步允许境外企业参与商品期货交易,鼓励金融市场产品创新"。因此,在中国(上海)自由贸易试验区推出原油期货,应允许境外企业参与原油期货交易,以完善价格形成机制。如此,不仅会提高市场流动性和与国际市场的联动性,也将进一步发挥市场功能,提升"中国价格"在全球商品定价体系中的地位。

除了欧美发达国家的投资者,期货投资主体应积极拓展到与中国具有传统友谊的产油国家如俄罗斯、委内瑞拉、哈萨克斯坦等。2012年9月7日,俄罗斯宣布将不限量供应给我国想要的原油。并且,中俄之间的这些石油交易将不会使用美

元进行结算。如果主要的俄罗斯石油供应商能够参与我国以人民币计价的原油期货交易，这将为中俄石油交易提供重要的定价基础。我国未来以人民币计价的原油期货还应吸引马来西亚、印度尼西亚、文莱等人民币广受欢迎的东南亚产油国家，以及伊朗等我国原油主要进口国的投资者。

过去几年，中国的石油公司纷纷走出去，在中东、中亚、非洲、南美洲等地开采石油，这些油企也可纳入我国原油期货的投资主体。

(三) 实行完全保税交割，逐步建立全球交割仓库网络

中国要在全球期货、现货产品市场有话语权和定价权，建立遍布全球的交割网络是必须具备的前提条件。衡量交割制度是否完善的一个重要标准是有能力和意愿进行实物交割的套期保值者能够最大限度地按照自己的意愿进行交割。交割仓库的分布要与市场参与者结构相适应，应随着市场的发展而处于不断地调整之中。完善的交割制度应该包含合理的交割仓库网络、便捷的仓储物流设施、具代表性的质量标准和公正的交割规则等。这不仅使得物流更加便利，交割效率得到提高，而且有效的交割仓库网络同时也是保持和拓展市场地位的重要手段之一。

随着我国期货市场和外汇管理制度的进一步开放，境外投资者的比例必然越来越高，国内交易所的交割模式也应该与国际惯例接轨，实行完全保税交割。在目前人民币未国际化的背景下，探索保税交割业务，将保税物流纳入交割体系，将我国期货市场配置资源的范围从海关境内扩展到保税监管区内，可以为进一步国际化做好铺垫。加上逐步建立的覆盖境内外的交割仓库网络，国内期货市场的价格才会更多地反映交易品种的全球供求状况，确立其国际地位。

(四) 加大改革力度，为谋求大宗商品人民币定价权提供制度保障

商品期货成功的前提是大宗商品生产流通的充分市场化，现货市场广泛的市场参与者和众多不确定的价格影响因素是推动商品期货市场发展的现实基础。对作为大宗商品最重要组成部分的石油而言，其在我国的生产流通仍处于高度垄断阶段，仅4家企业拥有原油进口权，而国内原油的开采、炼制则由中石油、中石化和中海油三家企业所分割垄断，同时成品油定价机制未市场化，成品油价格难以充分反映国内石油供求关系和供求格局，拥有石化行业大部分资产的两大集团在现行机制下可转移价格风险，缺乏利用期货市场套期保值的动力，致使石油期货市场在我国仍缺乏现实基础。因此，需要进一步推动大宗商品特别是石油流通的市场化，逐步放松市场准入，打破行政垄断，积极培养市场主体以引入竞争。

扩大期货投资主体,需要人民币资本项目的完全可兑换。《中国(上海)自由贸易试验区总体方案》(国发[2013]38号)提出,"在风险可控前提下,可在试验区内对人民币资本项目可兑换、金融市场利率市场化、人民币跨境使用等方面创造条件进行先行先试。在试验区内实现金融机构资产方价格实行市场化定价"。这为境外投资者参与人民币产品定价权提供了可能。

(五)重视期货国际化专业人才的培养,做好人才配备的国际化准备

谋求大宗商品人民币计价权,要着力培养具备国际化、专业化素质的行业领军人才和高级管理人才。一方面,要加大海外中高端紧缺急需人才引进的力度;另一方面,要提升国内期货从业人员的国际化交流和通晓国际惯例的能力。通过与境外行业协会、交易所和期货公司合作建立境外期货人才培训基地,定期组织公司高管、首席风险官到境外培训;同时,进一步做好期货公司高管人员资质测试与培训工作,努力打造一套符合高管人员需求和具有行业特色的培训模式。从长远来看,要进一步加强行业后备人才的培养,打造期货、教育、研究"产、学、研"联盟。分级分类管理,建立规范有效的人才认证与评价体系,促进专业化人才的培养。

三、谋求大宗商品人民币计价权面临的挑战

(一)期货市场对外开放的风险

期货市场对外开放的风险,主要是开放所带来的国际资本流动、市场波动、行业竞争压力等风险,以及境内交易者损失、市场监管者责任、期货交易所权益风险等。引入境外投资者投资大宗商品期货可形成国际定价权,但对与之相伴的风险也要有清醒的认识,需要在合约设计、外汇管理、风险控制、结算、交割等一系列环节上有相应的配套措施。如果没有切实可行和符合国际惯例的配套措施,开放只能是停留于口头和表面形式,难以吸引更多的境外投资者。

(二)打破石油美元机制的政治风险

打破石油美元机制会面临政治风险。公开挑战石油美元计价机制的国家有三个。第一个国家是伊拉克。在萨达姆执政期间,伊拉克在2000年11月改为石油销售用欧元计价。一些观察家认为,美国发动伊拉克战争在很大程度上起因于伊拉克将石油出口的结算货币由美元改为欧元。美国打仗的深层次目的是为了打击欧元,维护美元的霸权地位。第二个国家是伊朗。2006年3月,伊朗建立了以欧元作为交易和定价货币的石油交易所,但饱受美欧的制裁。第三个国家是委内瑞

拉。在查韦斯的领导下,委内瑞拉用石油与12个拉美国家(包括古巴)建立了易货贸易机制。中国要建立石油人民币机制势必也将受到美国的百般阻挠。

(三)周边交易所的竞争风险

2012年12月香港交易及结算所有限公司(港交所)正式取得伦敦金属交易所(LME)的控股权。LME在全球基础金属期货及期权合约交易方面首屈一指,约占全球市场的80%。LME在全球核准的多达700间的货仓,分布在全球14个国家37个位置。港交所希望利用LME这个全球平台和体系,拓展其他几项大宗商品交易,包括铁矿石、铁矿石运输指数、焦煤、橡胶等,并最终引入人民币定价的金属交易合约。因此,中国(上海)自贸区应利用改革的政策红利,尽快形成大宗商品的人民币计价权。

第六节 本章小结

通过将进口贸易本国货币计价比例引入Goldberg and Tille(2008)模型,建立了出口企业计价货币选择理论模型。在此基础上,以2000~2011年的欧元区8国和1980~2012年的日本为例,实证分析了影响出口贸易本币计价结算比例的因素。通过上述理论和实证分析,我们得到以下结论:

(1)修正的Goldberg and Tille(2008)模型显示,进口贸易中外国货币计价的比例越高,那么出口厂商计价货币中外国货币的比例越高;当出口厂商的产品相比市场总体更有竞争力时,汇率波动越大,出口厂商越倾向于以本国货币定价;企业产品替代弹性越高,那么出口厂商计价货币中外国货币的比例越高;企业的规模报酬越小,那么出口厂商计价货币中外国货币的比例越高。

(2)根据系统GMM方法得到的动态面板实证结果表明,欧元区出口贸易欧元计价比例有很强的惯性,当期出口贸易欧元计价比例受上一期的影响在统计上显著。

(3)欧元区8国的面板数据实证分析和日本数据协整分析的结果都证明:进口贸易中本币计价比例的提高,有助于提高出口贸易中本币计价的比例。如果本币在进口商品中的计价权越大,其在出口贸易中本币计价的比例也越大。

(4)欧元或日元兑美元汇率的波动性越大,出口厂商越倾向于选择用本币作为计价货币。说明在样本区间,欧元区国家和日本的出口产品需求价格弹性低于市场整体需求价格弹性。但欧元区8国动态面板数据分析的结果在统计上不显著。

（5）虽然静态面板的实证结果显示欧元区国家的企业出口竞争力越强，也越倾向于选择用本币即欧元计价，但其影响较小，且欧元区国家动态面板数据分析的相关结果和日本数据实证的相关结果在统计上不显著。

当前，我国正大力推动跨境贸易人民币结算，本研究的理论模型和实证模型得出的结论具有丰富而有益的政策含义：

1. 掌握商品计价权有利于推进跨境贸易人民币结算

在出口企业计价货币选择理论模型和实证分析中，我们发现，企业进口贸易中计价货币的构成对出口计价货币的选择有重要影响，如果进口和出口能够使用相同的货币，就可以减少汇率风险，使交易更加便利。目前，我国GDP已跃居全球第二，出口总额世界第一，进口总额世界第二。通过企业提高产品竞争力、讨价还价能力等手段取得一般商品定价权，有利于推进人民币国际化。从远景来看，充分利用我国的经济实力和影响力，推动人民币在原油、铁矿石、铜等国际大宗商品中的计价权，对于推进人民币的国际化具有非常重要的战略意义。

2. 美元、欧元汇率波动幅度加大有利于推进跨境贸易人民币结算

在本研究的出口企业计价货币选择理论模型中，我们看到，当出口厂商的产品相比市场总体更有竞争力时，汇率波动越大，出口厂商越倾向于以本国货币计价。在实证分析中，我们也发现，当美元兑欧元或日元汇率波动越大，欧元区国家或日本出口厂商更倾向于以欧元或日元计价。在国际金融危机和欧洲债务危机爆发后，美元和欧元这两大世界货币的汇率波动幅度加大，中国出口企业迫切希望能以人民币计价，以规避使用美元和欧元所带来的汇率风险。因此，我国应充分利用这一有利的国际金融环境，积极推进跨境贸易人民币结算。

3. 积极推进跨境贸易人民币结算惯性的形成

在实证分析中，我们发现了欧元区国家出口计价货币选择具有较强的惯性。同样，考虑美元的情形，虽然美元在近年来持续贬值，但其依然是世界上最重要的国际货币。此外，前人的许多研究也表明，国际货币使用中存在较强的惯性(Eiji Ogawa and Yuri Nagataki Sasaki, 1998)。我国应持续推动跨境贸易人民币结算，当人民币结算比例达到一定的阈值时，就会形成较强的惯性。

第六章

基于 MIU 模型的国际货币惯性研究[①]

以往的学者对于国际货币的惯性研究主要分为以下两个方面:一方面是从理论上证明国际货币惯性的存在并阐释其形成的原因;另一方面是从实证的角度验证国际货币惯性的存在。在理论上,前人主要对货币效用模型的扩展和搜索模型进行扩展;在实证上,从国际货币扮演国际储备货币的角色出发,学者们主要分析美元、欧元和英镑等作为主要储备货币的惯性现象。

Eiji Ogawa 和 Yuri Nagataki Sasaki(1998)在 MIU 模型的基础上进行扩展,研究浮动汇率制下国际货币中关键货币的惯性存在问题。Eiji Ogawa 和 Yuri Nagataki Sasaki 认为,国际货币尤其像美元这样的关键货币的惯性确实存在,即使该国货币存在一定程度的贬值,因其在国际货币中拥有较高的份额,对其国际货币的地位影响不大。本文的理论模型就是建立在这个扩展的 MIU 模型之上的,在原始模型的基础上引入利率及汇率的影响因素,进一步探讨国际货币中的惯性问题。

我国学者王慧、刘宏业(2011)利用货币效用的概念建立货币竞争模型分析国际货币的惯性,通过理论模型的分析,作者希望能解释世界上的各种国际货币中为何会产生一个关键的国际货币,以及为何一种货币取代已有的国际货币的过程都要经历相当长的一段时间。通过对上述问题的分析,王慧、刘宏业(2011)总结国际货币惯性产生的原因主要来自网络外部性和转换成本,因此人民币在国际化的过程中应该重视这两个因素带来的惯性影响。

Matsuyama,Kiyotaki and Matsui(1993)根据 Kiyotaki 和 Wright(1989)搜寻

[①] 本章主要参考罗忠洲和张晓萌(2016)。

模型的框架,运用一个两国两种货币的随机匹配模型来研究国际货币。Matsuyama首先运用搜寻模型解决了国际货币的内生性问题,同时发现一旦一种货币成为国际货币,这种国际货币本身所具有的更高的匹配可能性将进一步稳固其作为国际货币的地位。

在搜寻模型之后,还有一系列学者专家通过实证分析研究国际货币的惯性问题,主要从国际货币的贮藏价值的职能角度出发进行实证研究。Marc Flandreau, Clemens Jobst(2009)采用19世纪晚期英镑作为关键国际货币时期的数据,证实了搜寻模型的结论。Eilas Papaioannou and Richard Portes(2006)在文中利用动态均值—方差的方法,模拟欧洲及四大新兴国家央行进行官方外汇储备的货币选择问题,结果显示美元占有最大份额。Barry Eichengreen(1998)利用数据实证分析发现欧元在挑战美元作为国际主要储备货币的地位时进展非常缓慢,原因在于美元具有更广泛的使用范围和更好的流动性管理。Menzie Chinn and Jeffrey Frankel (2007)运用数据模拟欧元是否会超越美元成为第一大官方外汇储备货币,并分析欧元在怎样的条件下可以超越美元。我国学者宋晓玲(2010)运用GMM的计量方法对外汇储备货币中的货币竞争进行实证分析,发现国际货币的竞争有很强的历史惯性。

第一节 基于 MIU 模型的国际货币惯性模型和数值模拟

一、模型构建

本文模型将建立在 Eiji Ogawa 和 Yuri Nagataki Sasaki(1998)货币效用模型扩展形式的基础之上,分析国际货币的惯性形成及其影响因素。Eiji Ogawa 和 Yuri Nagataki Sasaki(1998)主要研究国际货币份额与本国预期通胀的关系,从而发现国际货币惯性的存在问题。本文就建立在这个 MIU 扩展模型的基础上,引入汇率和利率的影响因素,进一步研究国际货币的惯性的形成原因及影响因素。

二、模型假设

假设一个经济体中有三个国家:A 国、E 国和 F 国。E 国和 F 国发行的货币 e 和货币 f 均为国际货币。由于本文在文献综述部分已经从宏观角度阐释了国际货币的形成过程,在此部分认为国际关键货币是存在的,其中货币 e 为国际货币中的关键货币。而 A 国发行的货币 a 只能在本国使用,A 国在国际贸易中可以使用 E 国、F 国的货币。A 国货币当局针对货币 e 和货币 f 采取浮动汇率制度。

A 国的私人部门个体可以通过持有货币 a、e 和 f,从各国购买到所需物品,也可以投资 E 国和 F 国发行的债券,A 国自身不发行债券。假设三国的资本充分自由流动,且 A 国私人部门个体能够很好地预见未来,因此假定模型抛补利率平价成立,并且一价定律成立,购买力平价得以成立。

三、模型建立

一国私人部门的经济个体在存在其他两国货币时,其效用函数与个体的消费、各国货币持有量相关,其效用函数采用柯布－道格拉斯函数形式。

(一)私人部门

A 国私人部门经济个体的效用函数为:

$$\max U = \int_{t=0}^{\infty} u(c_t, a_t, e_t, f_t) e^{-\sigma t} dt \tag{6-1}$$

$$u(c_t, a_t, e_t, f_t) \equiv \{c_t^\alpha [a_t^\beta (e_t^\gamma f_t^{(1-\gamma)})^{(1-\beta)}]^{(1-\alpha)}\}^{(1-\varepsilon)}/(1-\varepsilon) \tag{6-2}$$

$$0 < \alpha < 1, 0 < \beta < 1, 0 < \gamma < 1, 0 < \varepsilon < 1 \tag{6-3}$$

其中,c_t, a_t, e_t, f_t 分别为当期实际消费、持有的本国货币量、E 国货币量和 F 国货币量;σ 表示时间偏好率;ε 代表跨期消费效用弹性的倒数;α 为消费效用的弹性系数;β 为持有本国货币的效用弹性系数;γ 为持有 E 国货币的效用弹性系数;$1-\gamma$ 为持有 F 国货币的效用弹性系数。

接下来看 A 国私人部门个体的预算约束条件。A 国个体持有本国货币以及货币 e 和货币 f,同时可以投资分别以货币 e 和货币 f 计价债券。

私人部门个体的预算约束为:

$$\dot{w}_t = \bar{r}(b_t^e + b_t^f + a_t + e_t + f_t) + y_t - c_t - \tau_t - i_t^a a_t - i_t^e e_t - i_t^f f_t \tag{6-4}$$

$$w_t \equiv b_t^e + b_t^f + a_t + e_t + f_t \tag{6-5}$$

其中,w_t 为 A 国个体 t 期全部的财富,$\dot{w}_t$ 为 A 国个体当期财富的变化量;b_t^e 和 b_t^f 分别为当期拥有的 E 国和 F 国债券量;$\bar{r}$ 为货币的实际利率;y_t 为 t 期 A 国实际国内生产总值,c_t 为 A 国 t 期实际消费,τ_t 为 t 期私人部门上缴的税费;i_t^a、i_t^e、i_t^f 为三国货币的名义利率。

预算约束可以写成：

$$\dot{w}_t = \bar{r}(b_t^e + b_t^f) + y_t - c_t - \tau_t - (i_t^a - \bar{r})a_t - (i_t^e - \bar{r})e_t - (i_t^f - \bar{r})f_t \qquad (6-6)$$

在预算约束之外，我们需要假定私人部门持有的金融资产符合非蓬齐博弈条件：

$$\lim_{t \to \infty}(b_t^e + b_t^f + a_t + e_t + f_t)e^{-\bar{r}t} \geqslant 0 \qquad (6-7)$$

（二）公共部门

A 国公共部门可以持有 E 国和 F 国的债券，A 国公共部门的预算约束是：

$$\dot{p}_t = \bar{r}(p_t^e + p_t^f) + \tau_t + \mu_t^A m_t^A - g_t \qquad (6-8)$$

$$p_t \equiv p_t^e + p_t^f \qquad (6-9)$$

其中，p_t 表示公共部门持有的外币资产，$\dot{p}_t$ 表示外币资产变化量；μ_t^A 表示货币 A 的增长量；g_t 表示政府支出。

非蓬齐博弈条件：

$$\lim_{t \to \infty}(p_t^e + p_t^f)e^{-\bar{r}t} \geqslant 0 \qquad (6-10)$$

在浮动汇率制度下，一国货币当局一般不会干涉外汇市场，持有的外币资产一般保持不变：

$$p_t^e + p_t^f = p^e + p^f \qquad (6-11)$$

另一方面，A 国货币当局能够控制本国的货币发行量 m_t，因此货币量以一常数增长率 μ^A 增长。

可以将预算约束写成：

$$g_t - \tau_t = \bar{r}(p^e + p^f) + \mu^A m_t^A \qquad (6-12)$$

将私人部门和公共部门的预算约束合并，得到总的预算约束条件：

$$\dot{w}_t = \bar{r}(b_t^e + b_t^f + p^f + p^e + a_t + e_t + f_t) + y_t - c_t - g_t - i_t^e e_t - i_t^f f_t \qquad (6-13)$$

四、模型求解

A 国私人部门在预算约束下最大化自身效用。这里假定，A 国个体能够很好地预见未来，所有的变量都沿着鞍状路径向着均衡点逼近。在这一假定之下，本模型将只有一个最优解。

根据最大化的一阶条件，我们可以得到 A 国最优的两国货币持有量：

$$e_t = \frac{(1-\alpha)(1-\beta)\gamma}{\alpha} \cdot \frac{k}{i_t^e} \qquad (6-14)$$

$$f_t = \frac{(1-\alpha)(1-\beta)(1-\gamma)}{\alpha} \cdot \frac{k}{i_t^f} \qquad (6-15)$$

其中,

$$k = \bar{r}[d + \int y_t e^{-\bar{r}t} dt - \int g_t e^{-\bar{r}t} dt - \int (i_t^e e_t + i_t^f f_t) e^{-\bar{r}t} dt] \qquad (6-16)$$

根据两国货币最优持有量,可以得到两国货币的比值:

$$\theta_t = \frac{e_t}{f_t} = \frac{\gamma}{1-\gamma} \cdot \frac{i_t^f}{i_t^e} \qquad (6-17)$$

E 国货币所占比重:

$$\varphi_t = \frac{e_t}{f_t + e_t} = \frac{1}{1 + \frac{1}{\theta_t}} = \frac{1}{1 + \frac{1-\gamma}{\gamma} \cdot \frac{i_t^e}{i_t^f}} \qquad (6-18)$$

根据抛补利率平价,

$$(1 + i_t^e) = \frac{S_t}{S_t^{\text{远}}} (1 + i_t^f) \qquad (6-19)$$

其中,S 在这里为 E 国与 F 国间的 t 期的即期汇率(S=f/e,即以 E 国间接表示法表示),$S_t^{\text{远}}$ 为远期汇率。

用 s 表示远期的升水(贴水):

$$s = \frac{S_{\text{远}} - S}{S} \qquad (6-20)$$

其中,s<0,表示货币 e 远期贴水;反之,则表示升水。

抛补的利率平价可以表示为:

$$i_t^f = s + (s+1) i_t^e \qquad (6-21)$$

将(6-21)式代入(6-18)式得到:

$$\varphi_t = \frac{e_t}{f_t + e_t} = \frac{1}{1 + \frac{1}{\theta_t}} = \frac{1}{1 + \frac{1-\gamma}{\gamma} \cdot \frac{i_t^e}{s + (s+1) i_t^e}} \qquad (6-22)$$

五、结果分析

在本模型中,我们假定货币 e 是关键国际货币,即货币 e 的份额 φ_t 应该大于 50%。根据(6-22)式,我们可以看到持有货币 e 的最优份额受到三个因素的影响:E 国货币的名义利率、E 国货币兑 F 国货币的汇率变化以及货币效用系数 γ。从模型中,系数 γ 的含义是货币 e 给 A 国私人部门带来效用的贡献份额。

在给定系数 γ 以及一定的名义利率下,货币 e 对货币 f 加速贬值,最优国际货币构成 φ_t 会下降,即货币 e 所占的份额会减少;在系数 γ 及汇率变化一定的情况下,E 国利率的上升会吸引 A 国私人部门将更多的货币 e 进行投资,从而带来最优货币构成 φ_t 的下降,即货币 e 所占的份额会减少;在汇率变化一定、名义利率也一定的情况下,系数 γ 对 φ_t 也会有所影响,γ 增大,E 国货币将给 A 国私人部门带来更大的效用份额,则 A 国个体愿意持有 E 国货币,带来 φ_t 上升,即货币 e 所占的份额会增加。

六、数值模拟

根据(6-22)式,分析在给定效用贡献系数 γ 以及一国利率的情况下该国货币的份额。根据模型假设,货币 e 为国际货币中的关键货币,其份额应该大于 50%。这里使用数值模拟的方法,绘制出关键货币 e 的份额与汇率变化之间的关系。首先假定 E 国实际利率为 3%,通胀率为 5%,那么名义利率为 8%。在系数 γ 方面,因为货币 e 是关键货币,私人部门持有关键货币获得的效用份额应该大于其他国际货币,因此 γ>0.5。在一定的名义利率下,在图中绘制出系数 γ 分别取 0.5、0.6、0.7、0.8、0.9 时,关键货币 e 的份额与汇率变化之间的关系,如图 6-1 所示。每一条曲线代表 γ 的一个值。

从图 6-1 中可以看出,在给定系数 γ 下,关键货币的份额与汇率变化呈正相关关系。即在关键货币为私人部门个体提供一定的效用份额(γ)下,随着货币的贬值率(s)的提高,关键货币的份额会减少(φ)。另一方面,随着 γ 的增加,曲线向外移动,并且曲线变得更为陡峭,这说明关键货币为私人部门带来的效用贡献越大(γ),关键货币为保持其关键货币的地位允许的可贬值范围将更大。

七、模型结论

根据模型求解的结果可以发现,关键国际货币的份额受到几个因素的共同影响,尽管因为贬值丧失了一定的贮藏价值,但作为国际货币的其他职能尤其是交易媒介仍旧会保持其地位。一旦一国货币成为关键国际货币,对私人部门来说,效用贡献系数大于其他货币,而这种效用贡献系数不会因为货币贬值而骤减,而是对货币份额起到缓冲作用,并且效用贡献系数越大,缓冲作用越强,因而形成了国际货

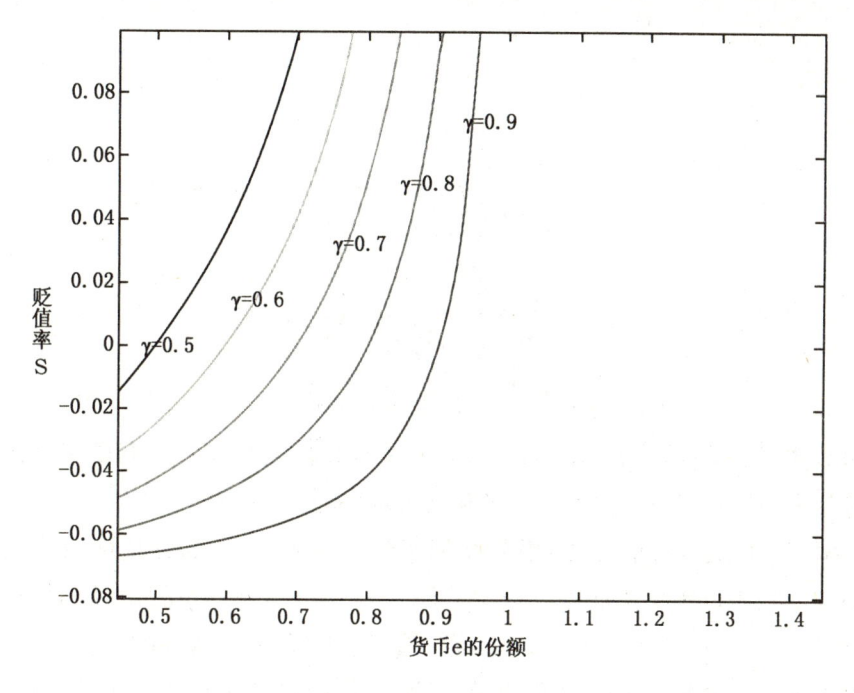

图 6-1 贬值率与关键货币份额的数值模拟

币的惯性。

第二节 美元作为国际关键货币的效用贡献系数分析

与现实相对应,相对于其他国际货币来说,美元目前处于货币 e 的地位,即关键国际货币。相对于其他国际货币来说,美元的效用贡献系数明显大于其他国家货币,接下来,将对美元的效用贡献系数进行估计,并模拟美元的汇率变化与货币份额之间的关系。

一、估计方法

从第三部分模型的结果可以看出,作为国际货币,其效用贡献系数(即 γ)对于国际货币的惯性非常关键,因此本节将结合实际,用实证方法分析国际关键货币美元的惯性。首先根据模型中(6-22)式我们可以得到表示关键货币效用系数 γ 的关系式,根据此式可以先估计出美元 γ 的值。

$$\gamma=\cfrac{1}{1+\left(\cfrac{1}{\varphi_t}-1\right)\cfrac{i_t^f}{i_t^e}} \qquad (6\text{-}23)$$

$$\gamma=\cfrac{1}{1+\left(\cfrac{1}{\varphi_t}-1\right)\cfrac{\pi_t^f+r}{\pi_t^e+r}} \qquad (6\text{-}24)$$

$$\gamma=\cfrac{1}{1+\left(\cfrac{1}{\varphi_t}-1\right)\cfrac{s+(s+1)i_t^e}{i_t^e}} \qquad (6\text{-}25)$$

(6-23)式是 γ 表示成名义利率的形式,(6-24)式是 γ 表示成实际利率和预期通胀的形式,(6-25)式是表示成美元的利率及对其他主要货币的汇率变化的形式。本文将分别根据(6-24)式和(6-25)式对 γ 进行估计。

根据(6-24)式进行估计,即把名义利率分为两部分:一部分是预期的通胀,一部分是实际利率。预期的通胀将根据 ARIMA(1,1,1)进行预测,然后根据实际利率分别取 3%、5%、8%来估计不同情况下置信区间为 99%时 γ 的取值。

根据(6-25)式进行估计,即根据美元的名义利率和对主要国际货币汇率变化两个因素进行估计。

二、数据来源

主要使用的数据包括美元份额、通胀、汇率变动、美元的名义利率、其他主要国际货币的份额。其他主要国际货币选用欧元和日元,美元为三者中的关键货币。数据统计时间为 2000～2013 年的季度数据。

美元份额即模型中的 φ 应该使用全球私人部门所拥有的作为国际货币使用的美元,但是这样的数据很难获取。本文关于美元份额、欧元份额以及日元份额将按照 Eiji Ogawa 和 Yuri Nagataki Sasaki(1998)的做法均采用国际清算银行 BIS 的 "International banking and financial market developments" 中的欧洲美元市场中 cross-border liabilities in foreign currencies 的数据。美元份额、欧元份额以及日元份额的数据如表 6-1 所示:

表 6-1　　　　　　　　　2000 年到 2012 年主要国际货币份额的季度数据

时间	美元份额	欧元份额	日元份额	时间	美元份额	欧元份额	日元份额
2000-Q1	65.1%	13.5%	8.1%	2006-Q3	63.1%	19.4%	3.2%
2000-Q2	65.8%	13.6%	7.6%	2006-Q4	62.5%	19.6%	3.3%
2000-Q3	66.6%	12.7%	7.8%	2007-Q1	61.2%	19.8%	3.5%
2000-Q4	67.6%	12.6%	7.6%	2007-Q2	61.0%	20.0%	3.7%
2001-Q1	67.3%	14.1%	6.5%	2007-Q3	60.7%	19.6%	4.2%
2001-Q2	67.7%	13.5%	6.6%	2007-Q4	59.9%	20.0%	4.7%
2001-Q3	67.2%	14.6%	5.6%	2008-Q1	58.9%	20.3%	5.4%
2001-Q4	68.4%	14.5%	5.0%	2008-Q2	59.1%	20.3%	4.9%
2002-Q1	68.2%	14.5%	4.9%	2008-Q3	60.9%	19.4%	5.1%
2002-Q2	66.4%	15.6%	5.1%	2008-Q4	60.8%	20.5%	5.1%
2002-Q3	64.8%	17.2%	5.2%	2009-Q1	62.7%	19.9%	4.0%
2002-Q4	64.7%	18.2%	4.9%	2009-Q2	61.4%	20.2%	4.3%
2003-Q1	63.4%	19.9%	4.4%	2009-Q3	61.9%	20.3%	4.3%
2003-Q2	63.0%	20.8%	3.9%	2009-Q4	62.7%	20.5%	3.6%
2003-Q3	62.0%	20.8%	4.2%	2010-Q1	62.9%	20.2%	3.6%
2003-Q4	61.8%	20.9%	3.9%	2010-Q2	64.0%	19.0%	3.9%
2004-Q1	62.2%	20.2%	3.9%	2010-Q3	63.4%	19.6%	3.7%
2004-Q2	62.2%	20.2%	3.8%	2010-Q4	64.9%	18.5%	3.6%
2004-Q3	61.2%	21.0%	4.0%	2011-Q1	64.1%	19.4%	3.5%
2004-Q4	61.1%	21.2%	4.3%	2011-Q2	63.5%	19.8%	3.5%
2005-Q1	61.0%	21.5%	3.9%	2011-Q3	64.2%	19.4%	3.6%
2005-Q2	62.0%	20.5%	4.1%	2011-Q4	64.6%	19.0%	3.7%
2005-Q3	62.3%	20.3%	3.9%	2012-Q1	63.2%	20.3%	3.5%
2005-Q4	63.7%	19.2%	3.9%	2012-Q2	62.4%	20.5%	3.8%
2006-Q1	63.5%	19.3%	3.6%	2012-Q3	62.3%	19.8%	3.9%
2006-Q2	62.2%	20.2%	3.3%	2012-Q4	62.9%	20.0%	3.4%

数据来源：国际清算银行。

通过 Consumer Price Indexes(CPI)数据利用 ARIMA(1,1,1)进行静态预测将得到每一期的预期通胀。美国的 CPI 指数作为关键货币的通胀率；欧洲及日本的 CPI 指数通过各自货币份额加权得到其他国际货币的通胀率；在对这两组时间序列根据 ARIMA(1,1,1)预测得到各自的每一期的预期通胀,即模型中的 π_t^e 和 π_t^f。CPI 指数来自国际货币基金组织(IMF)的"International Financial Statistics"。

汇率变动则通过欧元兑美元及日元兑美元的汇率数据计算出每一期的汇率变化幅度,然后再以欧元和日元的货币份额为权重,计算出美元相对于其他货币汇率的变化,即模型中的 s,数据如图 6-2 所示。

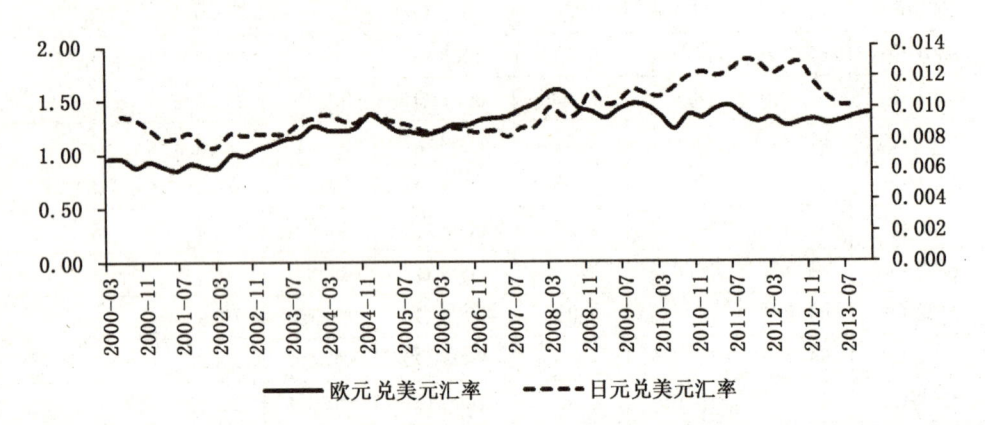

数据来源:世界银行。

图 6-2 欧元兑美元及日元兑美元的汇率走势

美元的货币名义利率,选用美联储公布的三个月的欧洲美元存款利率。由于原始数据是日数据,因此这里将原始数据变频,根据日数据得到每季平均值,变为季度数据。

从图 6-2 可以大致看出,美元相对其他主要国际货币有贬值趋势,但是其作为国际关键货币的地位没有动摇,美元份额仍旧保持在高位。

三、γ 的估计

(一)根据预期通胀估计

模型中的(6-24)式根据预期通胀对 γ 进行估计,首先要对通胀运用ARIMA模型进行估计,得到预期通胀的值。估计前,先对美元 CPI 及欧元和日元加权的 CPI 这两组数据进行平稳性检验,检验结果表明都是平稳的。接着,采用ARIMA(1,1,1)模型对通胀进行静态估计得到预期通胀。预期通胀如图 6-3 和图 6-4 所示。

图 6-3 美国实际 CPI 和预期美元贬值率之间的走势

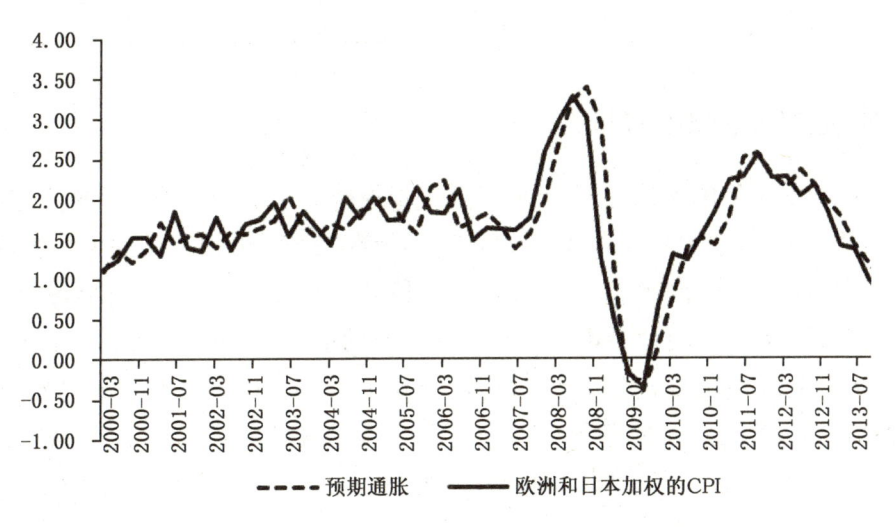

图 6-4 欧洲和日本加权的 CPI 与预期通胀之间的关系

根据预期通胀,假设实际利率为 3%、5% 和 8% 的情况下分别对 γ 进行估计。估计值如表 6-2 所示。实际利率分别取 3%、5% 和 8% 时对应的 γ 均值为 0.66、0.65、0.65,对应的 99% 的置信区间为 0.64~0.68、0.64~0.67、0.64~0.66。

表 6-2　　　　　　　　　根据预期通胀估计的 γ 值

	γ 均值	标准差	99%的置信区间
实际利率为 3%	0.66	0.05	0.64~0.68
实际利率为 5%	0.65	0.04	0.64~0.67
实际利率为 8%	0.65	0.03	0.64~0.66

(二)根据汇率波动估计

模型中的(6-25)式根据汇率变动和美元的名义利率对 γ 进行估计,得到 γ 的估计值如表 6-3 所示。根据(6-25)式估计得到的 γ 标准差较大,均值为 0.63,99%的置信区间为 0.57~0.68。

表 6-3　　　　　　　　　根据汇率变动估计的 γ 值

γ 均值	标准差	99%的置信区间
0.63	0.17	0.57~0.68

四、美元份额的数值模拟

根据上文得到的 γ 估计值,下面将进一步模拟美元份额与美元贬值之间的关系。运用 Matlab 绘图功能,可以绘制出美元份额与美元贬值之间的关系图,如图 6-5 所示。此图选取 γ=0.62、0.64、0.66 三种情况下,美元份额的变化与其贬值率之间的关系。从图中可以看出,年贬值率在 1%的情况下,美元份额在 64%~68%之间;当年贬值率在 2%的情况下,美元份额在 58%~62%之间;当年贬值率在 3%的情况下,美元份额在 55%~59%之间;当年贬值率在 4%的情况下,美元份额在 51%~55%之间。当 γ 取 0.66 时,贬值率可达到 5%,美元份额仍旧保持在 50%以上。

因此,根据理论模型的数值模拟,本研究发现美元对主要货币年贬值率为 4%~5%,仍旧可以保持其国际关键货币的地位,其份额仍旧可以达到 50%以上。美元并不会受贬值影响而突然丧失国际关键货币的地位,其作为国际关键货币存在惯性。

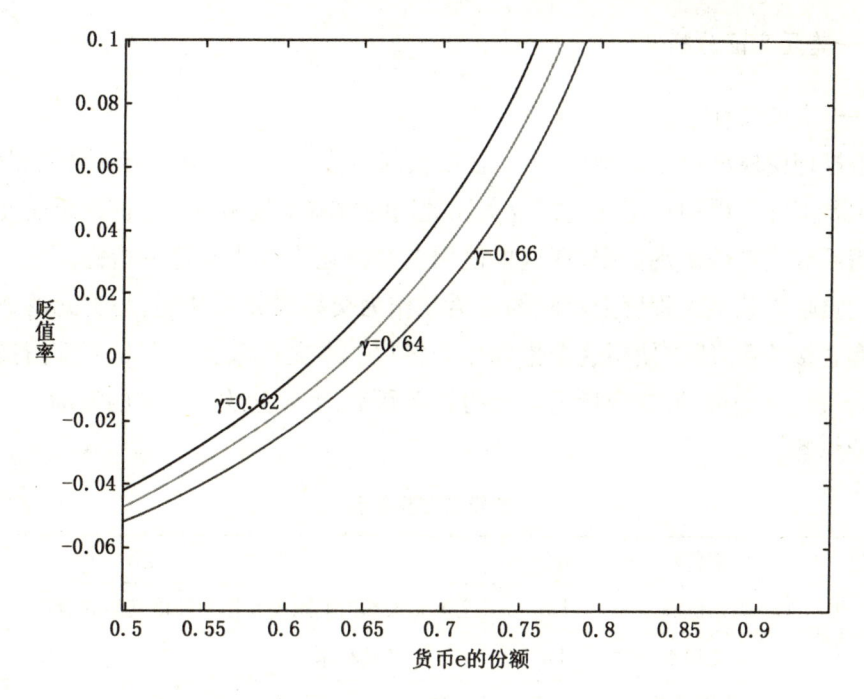

注：货币 e 为美元。

图 6-5　根据 γ 估计值模拟美元份额与美元贬值率之间的关系

第三节　国际货币惯性的实证分析

  毋庸置疑，美元仍旧处于当今国际货币体系的关键地位，接下来，将首先对 2000～2012 年美元的惯性进行实证研究，分析美元作为国际关键货币份额变化的影响因素。

  作为欧盟区的主要区域货币——欧元是对国际货币惯性研究问题的另一方面。作为区域性的关键货币，其惯性作用会有怎样的特点值得研究。因此，本节将对 2002～2011 年欧元的使用惯性进行实证分析，即实证分析作为区域关键性货币惯性的特点。

一、美元实证分析

(一)变量设计

根据理论模型得出的结论,美元在私人部门持有的份额应该与其名义利率、相对于主要国际货币的汇率变化以及美元效用的贡献系数相关。目前缺乏美元效用的贡献系数这样的微观数据,在这里使用贸易特化指数代替这一指标。因为美元效用的贡献系数很大程度上反映的是美元作为交易媒介的功能,与美元的进出口贸易有直接关系,所以使用这个指标作为替代。本文选取美元在私人部门持有的份额为被解释变量;解释变量为美元的名义利率、美元兑欧元汇率的波动率以及贸易特化指数。

表 6-4 变量定义及表示

变量类型	变量名称	变量代码	变量含义及说明
被解释变量	美元份额	DS	全球私人部门使用美元作为外币交易的份额
解释变量	名义利率	DI	美元的名义利率
	汇率波动率	VOE	相对于欧元汇率的波动率
	贸易特化指数	TSI	(X−M)/(X+M),X 表示美元年度进口总额,M 表示美元年度出口总额

(二)数据来源

美元份额即模型中的 φ 应该使用全球私人部门所拥有的、作为国际货币使用的美元,但是这样的数据很难获取。因此,美元使用份额即模型中的 DS 根据国际清算银行 BIS 的"International banking and financial market developments"中的 cross-border liabilities in foreign currencies 的数据计算而来。美元的货币名义利率因为数据可得性,选用美联储公布的美国 3 个月的国债收益率。汇率波动率用美元兑欧元汇率变化的标准差来表示。贸易特化指数根据年度进出口总额计算得到,原始数据来源于国际货币基金组织 IMF 的 DOT。

表 6-5　　　　　　　　　贸易特化指数、汇率波动率及利率

时间	贸易特化指数	汇率波动率	欧洲美元存款利率	时间	贸易特化指数	汇率波动率	欧洲美元存款利率
2000-Q1	−14.74%	−3.44%	6.04	2006-Q3	−21.21%	4.26%	5.42
2000-Q2	−14.48%	−3.23%	6.57	2006-Q4	−18.76%	9.93%	5.36
2000-Q3	−14.95%	−11.16%	6.62	2007-Q1	−18.47%	8.50%	5.35
2000-Q4	−15.62%	−5.80%	6.58	2007-Q2	−18.08%	4.98%	5.34
2001-Q1	−15.28%	−6.47%	5.25	2007-Q3	−17.02%	10.00%	5.46
2001-Q2	−14.57%	−8.90%	4.09	2007-Q4	−16.36%	9.78%	5.11
2001-Q3	−15.47%	2.34%	3.38	2008-Q1	−16.78%	15.91%	3.32
2001-Q4	−15.68%	−4.74%	2.07	2008-Q2	−16.22%	14.37%	2.94
2002-Q1	−16.28%	−1.31%	1.82	2008-Q3	−16.28%	1.32%	3.31
2002-Q2	−17.27%	13.54%	1.83	2008-Q4	−14.67%	−2.85%	3.66
2002-Q3	−17.59%	6.03%	1.75	2009-Q1	−11.05%	−13.11%	1.67
2002-Q4	−19.04%	15.56%	1.50	2009-Q2	−9.68%	−7.97%	1.30
2003-Q1	−19.82%	20.94%	1.25	2009-Q3	−11.06%	2.77%	0.71
2003-Q2	−19.74%	12.27%	1.16	2009-Q4	−11.45%	2.94%	0.46
2003-Q3	−19.18%	15.59%	1.06	2010-Q1	−11.92%	1.30%	0.41
2003-Q4	−18.61%	17.74%	1.09	2010-Q2	−12.53%	−10.56%	0.50
2004-Q1	−19.29%	10.91%	1.05	2010-Q3	−12.35%	−5.41%	0.52
2004-Q2	−20.55%	5.82%	1.23	2010-Q4	−10.95%	−5.51%	0.40
2004-Q3	−20.92%	5.46%	1.69	2011-Q1	−11.81%	5.06%	0.40
2004-Q4	−21.63%	6.67%	2.24	2011-Q2	−11.80%	15.51%	0.38
2005-Q1	−20.92%	5.00%	2.77	2011-Q3	−11.08%	−0.53%	0.37
2005-Q2	−21.00%	−0.52%	3.22	2011-Q4	−11.89%	−2.44%	0.49
2005-Q3	−21.76%	−2.56%	3.72	2012-Q1	−11.54%	−5.06%	0.47
2005-Q4	−22.46%	−11.64%	4.31	2012-Q2	−10.89%	−10.80%	0.44
2006-Q1	−21.34%	−5.94%	4.76	2012-Q3	−10.46%	−3.60%	0.42
2006-Q2	−20.66%	4.26%	5.21	2012-Q4	−10.27%	1.29%	0.33

数据来源：世界银行、美联储、国际货币基金组织。

(三) 实证模型设定

根据上述变量设定，得到关于美元的实证模型：

$$DS_t = \beta_0 + \beta_1 DI_t + \beta_2 VOE_t + \beta_3 TSI_t + \varepsilon_t \tag{6-26}$$

其中，DS 表示全球私人部门使用美元作为外币的份额，DI 为美元的名义利率，VOE 为汇率波动率，TSI 为贸易特化指数，β_1、β_2 和 β_3 分别为各变量的系数，β_0 为常数项，ε_t 为残差项。

（四）模型估计

本文实证部分均采用计量分析软件 STATA 12.0 实现。

1. 平稳性检验

此处实证所采用的各变量数据为时间序列，在进行协整分析前首先要进行平稳性检验。检验结果整理如表 6-6 所示：

表 6-6　　　　　　　　　　单位根检验结果

变量	ADF 检验值	临界值(1%)	检验类型(c,t,l)	结　论
DS	−1.4846	−4.1484	(c,t,0)	不平稳
ΔDS	−6.6887	−2.6120	(0,0,1)	平稳
DI	−2.3878	−4.1484	(c,t,0)	不平稳
ΔDI	−7.5832	−2.6120	(0,0,1)	平稳
VOE	−1.4846	−4.1484	(c,t,0)	不平稳
ΔVOE	−12.9494	−2.6120	(0,0,1)	平稳
TSI	−1.5616	−4.1484	(c,t,0)	不平稳
ΔTSI	−5.3492	−2.6120	(0,0,1)	平稳

检验结果表明，DS、DI、TSI、VOE 序列均为一阶单整。

2. 协整检验

本文这里采用 Johansen 检验法对模型进行协整。

第一，确定协整秩。根据包含常数项和时间趋势的协整秩迹检验结果表明该模型存在一个线性无关的协整向量（打星号处）。协整秩检验结果如表 6-7 所示：

表 6-7　　　　　　　　　　协整秩检验结果

Hypothesized No. of CE(s)	Eigenvalue	Trace Statistic	0.05 Critical Value
None		59.1445	47.21
At most 1	0.5036	24.1228*	29.68

续表

Hypothesized No. of CE(s)	Eigenvalue	Trace Statistic	0.05 Critical Value
At most 2	0.2413	10.3137	15.41
At most 3	0.1856	0.0518	3.76

在最大特征值检验的结果如表 6-8 显示,模型可以在显著性水平为 5%时拒绝"协整秩为 0"的原假设,但是无法拒绝"协整秩为 1"的原假设。

表 6-8　　　　　　　　　　最大特征值检验

Hypothesized No. of CE(s)	Eigenvalue	max Statistic	0.05 Critical Value
None		35.0218	27.07
At most 1	0.50363	13.8091	20.97
At most 2	0.24133	10.2619	14.07
At most 3	0.18555	0.0518	3.76

协整秩的检验结果表明 DS、DI、TSI、VOE 序列存在协整关系,且协整秩为 1。

第二,检验模型中所对应的滞后阶数。检验结果如表 6-9 所示:

表 6-9　　　　　　　　　　检验系统的滞后阶数

lag	LL	LR	df	p	FPE	AIC	HQIC	BIC
0	525.58				4.30E-15	−21.7325	−21.6736	−21.5766
1	673.615	296.07	16	0	1.80E-17	−27.2339	−26.9393*	−26.4543*
2	694.51	41.792	16	0	1.5e-17*	−27.4379*	−26.9076	−26.0345
3	707.497	25.972	16	0.054	1.70E-17	−27.3124	−26.5463	−25.2852
4	725.75	36.507*	16	0.002	1.70E-17	−27.4062	−26.4045	−24.7554

LR 准则表明应选择滞后四阶,FPE、AIC 准则表明选择滞后二阶,而 HQIC 及 BIC 准则表明应选择滞后一阶(打星号处)。为了减少数值的损失,在这里选择滞后一阶。

根据协整检验结果,DS、DI、TSI、VOE 序列存在协整关系。根据前述检验结果,估计时选择协整秩为 1,滞后期为 1,得到协整方程如下:

$$DS_t = -0.3589DI_t - 10.765VOE_t + 1.1262TSI_t + 1.1333 \qquad (6-27)$$
$$(0.24) \qquad (-7.41)^{***} \qquad (2.43)^{***}$$

对协整方程的残差进行自相关检验,检验结果如表 6-10 所示:

表 6-10　　　　　　　　　　自相关检验结果

lag	chi2	df	Prob>chi2
1	19.0039	16	0.26846
2	24.6399	16	0.07643

根据表 6-10,本模型无自相关,变量之间存在协整关系的结论可靠。

(五)实证结论

美元的实证结果表明,作为全球关键国际货币的美元,在 2000~2012 年间:

第一,被用于外币使用的货币份额与汇率波动率有负相关关系,汇率波动率的系数显著。实证结果与理论模型预期较为一致,美元汇率波动大,即预期美元的贮藏价值有所变动,会减少其使用份额。

第二,美元份额与贸易特化指数存在正相关关系,表明美国进出口贸易的增加有利于美元份额的增加。这里贸易特化指数与美元的效用贡献额相关。结果与理论模型预期也较为一致,即美元效用的提升,会带来美元份额的增加。

第三,美元份额与本国货币的名义利率的负相关关系并不显著,这与理论模型有出入,与实证模型所选取的名义利率数据可能有关。这里采用的是国债利率,可能与货币真实的名义利率有出入。

第四,根据模型的结果,我们可以发现汇率变化对美元份额产生负的影响,而美元在交易媒介上产生的效用对美元产生正的影响。美元作为国际关键货币,其效用贡献额是长期形成的,存在很强的惯性,受汇率变化的影响较小,保证了美元份额不会因为美元价值的变化产生突变,因而产生了惯性。

二、欧元实证分析

本节的理论模型主要针对国际关键货币,但是对于作为区域的关键国际货币是否同样适用,这里采用欧盟的数据进行实证分析。因为欧盟内欧元区国家本身就使用欧元,欧元既是本币也是外币,为了凸显欧元的外币交易媒介作用,这里选用欧盟内 6 个非欧元国欧元结算比例的数据进行实证分析。

(一)变量设定

根据模型,欧元在私人部门持有的份额应该与其名义利率、相对于主要国际货币的汇率变化以及效用的贡献系数相关。与美元处理相同,在这里使用贸易特化指数代替效用这一指标。模型选取进出口中欧元结算比例为被解释变量;解释变量为欧元与美元的利差、欧元兑美元汇率的波动率以及贸易特化指数。

表 6-11 变量定义及代码

变量类型	变量名称	变量代码	变量含义及说明
被解释变量	货币份额	EEI	进出口中使用欧元结算的比例
解释变量	利差	DI	欧元与美元的利差,这里使用的是长期国债利差
	汇率变化	VOE	欧元兑美元的波动率
	贸易特化指数	TSI	(X−M)/(X+M),X 表示年度出口总额,M 表示年度进口总额

(二) 实证模型

根据理论模型及分析,本文建立以下基础实证模型:

$$EEI_{it} = \beta_0 + \beta_1 DI_{it} + \beta_2 VOE_{it} + \beta_3 TSI_{it} + \varepsilon_{it} \quad (6-28)$$

其中,EEI 表示使用某种货币的比例;DI 表示利差;VOE 表示汇率的波动率;TSI 表示贸易特化指数,以反映各国出口企业的综合竞争力情况,由进出口贸易顺差(或逆差)除以进出口贸易总额得来;β_i 为相应的系数;ε 为误差项。

(三) 数据的选取及来源

根据数据的可得性,选取欧盟的 6 个非欧元区国家:保加利亚、捷克共和国、罗马尼亚、拉脱维亚、波兰、立陶宛。实证数据选择 2002~2011 年的年度数据。

EEI:考虑到数据的可获得性,选取各国进出口贸易欧元结算比例的数据用来表示各国欧元的使用情况,该数据来源于欧洲中央银行 ECB 的"The International Role of The Euro.,2012"。因为该数据分别统计了各国进出口中使用欧元结算的比例,为了统计欧元在进出口中总的情况,本文又通过引入欧盟统计局中各国的进出口数据,对该比例进行处理,得到该六国进出口中合计使用欧元的占比,将该比例用于代表这六国使用欧元的情况即可。

DI:根据理论模型,货币的名义利率会影响该货币的份额。这里为了更好地凸显欧元的优势,选取欧元与美元间的利差作为解释变量。欧元利率来自欧盟统计局公布的欧元区长期国债的收益率,美元的利率来自美联储公布的美国长期国债的收益率,DI 为欧元与美元间的国债利差。

VOE:欧元兑美元的日汇率数据来自美联储官方网站,根据汇率数据计算年汇率波动率。

TSI:贸易特化指数根据年度进出口总额计算得到,原始数据来源于国际货币基金组织 IMF 的 DOT。对部分缺失数据,通过计算该国有数据年份的平均年增长率,再以基年乘以或除以该平均年增长率得到。

(四)实证分析

1. 静态模型

(1)模型设定

首先我们根据基本模型,构建静态模型,即被解释变量不受前期的影响,分别采用以下三种模型,即混合回归模型、固定效应模型及随机效应模型进行估计,如表 6-12 所示:

表 6-12　　　　　　　　　　　　面板静态模型

模型代号	模型名称	模型公式
模型一	混合回归模型	$EEI_{it} = \beta_0 + \beta_1 DI_{it} + \beta_2 VOE_{it} + \beta_3 TSI_{it} + \varepsilon_{it}$
模型二	固定效应模型	$EEI_{it} = \beta_0 + \beta_1 DI_{it} + \beta_2 VOE_{it} + \beta_3 TSI_{it} + \mu_i + \varepsilon_{it}$
模型三	随机效应模型	$EEI_{it} = \beta_0 + \beta_1 DI_{it} + \beta_2 VOE_{it} + \beta_3 TSI_{it} + \mu_i + \varepsilon_{it}$

(2)估计结果

运用静态模型得到三个模型的估计结果如表 6-13 所示:

表 6-13　　　　　　　　　　　静态模型估计结果

	模型一	模型二	模型三
β_0	0.6213*** (17.92)	0.6140*** (24.93)	0.6148*** (24.16)
β_1	−0.0081** (3.01)	−0.0071** (−2.61)	0.0072*** (2.79)
β_2	0.0564* (2.38)	0.0550* (2.29)	0.0551** (2.30)
β_3	0.0034* (2.03)	0.0028* (1.97)	0.0028** (2.09)

注:括号内为 t 值,***、**、*分别表示在 1%、5%、10%的统计水平显著。

(3)模型检验

混合回归模型一假定所有个体即国家情况完全相同,没有个体效应。是否有个体效应,需通过 LSDV 法进行考察,结果显示大多数个体虚拟变量均很显著,不在此处列举,因此拒绝"个体虚拟变量都为 0"的原假设,即认为存在个体效应,混合回归在此欠妥。

而个体效应究竟是模型二的固定效应还是模型三的随机效应,在此进行豪斯曼检验。检验结果显示,p 值为 0.9687,显著不为 0,不能拒绝原假设,因此采用随机效应模型。并且从各系数的显著性来看,随机效应模型的显著性优于固定效应模型。

(4)结果分析

根据静态面板的实证结果显示:欧洲非欧元区六国的进出口贸易中欧元结算比例与利差的负相关关系较为显著,与理论模型相契合;其次也受到欧元兑美元汇率波动性的影响;受本国进出口状况的影响。

2. 动态模型

(1)模型设定

由于出口贸易计价比例存在惯性,当期的出口贸易计价比例受到前期的影响,解释变量中包含滞后期的被解释变量,这里考虑动态模型的情形。模型设定如下:

$$EEI_{it} = \beta_0 + \beta_1 DI_{it} + \beta_2 VOE_{it} + \beta_3 TSI_{it} + \beta_4 EEI_{it-1} + \beta_5 EEI_{it-2} + \cdots + u_i + \varepsilon_{it}$$

(6-29)

(2)估计方法

由于出口贸易计价比例存在惯性,当期的出口贸易计价比例受到前期的影响,解释变量中包含滞后期的被解释变量,适用动态面板数据的估计方法。目前处理动态面板数据的方法主要有差分广义矩估计和系统矩估计。由于系统 GMM 可以调高估计的效率,因此此处采用 Blundell and Bond(1998)的系统 GMM 方法进行估计。

(3)估计结果

表 6-14　　　　动态 GMM 的估计结果与随机效应估计模型的对比

	动态模型	模型三(随机效应模型)
β_0	−7.31** (−1.99)	0.6148*** (24.16)
β_1	−0.0750** (−2.25)	0.0072*** (2.79)

续表

	动态模型	模型三（随机效应模型）
β_2	0.1660** (2.35)	0.0551** (2.30)
β_3	−0.0256** (−2.09)	0.0028** (2.09)
β_4	0.0206 (0.06)	
β_5	12.0297** (2.12)	
	Sargan 检验 p 值为 0.83，AR(1)检验 p 值为 0.02，AR(2)检验 p 值为 0.62。	

(4)模型检验

Sargan 检验结果显示，模型不能拒绝"所有工具变量均有效"的原假设，因此用系统 GMM 方法进行估计时采用的工具变量有效；根据扰动项自相关检验结果，扰动项一阶自相关，二阶无自相关，符合应用系统 GMM 的前提假设。

(5)结果分析

根据系统 GMM 方法得到的实证结果，欧元区出口贸易计价比例有很强的惯性，当期的比例受上两期的影响显著。对比静态的随机效应模型，个体效应（即常数项）减小，主要被滞后期的欧元比例解释，即每个个体前期的差异也会给当期造成较大影响，构成很大一部分的个体效应。

第四节 本章小结

本章建立在 MIU 模型之上，通过理论模型分析国际关键货币惯性的形成和影响因素。根据理论模型的分析，国际关键货币的份额与其货币效用贡献额、本国货币名义利率以及汇率变化三个因素相关。在理论模型的基础上，本文运用美元的数据，估计出美元的货币效用贡献额在 99％的置信区间下为 0.64～0.66（不同估计方法略有差异），并通过数值模拟出美元贬值程度与其份额之间的关系。通过数值模拟，我们发现美元在对主要国际货币年贬值率为 4％～5％的情况下，仍旧可以保持其国际关键货币的地位，其份额仍旧可以达到 50％以上。美元并不会受贬值影响而突然丧失国际关键货币的地位，美元作为国际关键货币存在惯性。

在实证方面,本文对美元及欧元区的数据进行实证分析。通过对美元的协整分析,验证了模型中的预期,即美元在全球被使用的份额与汇率波动呈负相关关系,与贸易特化指数呈正相关关系,美元兑主要国家货币升值以及美元效用的提升,会带来美元份额的增加。美元作为国际关键货币,其效用贡献额是长期形成的,存在很强的惯性,受汇率变化影响较小,保证了美元份额不会因为美元价值的变化产生突变,因此产生了惯性。实证第二部分对欧盟区非欧元区六国的数据进行分析,欧元在这六国中扮演的是国际关键货币的角色。通过这部分实证,我们发现本文的理论可以应用到区域性关键货币中,欧元作为跨境结算货币的比例与汇率波动、国债利差呈负相关,与进出口贸易呈正相关。欧元作为欧盟区的主要储备货币,同时发挥了很强的交易媒介的作用,惯性很强。

通过理论及实证部分的相互印证,可以得到以下结论:

(1)即使美元相对于其他主要国际货币保持温和的贬值,但只要美元相比其他国际货币在作为交易媒介中更有优势,那么它作为国际关键货币的地位还会惯性保持下去。

(2)作为区域货币的欧元在区域内具备国际关键货币的惯性特质,在区域内欧元更具交易媒介的优势,因此能够保持在区域内的优势地位。

(3)相对于美元来说,其他有竞争力的国际货币——如欧元、日元等,它们有能力与美元竞争。但是它们仅仅提升自己在储备价值方面的优势是不够的,还应该在交易方面提升自身的优势,提高作为国际货币进行交易结算的便利程度,才是挑战美元惯性地位更为关键的因素。

五十多年来,美元一直是关键的国际货币。然而,当下美国在全球金融中的地位有一定的衰落。自1999年1月起至2013年年底,美元兑欧元贬值37%,兑日元贬值14%。从全球官方外汇储备币种结构看,美元的比重由1973年的84.5%下降到2013年的61.2%,欧元由2002年的23.8%上升为2008年的24%。在外汇市场上,外汇交易的货币币种结构也发生了变化,虽然美元仍占主导地位,但其市场份额有所下降。尽管这些数据表明美元的地位正在下降,但是其主导地位仍旧保持,这样的惯性与美元在国际上的广泛使用是分不开的。

但是,随着主要竞争对手如欧元等国际货币的吸引力不断增强,其他国家的货币也有可能成为美元的接班人,但这一过程会进展缓慢。目前由于美元在很多职能上还扮演着占支配地位的角色,并且在许多货币职能方面占有绝对的优势,国际贸易中美元的使用频率最高,至今仍有50%以上的出口还使用美元作为计价货币,这样的角色造就了美元强大的货币效用贡献额,而这一贡献额成为美元稳固其地位的屏障。

第七章

人民币回流机制建设与监管措施研究

自2009年4月我国开展跨境贸易人民币结算试点以来,人民币国际化进程逐步加快、跨境贸易人民币结算业务迅速发展、人民币离岸市场不断扩大、双边货币互换协议规模持续扩张。

经初步统计,2013年银行累计办理跨境贸易人民币结算业务4.63万亿元,同比增长57%[1];截至2013年底,在港离岸人民币存款规模达到8605亿元,年增长约42.7%[2];至2013年10月底,央行于2013年新签订的货币互换协议总额已超过1万亿元人民币[3]。与此同时,由于资本管制,资本"多去少回",沉淀在境外的人民币数量持续逐年增加。目前人民币回流渠道集中在存款回流、跨境贸易结算、RQFII、点心债券和银行间债券等方面,但总量有限,远远不能满足数量庞大的人民币存款的使用和投资需求。若缺乏官方的渠道顺利回流,境外人民币可能成为投机和非法套利的工具,如通过地下钱庄进行兑换,这样会对我国的金融安全造成极大的不稳定性。

第一节 构建人民币回流机制的必要性

随着我国跨境贸易人民币结算业务的发展,为推进人民币的国际化,有必要构建人民币回流机制。

---

[1] 中国人民银行《2013年第四季度中国货币政策执行报告》,2014年2月8日。
[2] 香港金融管理局。
[3] 中国人民银行货币政策二司,http://www.pbc.gov.cn/publish/huobizhengceersi/3135/index.html。

一、建设功能健全的离岸人民币市场

目前,人民币离岸市场已在全球迅速展开,除香港这个主要的人民币离岸市场外,新加坡、伦敦等国家和地区也已开展人民币业务,上海自贸区内也可能进行人民币离岸市场的相关建设。在人民币离岸市场建设初期,向其单向输出人民币,扩大人民币离岸资金池是合理的,这样有利于境外人民币独立进行自我循环。但是当资金积累到一定程度,便需要一个畅通的回流机制,将离岸市场和在岸市场双向连接,否则会影响境外持有人民币的积极性,不利于离岸人民币市场的发展。另外,目前离岸金融市场上人民币投资渠道和人民币金融产品相对匮乏,制约了人民币离岸市场的发展。参照国外经验,只有建立起通畅的回流机制,包括开拓跨境贸易结算、直接投资和金融资产投资渠道,才能建成功能健全、运行良好的离岸市场。

二、增强人民币跨境结算的吸引力

目前人民币的认可度很大程度上停留在对人民币升值的预期使非居民愿意持有人民币,但是从"持有"到"使用"有很大的数量上的距离和本质上的差别。人民币贸易结算从2009年便全面启动,此后跨境贸易总额得到了很大的突破:2013年银行累计办理跨境贸易人民币结算业务约为4.63万亿元,同比增长57%。从结构上看,2013年实收1.88万亿元,实付2.75万亿元,收付比为1:1.46。[①] 进口贸易使用人民币结算额仍然多于出口贸易的人民币结算额,非居民使用人民币进行贸易结算的意愿有待继续提高,这与人民币的升值预期、人民币跨境结算机制未成熟、缺乏人民币投资渠道有很大关系。因此,逐步搭建人民币回流机制,逐渐放松资本项目管制,等同于扩大了境外人民币的保值和增值渠道,使境外持有人民币从单纯的升值激励上升到资本收益,有利于提高人民币国际认可度,进而促进人民币跨境贸易结算的发展。

三、推动人民币从结算货币到投资货币的转变

根据美元、欧元及日元的国际化经验,一种货币的国际化应该经历从结算货币到投资货币,最后到储备货币的路径。我国经常项目已经实现人民币可自由兑换,

---

[①] 中国人民银行《2013年第四季度中国货币政策执行报告》,2014年2月8日。

资本项目部分可兑换,正处于从结算货币到投资货币转变的关键阶段。而在这个阶段,建立、健全人民币回流渠道,一方面继续积极推动人民币跨境贸易结算,一方面完善人民币汇率机制,大力发展人民币离岸金融市场,同时平稳开放资本项目,从而提高投资和金融交易量,对人民币国际化尤为重要。而只有形成一个良好的流出和回流的循环机制,人民币才能真正成为国际货币。

四、增加国内资本市场的资金来源,改善投资结构

若在回流机制的建设过程中,资本项目管制逐步平稳放开,境外人民币资金能投资于我国资本市场,无论是通过人民币债券投资于中国银行间市场,还是通过人民币基金投资于中国股票市场,人民币回流都会给我国资本市场带来巨大的资金补充。另外,境外人民币回流有利于推动多层次资本市场建设。比如说在 QFII 发展成功的基础上发展 RQFII、沪港通,在 FDI 的基础上发展人民币 FDI,既不会分流 QFII 和 FDI 的额度,又为境外资金开辟了一条新的通道,符合资本市场国际化层级推进的需要。

五、加快建设上海国际金融中心的需要

2009 年,国务院"19 号文"为上海建设国际金融中心正式定调,目标为到 2020 年将上海打造成与我国经济实力以及人民币国际地位相适应的国际金融中心。但是,目前上海在岸金融市场的建设还远未达到要求。2013 年上半年经由上海辖内银行累计办理的跨境贸易人民币结算业务额为 3770 亿元,仅占总额的 18.39%。人民币跨境贸易结算中心在香港,其跨境贸易业务额占据总额的绝大部分,这种失衡与上海金融基础设施相对落后、人民币资本项下不可兑换等因素有关。另一方面,在自贸区内进行人民币回流机制的相关建设,可使自贸区成为离岸人民币市场和在岸人民币市场的连接桥梁,对于资本项目开放、人民币国际化进程具有重要的推动意义。[①] 在这个进程中必然伴随着各项金融改革政策的实施,如利率、汇率市场化等,这些改革措施能加快上海金融市场的发展,完善金融基础设施水平。因此,在自贸区内进行人民币回流机制建设,是推动人民币国际化的助手,同时也是加快建设上海国际金融中心的需要。

---

① 曹远征:上海自贸区可促进人民币国际化发展,http://money.163.com/13/1101/11/9CJF9DIL0025500P.html,2013-11-01。

第二节　资本项目逐步放开条件下的人民币回流渠道建设

要实现人民币国际化,人民币必须从目前的结算货币转变为投资货币,资本项目全面开放势在必行。人民币回流机制的建设与资本项目开放密切相关,资本项目逐步放开、人民币实现自由兑换的过程也意味着各种人民币回流渠道的建设与完善。

中国资本项目已经有 80% 可以交易,但仍以事前审批制管理为主,且有些项目还存在额度限制。与人民币回流有关的资本项目开放也在同步进行,具体的项目及开放情况如表 7—1 所示。

表 7—1　　　　与人民币回流渠道建设有关的中国资本项目管制情况

管制内容	是否管制	备注	对应回流渠道
一、对资本市场和货币市场工具交易的管制	是		
(一)资本市场工具	是	参考 QFII 的要求。	
1. 股票类证券	是		
(1)非居民到境内购买股票	是	QFII 可投资 A 股,限制条件:(1)国外个人投资者对单一上市公司持股比率不能超过该公司股份的 10%,全部外国投资者持股单一上市公司股票比例不能超过 20%。(2)至 2012 年 QFII 总额度为 800 亿美元。截至 2013 年 10 月底,一共有 222 家 QFII 被承认,投资额度达到 485.13 亿美元。(3)保险基金、共同基金、慈善基金、养老基金、政府投资管理公司和开放式基金的本金锁定期为 3 个月。其他 QFII 的为 1 年。2011 年 12 月 16 日起,在 QFII 系统的基础上,合格 QFII 可用在香港募集的人民币开展境内证券投资业务试点(RQFII),第一批试点是合格的国内基金管理公司和证券公司的香港子公司。2013 年 3 月 6 日,RQFII 扩容,境内商业银行、保险公司等香港子公司或注册地及主要经营地在香港地区的金融机构将可以参与 RQFII 试点,放宽投资范围限制,允许机构根据市场情况自主决定产品类型。2014 年 4 月 10 日,中国证监会正式批复开展互联互通机制试点。	RQFII、沪港通、深港通
(2)居民到境外发行或出售股票	是	境外上市的、外资合资企业到境外发行股票的,必须要经过 CSRS 的批准。	离岸人民币股票
2. 债券类证券	是		

管制内容	是否管制	备注	对应回流渠道
(3)非居民到境内购买债券	是	QFII可投资于经CSRC同意上市交易的债券，也可投资于新发行股、可转换债券、权证等。2010年8月17日起，合格的外国机构可以投资于中国银行间债券，此后拓展到境外央行。合格的机构(包括外国银行)加入了跨境人民币贸易结算行列。香港SAR、澳门SAR人民币清算行、国外央行和货币管理机构都在让人民币成为它们国际储备的一部分。	合格境外机构投资于银行间债券
(4)居民到境外发行或出售债券	是	在境外发行1年期以上债券，必须事先得到中国发改委(NDRC)的批准。发改委同其他相关部门联合审查申请，并经国务院批准。	离岸人民币债券
(二)货币市场工具	是		
(5)非居民购买境内货币市场工具	是	QFII可购买货币市场基金，最小持有期限因不同种类投资而不同，不可以直接参与银行间外汇市场交易。养老基金、保险基金、共同基金、慈善基金、政府投资管理公司和开放式基金的本金锁定期为3个月，其他QFII为1年。	—
(6)居民到境外发行或出售货币市场工具	是	居民在境外发行货币市场工具(如1年期以下债券和商业票据)必须获得SAFE的同意。	—
集体投资证券	是		
(7)非居民购买境内集体投资证券	是	QFII可以投资国内封闭和开放式基金。	RQFII购买ETF
(8)居民境外发行或出售集体投资证券	是	必须事先得到SAFE批准。	离岸人民币基金
二、对衍生品和其他工具的管制	是		
(9)非居民购买境内衍生品和其他工具	是	不允许	—
(10)居民境外发行或出售衍生品和其他工具	是	适用有关购买的规定。	—
三、对信贷的管制	是		
(一)贸易信贷	是		

续表

管制内容	是否管制	备注	对应回流渠道
(11)非居民向居民提供贸易信贷	是	经授权,金融机构和中资企业可以参与境外的短期借款,其借款期限为1年或1年以内,不得超出SAFE批准的限额。向国内机构提供1年期以上境外商业贷款的,须事先获得NDRC批准。特定交易无需审查和批准。所有从境外的贷款必须在SAFE登记。设有备案管理系统,用于居民和非居民间相互的贸易信贷。适用于(1)出口的预收款;(2)进口延迟付款。外资企业的中长期外债和短期外债余额不得超过总投资和资本金额之差。金融机构必须把相关文件上报到管理机构。参与与汇率、股票和商品有关的衍生品交易的机构必须遵守SAFE的规定。如果有足够的风险管理能力,可参与国内的黄金期货交易。	
(二)金融信贷	是		
(12)非居民向居民提供金融信贷	是	借给国内机构的1年或以上的金融信贷必须得到NDRC的批准。金融机构和中国股份公司可参与1年及以下的外部融资。所有特定交易无需审查和批准。所有从境外的贷款必须在SAFE登记。其余的参考项目11的规定。	—
担保	是		
(13)非居民向居民提供担保	是	外资企业向境内金融机构贷款时,经过商务部同意,可由境外机构提供担保。补充:当中资企业向境内金融机构贷款时,可由境外机构担保,在SAFE批准的额度内。	—
四、对直接投资的管制	是	进行四级分类,把直接投资活动分为鼓励类、批准类、限制类和禁止类。	
(14)对内直接投资	是	在遵守法律和相关规定,得到商务部或者地方商业部门同意的前提下,非居民可以在中国投资和建立企业。FDI的结算金额如果超过5万美元,企业必须出于实际交付要求才能将其兑换为人民币。FDI可以投资于A股,但是对FDI的投资者资格有具体要求。2011年10月起,外国直接投资者可以用人民币进行直接投资。	人民币FDI
五、对直接投资清算的管制	是	在经营期限到期前进行清算,需获得原设立批准机构的同意或者经法院判定。清算时,为汇回境外投资者的资金而进行的购汇,需要经SAFE批准。	—
六、对房地产交易的管制	是	适用直接投资的有关规定。	
(15)非居民在境内购置商住房	是	非居民购买商住房须符合实际需要和自用的原则,可在银行直接结算个人购房的外汇。	—
七、对个人资本交易的管制	是		

续表

管制内容	是否管制	备注	对应回流渠道
贷款	是		
(16)非居民向居民提供贷款	是	2012年12月27日,深圳前海跨境人民币贷款业务正式启动,贷款总额上限为500亿元人民币。	跨境人民币贷款
礼品、捐助、遗产	是		
(17)非居民向居民提供	是	凭个人有效身份证件,居民个人可通过银行结算捐助、遗产收入,每年限额5万美元。若超出限额,须出示有关公证或协议文件。	—
资产转移	是		
(18)向境内移民	N.A	—	—

资料来源:根据IMF《2012年汇兑安排和汇兑限制年报》(*Annual Report on Exchange Arrangements and Exchange Restrictions for 2012*)及我国现有相关外汇管理法规整理所得。

从表7—1可以看出,除了非居民不能购买境内衍生品和其他工具、资产从境外向境内转移没有具体规定外,其他回流方式均部分开放,且有具体的实施方式。但是可以看出,资本市场工具开放程度大于货币市场工具,机构交易开放程度大于个人交易,长期投资开放程度大于短期投资。2011年以后出现了新政策,即在"非居民到境内购买股票"项目中正式推出了RQFII、沪港通和深港通,在"对内直接投资"项目中正式推出了人民币FDI,此两者应为今后人民币回流渠道建设的重点。

第三节 人民币回流渠道建设的具体建议

从2007年至今,中国政府出台了一系列政策开始着力于建设海外人民币回流渠道,包括经常项目下的跨境贸易人民币结算渠道,资本项目下的境外发行人民币债券、境内银行间债券投资渠道、人民币直接投资(FDI)、RQFII及跨境人民币贷款渠道等。这些渠道均存在不同程度的额度控制,通过逐渐放开额度来探索回流渠道的恰当规模,一旦失控,则立即缩减额度进行限制,避免过多的海外人民币对国内货币政策、汇率利率制度等造成冲击。目前,在风险可控的情况下,海外人民币回流渠道建设虽已取得一定的进展,但诸多渠道仍处于试点阶段,在深度和广度上还存在诸多问题,下面从四个方面对搭建全新的人民币回流渠道机制提出建议。

一、建立人民币存款回流机制

（一）建立人民币存款官方回流渠道

人民币现钞回流的非官方渠道包括个人探亲、旅游，民间市场流通，边境贸易主体携带入境用以支付小额贸易贷款及贸易结算差额以及银行间现钞调运，但这种方式不成体系，缺乏透明性，难以监管。对自贸区内的人民币存款，应建立公开、高效的官方回流渠道。针对自贸区离岸账户的人民币，可指定1家清算行吸收其他区内银行的人民币存款，清算行再将该存款转存中国人民银行上海总部。由此，建立了人民币现钞的跨境回流机制。对自贸区内银行的人民币头寸，也可在核准的额度内将其投资于银行间债券市场。

（二）推动境外机构投资银行间债券

目前根据相关规定，三类境外机构（中央银行、清算行、参加行）可在核准的额度内，以其开展的央行货币合作、跨境贸易和投资人民币业务获得的人民币资金投资银行间债券市场。故对自贸区内银行的人民币头寸，可允许其在核准的额度内投资于银行间债券市场。此外，自贸区内将加快服务业的开放，会有越来越多的外资金融机构在自贸区内设立外资银行、合资银行、融资租赁公司等。因此，借助于自贸区内服务业的开放，可尝试在自贸区内放开一部分投资主体限制，将投资者扩大至自贸区内三类机构以外运行业绩良好的金融机构。此外，在投资核准额度上，应该根据开放情况逐步调整以满足需求和控制风险。最后，在资金来源上，除允许利用境外合法获得的人民币投资于境内银行间债券市场外，还应逐步放开配给一定额度将外汇兑换成人民币投资于银行间债券市场。

二、培育离岸金融市场

（一）先行建设离岸人民币债券市场

建设离岸人民币债券市场应该是自贸区回流渠道建设的重点工程。在目前我国资本账户仍未完全开放的情况下，风险较低的离岸债券市场能为人民币完成从储蓄职能向投资职能的转变提供缓冲带，同时降低人民币国际化的风险。建立一个有广度和深度的离岸人民币债券市场能极大提高境外人民币持有者的投资意愿，推动人民币国际化。

首先应推动财政部和商业银行、政策性银行等大型金融机构在自贸区内发行人民币债券,并逐渐达到一定的规模。国债发行具有建立基准收益率曲线的作用,利于其他人民币债券的定价。商业银行、政策性银行等大型金融机构规模及债信能力俱佳,能为离岸人民币债券市场的发展打下良好的基础。

待粗具规模后,鼓励境内企业和其他非金融机构在自贸区内发行人民币债券。自贸区内的离岸人民币资产池为内地企业提供了融资机会,并且回避了人民币升值的汇兑风险。

最后,人民币债券期限需要多样化,才能满足境外投资者的多样选择。因此,在自贸区内发行离岸人民币债券应根据"先长期后短期"的原则,适量多发行长期债券,以增强债券市场的流动性及降低债券市场的整体风险;而短期债券属于货币市场工具,资本项目管制最严格,所以这一部分应该配合资本项目开放政策同步进行。

(二)适时启动离岸人民币股票市场、货币市场及衍生品市场

从资本项目开放顺序来看,人民币产品的开放顺序应为先债券、后股权、最后衍生品及其他。因此,待自贸区内离岸人民币债券市场形成一定规模、离岸人民币资产池存蓄量充足后,可在自贸区内筹备境内、境外企业人民币上市的资本市场。首批企业的上市条件需严格限制,这是为了保证人民币股票的企业质量,先打造好人民币股票在境外投资者中的形象,提高境外投资者对持有人民币股票的信心。待发展成熟后,要在风险可控的前提下逐渐降低企业上市条件,这样才能有足够的动力发行离岸人民币股票。

在离岸债券市场及离岸股票市场发展稳定以后,离岸证券市场的发展方向应为离岸人民币货币市场及衍生品市场,可以先允许企业到自贸区内发行短期离岸债券,募集人民币等风险较低的货币市场产品,后开放高风险、高杠杆的金融衍生产品市场。

三、推进人民币 FDI

我国从 1978 年开启外资直接投资(FDI),超过 30 年的发展历史使得 FDI 拥有较成熟的管理系统,人民币 FDI 应在 FDI 的制度基础上发展。自 2011 年 10 月推出人民币 FDI 的相关文件后,由于投资者进入门槛高、审批严等问题,跨境人民币 FDI 发展缓慢。而目前上海自贸区内对外商投资管理体制进行了创新,对外商投资施行"准入前国民待遇和负面清单管理模式",这对大力推行人民币 FDI 已创造了良好的前提条件。因此，为了在自贸区内搭建畅通的人民币 FDI 回流渠道，可参照以下几条建议：

首先，应该不断细化人民币 FDI 的管理细则，在自贸区内对外商投资施行"准入前国民待遇和负面清单管理模式"的基础上，建立和完善人民币直接投资结算体系，方便境外投资者资金的进入、投入的选择及收益的流出。其次，应该建立起人民币 FDI 资金监督系统，且必须要进行额度和投资标的的限制，防止人民币 FDI 资金最终迂回流向资本市场。

在投资标的上，目前人民币 FDI 只可以进行包括房地产在内的直接投资，而不能投资有价证券和金融衍生品等间接投资。在今后发展过程中，投资标的上的限制应该根据实际情况调整，如配合资本项目开放，可以考虑把企业的跨境人民币资金先引向中国银行间债券市场，一方面便于企业的资金管理，另一方面把境外人民币利率与境内人民币利率连接起来，加大跨境人民币市场的深度与广度。在人民币 FDI 投资于银行间债券市场稳定后，可以逐步引向交易所债券市场、股票等有价证券。

四、试点 RQFII 制度

现存的 RQFII 只存在于香港离岸金融市场，在香港筹集的境外人民币资金要投资到内地的人民币产品市场存在信息、费用上的成本。所以，若在自贸区内试点实行 RQFII 制度，搭建自贸区内投资主体通过 RQFII 投资我国证券市场的渠道，境外合格投资机构便可以直接有效地集中境外大量的人民币资金到在岸金融中心，并且直接投资于人民币产品市场。

首先，在自贸区内试点 RQFII 应借鉴 QFII 发展经验。QFII 自 2002 年推出以来，证券监管部门和外汇监管部门建立和完善了 QFII 监管政策和电子检测系统，监管体系比较成熟；另外，境内券商、托管行均已熟悉 QFII 的服务，建立了行业规范。在自贸区内试点 RQFII 应借鉴 QFII 的监管和服务经验，制定并调整 QFII 准入门槛及投资规模，这样才能快速而稳健地推行。

其次，RQFII 投资范围和比例可从固定收益类投资渐渐向权益类投资倾斜，试点机构类型还可扩大到信托公司、资产管理公司等。在 RQFII 机制建立的基础上，国内债券、基金及股票将会成为境外人民币回流的重要渠道。

在 RQFII 投资于国内债券市场和股票市场的额度达到一定标准，以及投资于两者的资金比例分布较平均时,可以在风险可控的前提下适时实现 RQFII 资金与国内衍生品市场及货币市场的对接。

五、建设人民币 PE 市场

目前人民币合格境外有限合伙人(RQFLP)已在上海启动,即通过私募形式对非上市企业进行权益性投资。私募股权投资(PE)作为一股新兴的经济增长势力,为闲置资金与小企业、创投业之间搭起了桥梁。所以,在构建人民币回流渠道的过程中,人民币 PE 应该占有一定的位置,以促进金融对经济的支持作用。在建设人民币 PE 市场时,要完善相关的法律法规,同时要丰富人民币 PE 退出渠道。由于 PE 容易导致"热钱"披着资金的外衣进入我国资本市场,造成金融冲击,这就对资金流动监管的要求比较高,需要配合金融监管系统的成熟及外汇管制的放开进行。

第四节 人民币回流的监管措施

海外人民币回流机制的搭建、发展、完善的过程同时也是资本项目实现完全开放的过程,当资本项目放开到一定程度后,海外"热钱"流入等都会对国内在岸金融市场产生冲击,因此,在搭建人民币回流机制的同时,建立配套的监管机制和监测系统也是必不可少的。有关当局要把握对新建回流机制的控制力,在这些机制中设置一些反周期的自动稳定器,控制风险,以防范对在岸市场造成冲击。

一、建立完备的人民币回流统计监测体系

为了防止"热钱"冲击国内实体经济,必须要建立起配套的人民币回流统计监测体系对回流的人民币进行监控。具体来讲,可从以下几个方面来推进:首先要建立统一的人民币跨境流动数据采集、监测、分析和预警体系,实现对人民币跨境循环的全程监管,能够及时观测、侦查跨境人民币资金异常流动。二是可在自贸区内建立综合信息监管、披露平台,与国内外各监管部门建立畅通的信息交换、共享机制,加强各金融监管部门之间的沟通协调。三是对各回流渠道资金实行严格的登记制度,为 RQFII、人民币 FDI、人民币外债等设立专用账户,强化对海外人民币资金来源、用途的统计监测,严格监督和限制境外人民币"热钱"涌入。

二、实行额度控制

离岸、在岸金融市场上存在着利差、汇差,在适当的市场规模内不会带来风险,而超出一定规模则会带来套利风险,这些风险的预防与控制都取决于监管当局的掌控力。因此,监管当局可采取"资格审查、额度控制、逐步放开"的原则,逐步建立自贸区人民币回流机制,对风险较小的回流渠道可以加大力度,风险较大的回流渠道则应及时予以控制。在遵循上述原则下探索回流渠道的恰当规模,一旦失控,则立即缩减额度进行限制,避免过多的海外人民币对国内货币政策、汇率利率制度等造成冲击。

三、征收托宾税

当出现大幅短期资金流出时,可采取"托宾税"等经济手段,提高跨境套利套汇资金流动的成本,有效遏制相关经济主体利用离岸、在岸金融市场利差、汇差从事投机炒作活动;或直接运用行政手段限制短期资金的流出,从而降低因短期资本快速流出对金融稳定带来冲击的风险。

第五节 在岸金融市场建设

完善的在岸金融市场对搭建运行通畅的人民币回流机制起着非常重要的作用。在岸金融中心的建设应该着重于四个方面:一是深化人民币产品中心建设,二是完善金融市场机制,三是完善人民币跨境支付清算体系基础,四是加强金融风险监管与金融法治建设。

一、深化人民币产品中心建设

人民币产品中心是指以人民币计价和结算的金融产品创新、交易和定价中心。只有人民币产品投资池的深度、广度和创新能力都达到一定水平,配套的金融定价、结算和监督体系得以完善,境外人民币的投资、交易和保值功能才得以实现。上海作为国内金融市场核心,汇集了外汇市场、银行间市场、股票市场、黄金市场和期货市场等主要人民币市场,具有建立人民币产品中心的基础条件,这是其相比香港一个无可比拟的优势。但是,上海的金融市场监管体系、法律体系发展不尽完善,需要不断提高以满足建设国际金融中心的要求。

具体的人民币产品中心建设又分为以下几个方面:

(一)人民币债券产品和股权产品中心建设

参考发达国家的经验和现实,在初步发展阶段,要建设成为人民币产品中心,上海在岸金融市场建设应该把重点放在以政府债券为核心的固定收益产品市场的建设上。因为债券是风险相对较小的金融产品,而其中政府债券信用度高,安全性强,且具有一定的收益性,在人民币产品开放初期比较能吸引境外投资者;另外,境外资金投资于债券市场的成功运行能为股票市场、货币市场和衍生品市场提供宝贵经验。所以应建立以政府债为核心的多层次的债券市场,辅以发展企业债券和金融债券等,使债券产品多样化,为境外投资者提供更多选择的同时,以债券市场的深度和广度淡化风险。

对于人民币股权产品而言,应在债券市场发展成熟的基础上大力开放。

(二)货币市场产品和衍生品产品中心建设

随着人民币国际化的推进、资本项目的逐渐开放与人民币回流渠道的建设,将来会逐渐放开到允许境外投资者以境外人民币投资于我国的货币市场产品及衍生品,我国外汇交易所将为这些投资者提供交易、清算服务以及技术支持。所以上海在岸金融市场的建设过程中,应该不断完善交易和清算体系,为境外人民币提供便利的交易、投资、风险管理市场和产品的服务。

具体来说,在衍生品市场上,积极推出人民币汇率远期、期货、掉期等汇率衍生产品,并积极培育以 SHIBOR 为定价基准的各类人民币利率衍生产品,丰富人民币衍生产品体系,力求通过产品多元化吸引境外投资者。

二、完善金融市场机制

离岸与在岸市场间利差与汇差的存在使投机者存在投机套利空间,导致"热钱"流入。一方面,在人民币回流机制的构建中要积极防范这种风险;另一方面,要主动采取措施弱化和缩减"热钱"的套利空间,即在在岸金融中心的建设过程中,需要继续稳步推进利率市场化和汇率形成机制等重点领域改革,遵循主动、渐进、可控的原则,让市场供求成为相关要素形成的决定性因素,从而健全和完善在岸金融市场的制度环境。

三、完善人民币跨境支付清算体系基础

应该借鉴美联储和欧央行 ECI 项目管理境外美元、欧元现钞的做法,配套建立人民币现钞跨境流通渠道以及全球管理中心。依托上海比较完善的金融市场体系,将人民币跨境支付系统和人民币现钞跨境流通全球管理中心在上海建立,整合现有人民币跨境支付结算渠道和资源,提高人民币跨境清算效率,从而打造货币、期货、证券、外汇等金融要素交易市场间集中、统一、互联并与全球接轨的统一清算平台,完善上海作为国际金融中心的金融市场基础设施。

四、加强金融风险监管与金融法治建设

由于上海同时拥有离岸与在岸两个金融市场,建立起既宽松又合理的金融监管政策与相关法律法规以监督、防范风险尤为重要。对境外流入资金的合法性、流入投资于在岸人民币金融产品、收益流出的过程及人民币金融产品创新进行严密的监管,建立防火墙机制,防止"热钱"借离岸市场流入冲击实体经济。要健全和完善与人民币跨境交易清算有关的法律法规,明确境内外支付清算系统运行的法律主体及责任。

第六节 本章小结

在上海自贸区搭建完善的人民币回流机制,对促进我国资本项目开放、推动人民币国际化和建设上海国际金融中心具有重大意义。

通过上述研究,我们认为,在上海自贸区内搭建人民币回流机制的过程,是资本项目逐步实现完全自由兑换的过程,也是推动上海尽早建成国际金融中心的过程。我们可以通过人民币存款回流机制、RQFII、人民币 FDI 等回流渠道的搭建来发展、完善自贸区人民币回流机制,通过建立完备的人民币回流统计监测体系、实行额度控制、设置托宾税等措施对人民币回流进行监管以防范风险。同时,积极推进上海在岸金融市场的发展,促进在岸金融市场制度创新、产品创新,强化上海金融市场在人民币产品创新、交易、定价和清算中心的地位,加快上海国际金融中心的建设。在各方面的协同发展下,稳步推进人民币国际化进程。

第八章

结论及政策建议

本书综述了影响跨境贸易计价货币选择的因素,在修正 Matsuyama et al. (1993)、Goldberg and Tille (2005)、Eiji Ogawa 和 Yuri Nagataki Sasak(1998)跨境贸易计价货币选择理论模型的基础上,实证分析了汇率、利率等变量对欧元、日元跨境贸易计价货币选择的影响,验证了美元、欧元保持跨境贸易计价货币选择惯性的原因。

本书系统回顾了跨境贸易人民币计价结算的历史,利用统计数据和问卷调查数据阐述了跨境贸易人民币计价结算的现状,从理论模型和数值模拟的角度分析了政府加强跨境贸易人民币结算基础设施建设等工作对短期推进跨境贸易人民币计价结算的重要作用,从理论和实证分析两方面证明了逐步建立大宗商品的计价权是长期形成跨境贸易人民币计价结算惯性的根本保证。

第一节 结 论

通过一系列的理论和实证分析,本书得到以下结论:

一、跨境贸易计价货币选择不仅要考虑事前的汇率风险,还要考虑事后的汇率风险

企业选择什么货币作为贸易计价货币,主要动因是为了避免汇率风险。我们认为,对于汇率风险可以分为事前的汇率风险和事后的汇率风险。所谓事前的汇率风险,是指国际贸易结算前面临的汇率风险;而事后的汇率风险是指国际贸易结算后持有外汇面临的风险。前者主要通过微观决策化解,而后者则要考虑资产收益率、结算货币的汇率走势等宏观因素。

通过文献综述我们看到国际贸易中企业计价货币选择的微观影响因素主要有:货币的交易成本、贸易对象国、产品的需求价格弹性、预期利润、讨价还价能力、出口市场竞争情况、公司规模和产品市场占有率等。宏观影响因素主要有:通货膨胀率高低、货币供给波动大小、汇率波动程度和经济总量大小等。

在微观企业计价货币选择的决策中融入宏观经济变量的动态一般均衡研究,以及通过拓展样本空间、问卷调查等方法挖掘微观企业计价货币选择的时间序列数据,进而选择合适的方法进行实证研究是未来研究的方向。

在理论分析的基础上,通过实证分析找到影响人民币跨境贸易结算的主要因素,并分析人民币跨境贸易结算的风险,这为人民币跨境贸易结算的路径选择提供了依据,也为制定防范人民币跨境贸易结算风险的对策奠定了基础。

二、跨境贸易人民币结算试点开启了人民币计价结算的新起点,但跨境贸易人民币计价结算的未来任重道远

从20世纪60年代算起,跨境贸易人民币计价结算经历了四个阶段。早期跨境贸易人民币计价结算的开展与布雷顿森林体系崩溃、英镑大幅贬值有关。随着我国改革开放取得巨大成就,20世纪90年代以后,边境贸易尤其是与越南、缅甸等东南亚国家的边境贸易中出现了市场自主选择人民币计价结算的情况。随着中国政治、经济地位的不断攀升,我国有关的外汇管理法规、政策的推进,亚洲金融危机后币值稳定的人民币成为边境贸易中流行的计价单位和支付结算手段,但跨境贸易人民币计价结算总量有限。

2009年7月1日,跨境贸易人民币结算试点开启了人民币计价结算乃至国际化的新时代。2009年试点以来至2016年6月末,跨境贸易人民币结算额累计已达26.58万亿元人民币。跨境贸易人民币结算额占进出口总额的比重,也由2010年的2.58%提高到2015年的29.40%。从业务结构来看,试点初期主要为货物贸易人民币结算业务;从人民币实际收付比来看,收付比例不断趋向均衡,"跛足"现象有所改善;从各省市地区来看,广东省为全国跨境人民币结算第一大省,上海、浙江紧随其后,这些最初试点的城市和地区也是跨境贸易人民币计价结算规模最大的地区。

基于2012年对119家企业跨境贸易结算货币选择行为的问卷调查结果,我们得到以下结论:参与调查的企业大部分选择美元作为跨境贸易结算货币,多数企业缺少汇率风险规避手段,汇率风险对冲效果不佳。企业采用人民币作为跨境贸易结算货币是多种因素综合考虑的结果,主要的原因是为了规避汇率风险、减少汇兑成本、出于交易对方(外国企业)的要求和为了维持与国内银行的关系。通过问卷调查,我们发现制约跨境贸易人民币结算的因素既有制度因素,也有微观因素。制度因素主要有:退税手续复杂(报关单时间长);银行业务太复杂,办理时间长;境外结算行少,结算不方便;在境外开立人民币账户困难,缺乏退税依据,退税难。制约人民币结算的微观因素主要有:外国进口商缺乏人民币来源;出口商品大部分为竞争激烈的产品,缺乏议价能力;人民币交易成本较美元、欧元高。因此,政府要加大跨境贸易人民币结算的宣传,鼓励企业选择人民币作为跨境贸易人民币结算货币,促进人民币作为国际货币的发展进程,完善相关的配套设施,如简化退税手续、简化银行业务流程、增加境外结算行。此外,政府也需要大力发展离岸人民币业务,并推出规避汇率风险的人民币产品。

但是,目前跨境贸易人民币计价结算发生地主要在香港。2015年人民币汇率出现一定程度的贬值,为了预防美元储备的快速下降,央行人民币离岸市场采取了提高人民币利率等手段限制投机资金的套利,导致跨境贸易人民币计价结算出现了一定程度的影响,离岸人民币出现了收大于支的现象,人民币国际化进程受阻,因而跨境贸易人民币计价结算的未来任重道远。

三、经济和贸易实力的相对大小以及支撑个体跨国交易的便利性条件是促进跨境贸易计价货币选择的根本驱动因素

通过改进的 Matsuyama et al. (1993)搜索模型及其数值模拟,本书发现一种货币要实现国际化,其背后必然是被一些根本性因素所驱动。我们认为这些要素就是经济和贸易实力的相对大小,以及支撑个体跨国交易的便利性条件。然而,经济条件的改变毕竟是一个长期的过程,货币国际化显然也是一个渐进的过程。一国货币从完全不被国际社会接受,到被国际社会在一定程度上接受并初步实现国际化,这中间存在着漫长的过渡地带。所以,我们讨论了政府政策对一国货币国际化的潜在推动作用。

在对政策效力的讨论中,我们认为那些经济贸易实力较强的、交易便利性条件更好的大国或许能够通过政策在早期来推动该国货币的国际化。当然,我们认为

政府政策的推动能力实际上是很有限的。货币被他国的普遍接受仍依赖于那些根本性的经济条件,而不可能单纯依赖政策因素。目前,中国具备较好的经贸实力,同时货币处于走向海外的早期阶段,正好是处于能够充分发挥政策推动作用的时期。

首先,这体现为基于经常账户的政策,即对贸易的重视。具体而言,它们类似于跨境贸易和边境贸易人民币结算。一国个体无论是持有本币还是外币,其目的都是最终寻找到所需的商品来消费,并生产出新的、别人所需的商品。在这样一种持续发展的经济中,货币是一座桥梁。在目前的边境贸易人民币结算和跨境贸易人民币结算的一系列制度设计和安排中,包含了退税等激励措施,以及更便捷的结算方式和渠道的安排。这些安排可以有效地降低本国和他国个体使用人民币的成本,提高便利性。我们之所以强调这一类政策,是因为其背后的基本逻辑与我们的理论分析十分吻合。

其次是基于资本账户的政策。在我们的模型中,尽管没有能够深入从资本账户的角度来予以讨论,但政策显然不能够局限于贸易层面。贸易的人民币结算必然伴随着国外人民币资金池的积累,进而形成人民币离岸市场。显然,国外个体对于人民币的使用方式将变得丰富,而不会局限于贸易结算。外国个体必然要求更多、更有效的投资渠道。那么,一国政府就需要采取合适的政策,来打通货币在国内外的循环渠道。正如我们所看到的,人民币在香港地区的积累已经越来越多。近段时间以来,中国政府通过在海外发行人民币国债,以及扩大RQFII额度等方式来积极打通人民币的回流渠道。

四、保持本币持续稳定或升值的趋势,维持对国际主流市场相对较高的利率是推进跨境贸易本币结算的重要宏观经济环境

影响国际贸易计价货币选择的宏观因素有货币供给波动大小、汇率波动程度和经济总量大小等。但是,我们认为影响计价货币选择的宏观因素还应考虑利率、经济增长、资产收益率等因素。

通过引入贸易国利差变量拓展 Goldberg and Tille (2005) 模型,并实证分析 1984~2009 年日元计价货币选择的影响因素。本书得出了以下结论:(1) 贸易国利差是影响计价货币选择的重要因素之一。我们的模型拓展了 Goldberg and Tille (2005) 模型中的企业利润函数,将贸易双方国家的利差引入模型,推导出计价货币选择模型。模型显示,出口商倾向于选择利率高、预期将升值的货币作为计价货币,其面临的竞争越激烈,这种倾向越明显,需要迎合市场的变动来最大化自身的利润。如果出口商的垄断能力越强,其在最大化其利润的计价货币决策上则拥有更多自主权。(2)日元持续升值有利于日本出口企业用日元计价结算。1984～2009年间,从长期来看,日元兑美元每升值1%,日本出口贸易中用日元计价的比例就增加0.2343%,日元升值有利于出口企业用日元计价结算。但在短期,这种影响作用有待进一步研究。(3)日本出口企业竞争力的提高有利于日元计价货币的选择。1984～2009年间,从长期来看,日本出口企业竞争力每提高1%,则日元计价的比例就增加0.0589%;从短期来看,该比例为0.08%。(4)日美利差的扩大不利于日元计价货币的选择。1984～2009年间,从长期来看,日本利率比美国利率低1%,则日元计价的比例就减少0.1833%。日本利率低于美国利率有利于日本出口企业用美元计价。但在短期,统计上没有得到有意义的结论。

通过对2004年10月到2012年12月的月香港离岸人民币存款总额与人民币汇率、香港银行间同业拆借利率和香港人民币存款利率之间的协整关系进行实证分析,我们得到以下结论:(1)人民币汇率对香港离岸人民币的存款增长有显著正影响,人民币的持续升值推动香港离岸人民币存量的增加。(2)香港银行间同业拆借利率对香港人民币存款增长有着长期的正影响,即在资金自由流动的条件下,资金会流向使用成本比较高的地区。(3)但是香港人民币存款利率对香港人民币存款的影响与预期相反,长期来说,香港人民币存款的增加伴随着香港人民币存款利率的下降。(4)在政策不断完善和放宽的情况下,香港人民币离岸市场仍在不断地发展,但与香港其他货币尤其是亚洲美元离岸市场相比,还只是处于起步阶段。参考国际经验,离岸金融中心的发展无不依赖于充足的离岸货币存量。只有当香港人民币离岸市场成为人民币存量充足的"蓄水池",人民币资本市场、外汇市场、人民币FDI和RQFII才能真正发展起来。所以,对香港人民币离岸市场而言,如何扩大离岸中心的交易量是最终目标,提高境外居民使用人民币的意愿、吸引人民币存款是重要手段。

五、拥有大宗商品计价权是维持跨境贸易计价货币选择惯性的长期决定因素

英镑和美元均通过强大的政治力量和特殊的经济背景实现了国际化的目标。尽管美国经济的实力不断下降,美元呈现长期贬值的趋势,但美元在国际贸易计价结算中依然发挥重要的作用,而英镑的地位一落千丈,甚至不及日元。理论上,美元在跨境贸易计价货币选择中的惯性可以用交易成本低、汇率波动幅度小、其他国家钉住美元的汇率制度来解释,但也与国际重要能源、原材料的定价权密切相关。第二次世界大战后,美国在世界贸易中处于绝对优势地位,利用布雷顿森林体系的"双挂钩"政策,美元借此成为居于全球主导地位的贸易计价货币,绝大部分大宗商品均以美元作为计价货币。随后,美元凭借国际资本市场和商品市场的传统优势地位以及对大宗商品的计价权,利用期货市场逐步控制国际主要大宗商品的定价权,巩固了美元作为关键货币的地位。

通过将进口贸易本国货币计价比例引入 Goldberg and Tille(2008)模型,建立了出口企业计价货币选择理论模型。在此基础上,以 2000~2011 年的欧元区 8 国和 1980~2012 年的日本为例,实证分析了影响出口贸易本币计价结算比例的因素。通过上述理论和实证分析,我们得到以下结论:(1)修正的 Goldberg and Tille(2008)模型显示,进口贸易中外国货币计价的比例就越高,那么出口厂商计价货币中外国货币的比例越高;当出口厂商的产品相比市场总体更有竞争力时,汇率波动越大,出口厂商越倾向于以本国货币定价;企业产品替代弹性越高,那么出口厂商计价货币中外国货币的比例就越高;企业的规模报酬越小,那么出口厂商计价货币中外国货币的比例就越高。(2)根据系统 GMM 方法得到的动态面板实证结果表明,欧元区出口贸易欧元计价比例有很强的惯性,当期出口贸易欧元计价比例受上一期的影响在统计上显著。(3)欧元区 8 国的面板数据实证分析和日本数据协整分析的结果都证明:进口贸易中本币计价比例的提高,有助于提高出口贸易中本币计价的比例。如果本币在进口商品中的计价权越大,其在出口贸易中本币计价的比例也越大。(4)欧元或日元兑美元汇率的波动性越大,出口厂商越倾向于选择用本币作为计价货币。说明在样本区间,欧元区国家和日本的出口产品需求价格弹性低于市场整体需求价格弹性。但欧元区 8 国动态面板数据分析的结果在统计上不显著。(5)虽然静态面板的实证结果显示欧元区国家的企业出口竞争力越强,也越倾向于选择用本币即欧元计价,但其影响较小,且欧元区国家动态面板数据分析的相关结果和日本数据实证的相关结果在统计上不显著。

六、美元并不会受贬值影响而突然丧失国际关键货币的地位,美元作为国际关键货币其效用贡献额是长期形成的,存在很强的惯性

本书建立在 MIU 模型之上,通过理论模型分析国际关键货币惯性的形成和影响因素。根据理论模型的分析,国际关键货币的份额与其货币效用贡献额、本国货币名义利率以及兑其他国际货币汇率变化三个因素相关。在理论模型的基础上,本书运用美元的数据,估计出美元的货币效用贡献额在 99% 的置信区间下为 0.64~0.66(不同估计方法略有差异),并用数值模拟出美元贬值程度与其份额之间的关系。通过数值模拟,我们发现美元在对主要国际货币年贬值率为 4%~5% 时,仍旧可以保持其国际关键货币的地位,其份额仍旧可以达到 50% 以上。美元并不会受贬值影响而突然丧失国际关键货币的地位,美元作为国际关键货币存在惯性。

在实证方面,本文对美元及欧元区的数据进行实证分析。通过协整分析验证了模型中的预期,美元在全球被使用的份额与汇率波动成负相关关系,与贸易特化指数成正相关关系,美元兑主要国际货币升值以及美元效用的提升,会带来美元份额的增加。美元作为国际关键货币,其效用贡献额是长期形成的,存在很强的惯性,受汇率变化影响较小,保证了美元份额不会因为美元价值的变化产生突变,因而产生了惯性。实证第二部分对欧盟区非欧元区 6 国的数据进行分析,欧元在这 6 国扮演的是国际关键货币的角色。通过这部分实证,我们发现本书的理论可以应用到区域性关键货币中,欧元作为跨境结算货币的比例与汇率波动、国债利差呈负相关,与进出口贸易呈正相关。欧元作为欧盟区的主要储备货币,同时发挥很强的交易媒介的作用,惯性很强。

通过理论及实证部分的相互印证,可以得到以下结论:

第一,即使美元相对于其他主要国际货币保持温和的贬值,但只要美元相比其他国际货币在作为交易媒介中更有优势,那么它作为国际关键货币的地位还会惯性保持下去。第二,作为区域货币的欧元在区域内具备国际关键货币的惯性特质,在区域内欧元更具交易媒介的优势,因此能够保持在区域内的优势地位。第三,相对于美元来说,其他有竞争力的国际货币如欧元、日元等,它们是有能力与美元竞争的。但是它们仅仅提升自己在储备价值方面的优势是不够的,还应该在交易方面提升自身的优势,提高作为国际货币进行交易结算的便利程度,才是挑战美元惯性地位更为关键的因素。

七、逐步放松资本项目管制,完善人民币回流机制,扩大境外人民币的保值和增值渠道,进而促进人民币跨境贸易结算的发展

目前,人民币离岸市场已在全球迅速展开,除香港这个主要的人民币离岸市场外,新加坡、伦敦等国家和地区也已开展人民币业务,上海自贸区内也可能进行人民币离岸市场的相关建设。在人民币离岸市场建设初期,向其单向输出人民币,扩大人民币离岸资金池是合理的,这样有利于境外人民币独立进行自我循环。但是当资金积累到一定程度,便需要一个畅通的回流机制,将离岸市场和在岸市场双向连接,否则会影响境外持有人民币的积极性,不利于离岸人民币市场的发展。另外,目前离岸金融市场上人民币投资渠道和人民币金融产品相对匮乏,制约了人民币离岸市场的发展。参照国外经验,只有建立起通畅的回流机制,包括开拓跨境贸易结算、直接投资和金融资产投资渠道,才能建成功能健全、运行良好的离岸市场。

根据美元、欧元及日元的国际化经验,一种货币的国际化应该经历从结算货币到投资货币,最后到储备货币的路径。我国经常项目已经实现人民币可自由兑换,资本项目部分可兑换,正处于从结算货币到投资货币转变的关键阶段。而在这个阶段,建立、健全人民币回流渠道,一方面继续积极推动人民币跨境贸易结算,另一方面完善人民币汇率机制,大力发展人民币离岸金融市场,同时平稳开放资本项目,从而提高投资和金融交易量,对人民币国际化尤为重要。而只有形成一个良好的流出和回流的循环机制,人民币才能真正成为国际货币。逐步放松资本项目管制,完善人民币回流机制,扩大境外人民币的保值和增值渠道,使外持有人民币从单纯的升值激励上升到资本收益,有利于提高人民币国际认可度,进而促进人民币跨境贸易结算的发展。

从 2007 年至今,中国政府出台了一系列政策开始着力于建设海外人民币回流渠道,包括经常项目下的跨境贸易人民币结算渠道,资本项目下的境外发行人民币债券、境内银行间债券投资渠道、人民币直接投资(FDI)、RQFII 及跨境人民币贷款渠道等。这些渠道均存在不同程度的额度控制,通过逐渐放开额度来探索回流渠道的恰当规模,一旦失控,则立即缩减额度进行限制,避免过多的海外人民币对国内货币政策、汇率利率制度等造成冲击。

海外人民币回流机制的搭建、发展、完善的过程同时也是资本项目实现完全开放的过程。当资本项目放开到一定程度后,海外"热钱"流入等都会对国内在岸金融市场产生冲击,因此,在搭建人民币回流机制的同时,建立配套的监管机制和监测系统也是必不可少的。有关当局要把握对新建回流机制的控制力,在这些机制中设置一些反周期的自动稳定器,控制风险以防范对在岸市场造成冲击。

完善的在岸金融市场对搭建运行通畅的人民币回流机制起着非常重要的作用。在岸金融中心的建设应该深化人民币产品中心建设、完善金融市场机制、完善人民币跨境支付清算体系基础、加强金融风险监管与金融法治建设。

第二节 政策建议

毋庸讳言,人民币成为主要国际货币之一将是中国从经济大国走向世界经济强国非常关键的一步。而跨境贸易人民币计价结算是人民币迈向国际化的重要开端。

一、先区域化再国际化是人民币国际化顶层设计的可行战略

由于美元等国际货币存在惯性,应渐进推进人民币国际化进程,先区域化再国际化,先政府推动再逐步转化为市场推动。

我们的研究发现,国际货币尤其是美元的国际地位存在较大的惯性。美元作为国际关键货币,其效用贡献额远远高于人民币的效用贡献额。短期内,世界对于美元的需求是长期并且相对稳定的,原因不仅仅在于储备价值、危机应对手段,更在于其交易的便利性和通用性。

因此,我们对人民币国际化路径要有清晰的认识。从短期来看,要完善跨境贸易人民币计价结算的基础设施建设,完善人民币回流机制直至资本项目的全面放开,提高人民币国际交易与投资的便利性和使用效用。在市场自发选择人民币计价结算的周边国家提高跨境贸易人民币计价结算规模,配合"一带一路",加快推进人民币区域化,形成区域货币的惯性。

从长期来看,对货币的依赖,离不开的是经济上形成依赖,如果中国经济实现长期稳定增长,世界经济增长长期依赖中国经济,那么这种依赖就可能转化为对人民币的长期稳定的需求。策略上,应做大做强资本市场,谋划大宗产品的定价权,这样才有资格与美元竞争,才能真正形成人民币国际化的惯性。

二、鼓励企业创新,提高出口企业产品国际竞争力是推进跨境贸易人民币计价结算的根本保证

从微观企业角度来看,跨境贸易计价货币选择依赖于讨价还价能力、出口市场竞争情况和产品市场占有率等。我们的模型显示,出口商需要迎合市场的变动来最大化自身的利润,如果出口商的垄断能力越强,其在最大化其利润的计价货币决策上则拥有更多自主权。美元、欧元和日元在跨境贸易计价货币中占有较大比重,从根本上来说取决于这些国家出口产品较强的国际竞争力。从问卷调查结果来看,我国出口商品大部分为竞争激烈的产品,缺乏议价能力。因此,从长远看,要进一步推进跨境贸易人民币计价结算,鼓励我国企业创新,提高出口企业产品国际竞争力是根本保证。

三、人民币币值稳定是推进跨境贸易人民币结算初期的重要保证

欧元、日元的实证结果表明,本币的升值有利于本国货币在跨境贸易结算中计价结算。实证结果表明,人民币升值也是影响香港人民币存量最显著的因素。2015年8月11日,人民币在岸市场及离岸市场人民币兑美元即期汇率分别下跌1.80%及2.65%,创下1994年汇改以来最大单日跌幅,受此影响,2016年1～7月跨境贸易人民币计价结算额比2015年同期减少8567亿元人民币,减少了27.4%。香港离岸人民币存款也不断下降,截至2016年6月,香港人民币存款为7115亿元,较2015年7月的9941亿元下降了2826亿元。由此可见,汇率贬值对人民币国际化的影响之大。所以,我国应该通过保持人民币对一篮子汇率长期稳定或缓慢升值的预期来促进跨境贸易人民币计价结算。

四、提高资产收益率是推进人民币由结算货币向投资货币深化,进一步促进跨境贸易人民币结算的重要动力

我们的模型显示,出口商倾向于选择利率高、预期将升值的货币作为计价货币,出口商面临的竞争越激烈,这种倾向越明显。日元计价结算比例的不断下降与其国内长期低利率、资产收益率低有关。美国利率高于日本、欧洲利率,美元资产的收益率显著高于日元资产的收益率,美国股市长期处于牛市,欧洲股市次之,而日本股市自1989年12月以来长期大幅下跌。企业以预期利润最大化为目标,在一定程度上导致了日本企业在国际贸易中对美元产生偏好。因此,在保持宏观经济稳定的前提下,维持高于美、日、欧的利率,做大做强资本市场,将推进人民币由结算货币向投资货币深化,反过来又进一步促进跨境贸易人民币结算。长远来看,如果我们在全球金融危机发生时能提供全球资金的避险人民币产品,则人民币国际化前景广阔。

五、布局大宗商品定价权,逐步形成跨境贸易人民币结算惯性是长期推进跨境贸易人民币结算的战略布局

我国是原油、铁矿石等大宗商品的重要进口国。我们对欧元的实证分析发现,进口商品本币计价结算的提高有利于出口本币计价结算。无论现货还是期货及其衍生品市场,全球石油、黄金、有色金属、农产品等大宗商品交易大部分均以美元定价,而美国正是通过美元垄断石油等大宗商品的交易媒介地位来维系和巩固美元的霸权地位。从长远来看,要增加跨境贸易人民币计价结算,形成人民币国际化惯性,谋求大宗商品人民币计价权是重要手段。现阶段,谋求大宗商品人民币计价权不能一蹴而就,应选择具有代表性的重要商品如原油作为试点,积累经验后再推广到成品油、天然气、铁矿石、铜、铝、大豆等产品。充分利用港交所控股伦敦金属交易所(LME)的便利条件,争取利用LME分布在全球14个国家37个位置多达700间的货仓,并最终引入人民币定价的铁矿石、铁矿石运输指数、焦煤、橡胶等金属交易合约。

六、加强人民币计价结算相关基础设施建设,便利跨境贸易人民币结算是推进跨境贸易人民币结算的重要环节

目前中国具备较强的经贸实力,同时货币处于走向海外的早期阶段,正好是处于能够充分发挥政策推动作用的时期。在利用模型对政策效力的讨论中,我们认为那些经济贸易实力较强的、交易便利性条件更好的大国或许能够通过政策在早期来推动该国货币的国际化。2015年10月8日,人民币跨境支付系统(Cross-border Interbank Payment System,简称CIPS)(一期)上线,系统上线运行后,将大大提高跨境清算效率,标志着人民币国内支付和国际支付统筹兼顾的现代化支付体系取得重要进展,极大地提高了跨境贸易人民币计价结算的交易便利性。继续完善人民币全球清算体系,推动贸易投资便利化。为便利跨境贸易人民币结算,我们还需简化退税手续,简化银行业务流程,增加境外结算行,完善相关的配套设施。尽快上线 CIPS 二期,提高人民币跨境和离岸资金的清算、结算效率,提高交易的安全性,构建公平的市场竞争环境。

当然,我们认为政府政策的推动能力实际上是很有限的。货币被他国的普遍接受仍依赖于那些根本性的经济条件,而不可能单纯依赖政策因素。保持经济稳定增长,维持进出口贸易全球第一的规模,提高出口产品竞争力,依然是维持跨境贸易人民币计价结算高增长的重要因素。

七、培育离岸人民币市场,建立健全人民币回流机制是推进跨境贸易人民币结算的重要条件

美元、欧元、日元国际化的经验显示,离岸金融市场在货币国际化过程中扮演着重要角色。离岸人民币市场的建立可以满足非居民对人民币的需求,疏通居民与非居民之间人民币的流通渠道,有效提高人民币交易规模,提升和支撑人民币在国际市场的流动性,推动人民币国际化向更高层次发展。

目前离岸人民币市场主要在香港,根据实证分析结果,我们认为通过保持人民币币值稳定,加强香港人民币资本市场建设,增加离岸人民币产品的种类和数量,加强两岸之间汇率和利率的联动,将有力推动香港离岸人民币市场的建设。受 2015 年 8 月 11 日人民币贬值的影响,香港离岸人民币存量受到一定的冲击。未来我们要加大新加坡、伦敦人民币离岸市场的培育,稳步推进人民币国际化。

构建人民币回流机制、打通离在岸市场是人民币国际化在更高阶段发展的主要措施之一。要继续实施和完善推进人民币回流机制建设的措施,逐步放宽人民币 FDI 和 RQFII 的相关政策,扩大投资者数量,提高投资金额,增加投资标的;引入更多符合条件的境外机构投资者,取消投资额度限制,简化管理流程,进一步对外开放银行间债券市场和外汇市场;加快推进人民币资本项目开放,拓宽境外人民币回流渠道,由此推动离岸人民币存量的持续和稳定增长。

附录

附录1 人民币、欧元和日元跨境贸易货币结算数据

表1　　2009年以来跨境贸易人民币计价结算季度数据　　单位：亿元人民币

时间 \ 指标名称	跨境贸易人民币结算业务	跨境贸易人民币结算业务金额（累计数）	跨境贸易人民币结算实收金额	跨境贸易人民币结算实付金额
2009-12	0.00	35.80	0.00	0.00
2010-03	183.50	219.40	0.00	0.00
2010-06	486.60	706.00	0.00	0.00
2010-09	1264.80	1970.80	0.00	0.00
2010-12	3128.50	5099.20	0.00	0.00
2011-03	3603.20	8702.40	392.50	2192.20
2011-06	5972.50	14674.90	1037.80	3052.50
2011-09	5834.10	20509.00	1569.00	2626.70
2011-12	5390.20	25899.20	0.00	0.00
2012-03	5804.00	31703.20	2291.71	3208.39
2012-06	6715.50	38418.70	2759.04	3862.66
2012-09	7989.60	46408.30	4240.05	4118.55
2012-12	8890.90	55299.20	3709.20	4510.40

续表

时间 \ 指标名称	跨境贸易人民币结算业务	跨境贸易人民币结算业务金额（累计数）	跨境贸易人民币结算实收金额	跨境贸易人民币结算实付金额
2013-03	10039.20	65338.40	4167.10	5872.10
2013-06	10460.80	75799.20	4684.90	5727.90
2013-09	11000.00	86799.20	4400.70	6562.10
2013-12	14800.00	101599.20	5547.30	9337.90
2014-03	16500.00	118099.20	5415.90	11000.00
2014-06	16200.00	134299.20	6884.10	9400.00
2014-09	15300.00	149599.20	6511.20	8825.60
2014-12	17300.00	166899.20	8488.80	8974.40
2015-03	16500.00	183399.20	9055.40	7490.50
2015-06	17200.00	200599.20	21144.60	19009.50
2015-09	20900.00	221499.20	18200.00	14200.00
2015-12	17700.00	239199.20	13500.00	18400.00
2016-03	13400.00	252599.20	9353.10	14500.00
2016-06	13200.00	265799.20	0.00	0.00

数据来源：Wind 资讯、中国人民银行。

表 2　　　　　　　　　　欧元区国家进出口贸易欧元计价结算比例

国家	年份	货物贸易中欧元计价的比例(%) 出口	货物贸易中欧元计价的比例(%) 进口	服务贸易中欧元计价的比例(%) 出口	服务贸易中欧元计价的比例(%) 进口	国家	年份	货物贸易中欧元计价的比例(%) 出口	货物贸易中欧元计价的比例(%) 进口	服务贸易中欧元计价的比例(%) 出口	服务贸易中欧元计价的比例(%) 进口
德国	2001	—	—	—	—	法国	2001	50.8	42.6	40	43.3
德国	2002	50.1	48.4	—	—	法国	2002	50.5	40.8	40.3	44
德国	2003	63	55.2	—	—	法国	2003	49	44.1	42.4	46.6
德国	2004	63.2	53.9	—	—	法国	2004	49.2	45.7	42.4	49.2
德国	2005	61	55.2	—	—	法国	2005	49.8	46.3	43.6	50.3
德国	2006	67.8	59.4	—	—	法国	2006	50.8	44.7	47.2	54.6
德国	2007	65.2	56.9	—	—	法国	2007	51.5	44.8	49	54.8
德国	2008	—	41.2	—	—	法国	2008	49.3	44.2	39.9	54.9
德国	2009	66.4	35.3	—	—	法国	2009	52.3	44.3	35.5	49.4
德国	2010	66.6	49.1	—	—	法国	2010	51.8	44.4	31.4	49.8
德国	2011	67.8	48.7	—	—	法国	2011	52.4	40.6	59	35.7
德国	2012	64.6	50.9	—	—	法国	2012	49.3	39.9	59.8	36
德国	2013	—	57	—	—	法国	2013	48.9	40	63.6	37.2
德国	2014	61.8	50.3	—	—	法国	2014	48.3	42	62.8	38.5
德国	2015	—	—	—	—	法国	2015	46.6	42.3	59.7	38.9
意大利	2001	52.7	40.8	39.7	45.2	西班牙	2001	52	49.7	53.3	45.2
意大利	2002	54.1	44.2	43.1	53.2	西班牙	2002	57.5	55.9	59.5	48.8
意大利	2003	58.2	44.5	47	54.4	西班牙	2003	61.7	61.1	64.1	54.3
意大利	2004	59	41.2	48.9	52.3	西班牙	2004	62.4	61.3	64.3	57
意大利	2005	58.3	39.4	56.5	55.5	西班牙	2005	62.1	56	67.5	60.2
意大利	2006	59.4	43	53.9	56	西班牙	2006	61.6	54.8	67.2	60.3
意大利	2007	64.3	44.3	59.3	59.1	西班牙	2007	65.2	56.7	71.8	60.7
意大利	2008	68.7	47.8	80.4	65.6	西班牙	2008	60.6	58.8	71.2	61.5
意大利	2009	69.2	49.7	75.7	62.7	西班牙	2009	62.8	61.7	70	61.8
意大利	2010	67.4	46.9	77.1	64.4	西班牙	2010	59.6	59.5	72.3	61.8
意大利	2011	—	—	74	64.3	西班牙	2011	52.5	51.7	73.9	62.6
意大利	2012	72.6	47.6	74.7	61.8	西班牙	2012	56.2	52	62	63.3
意大利	2013	—	—	79.4	61	西班牙	2013	59.3	47.9	51.4	64.7
意大利	2014	72.3	41.1	83.6	63.9	西班牙	2014	62.7	33.3	—	—
意大利	2015	—	—	82	62.3	西班牙	2015	—	—	—	—

续表

国家	年份	货物贸易中欧元计价的比例(%) 出口	货物贸易中欧元计价的比例(%) 进口	服务贸易中欧元计价的比例(%) 出口	服务贸易中欧元计价的比例(%) 进口	国家	年份	货物贸易中欧元计价的比例(%) 出口	货物贸易中欧元计价的比例(%) 进口	服务贸易中欧元计价的比例(%) 出口	服务贸易中欧元计价的比例(%) 进口
比利时	2001	46.7	47.2	—	—	葡萄牙	2001	40.4	50.5	41.4	62.6
	2002	53.6	53.7	64.1	60.1		2002	44.3	54.9	47.7	64.9
	2003	56.6	57.8	70.6	65.8		2003	50.6	58.1	54	68.9
	2004	57.7	55.7	72.2	68.3		2004	55.5	58	56.2	70.8
	2005	54.8	51.2	73	71.2		2005	56.5	54.4	58.2	72.5
	2006	58.5	58.3	73.7	73.9		2006	55.8	52.6	60.8	74.5
	2007	52.8	56.1	74.2	72.4		2007	61.4	51.8	59.9	72.6
	2008	56.2	56.4	73.9	74		2008	63.1	53.7	65.8	73.3
	2009	57.4	57.7	75.9	71.1		2009	64.2	56.6	68.1	72.7
	2010	52.3	53	74.8	72.2		2010	63.4	51.4	62.1	71.3
	2011	55.3	55.7	75.1	70.2		2011	62.1	45.9	65.1	73.9
	2012	56.6	57.3	72.8	67.9		2012	59.3	39.8	63.7	73.2
	2013	—	—	79.9	72.9		2013	55.9	37.5	67.4	73.5
	2014	57.4	75.3	84.5	76.4		2014	58.1	42.7	67.8	71.3
	2015	55.5	69.6	82.2	74		2015	59.8	46.1	69.4	70.7
荷兰	2001	47.80	41.10	—	—	希腊	2001	23.5	29.3	11.3	15.3
	2002	52.00	48.00	—	—		2002	36.4	35.4	12.5	16.4
	2003	—	—	—	—		2003	45.1	39.2	15.4	19.6
	2004	—	—	—	—		2004	41.8	39.6	13	21.3
	2005	—	—	—	—		2005	39.1	32.6	14.1	22.5
	2006	—	—	—	—		2006	34.1	32.3	12.8	24.5
	2007	—	—	—	—		2007	35.5	33.6	13.3	27.5
	2008	—	—	—	—		2008	32.6	37.3	15.5	28.9
	2009	—	—	—	—		2009	36.3	37.9	19	34.4
	2010	56	32.8	—	—		2010	33.7	30.8	19.2	28.5
	2011	—	—	—	—		2011	35.5	32.9	25.2	31.7
	2012	56.4	27.9	—	—		2012	32.3	23.6	27.8	33.7
	2013	—	—	—	—		2013	31.1	23.4	29.1	39.6
	2014	56.9	34.7	—	—		2014	48.3	32.3	28.4	40.4
	2015	—	—	—	—		2015	53.3	41.8	36	49.7

续表

国家	年份	货物贸易中欧元计价的比例(%) 出口	进口	服务贸易中欧元计价的比例(%) 出口	进口	国家	年份	货物贸易中欧元计价的比例(%) 出口	进口	服务贸易中欧元计价的比例(%) 出口	进口
塞浦路斯	2001	—	—	—	—	立陶宛	2001	27.8	38.3	28.5	31.8
	2002	—	—	—	—		2002	36.6	48.5	38.4	40.6
	2003	—	—	—	—		2003	46.8	53	42.8	43
	2004	—	—	—	—		2004	49.7	55	49.4	47
	2005	—	—	—	—		2005	51.3	51.3	51.1	47.8
	2006	—	—	—	—		2006	56.2	53.8	51.9	54.1
	2007	2.8	1.7	40	27.9		2007	56.5	55.4	53.9	53.5
	2008	21.2	9.8	39.9	13.3		2008	55.7	55.6	54.7	51
	2009	24.3	12.7	37.7	50.9		2009	60.5	57.2	59.8	52.4
	2010	25.9	11.6	38.9	51.2		2010	59.7	55.8	56.9	50.5
	2011	49.1	41.1	45	45.7		2011	58.1	55.7	54.2	50.8
	2012	57.2	22.2	54.2	58.2		2012	59.5	56.1	53.9	56
	2013	—	—	56.5	51.2		2013	60.7	56.3	55.7	58.1
	2014	67.4	37.1	35	37		2014	62.2	49.2	42.9	47.1
	2015	—	—	22	17		2015	66.6	53.8	45.1	45.9
斯洛文尼亚	2001	—	—	—	—	卢森堡	2001	46.7	47.2	—	—
	2002	—	—	—	—		2002	44	31.9	40.4	27.7
	2003	—	—	—	—		2003	51.5	41.9	41.6	34.3
	2004	—	—	—	—		2004	61.8	50	41.9	30.2
	2005	—	—	—	—		2005	61.4	43.8	42.4	31.2
	2006	74.2	64	80.1	53.1		2006	57.7	38.8	47.7	29.8
	2007	79	73.1	80.8	57.2		2007	59.2	37.9	48.4	34
	2008	79.4	75	83.2	58.1		2008	51.9	38.8	46.6	38.4
	2009	84.7	69.9	82.7	64.8		2009	50.3	55.3	47.3	41.2
	2010	82.7	61.9	80.1	67.1		2010	63.2	55	45.7	48
	2011	83.5	64.2	85.4	69.2		2011	55.3	48.8	48.3	45.8
	2012	81.6	54.1	85.8	66.4		2012	74.2	36.7	—	—
	2013	80.8	59	90.7	67.9		2013	—	—	—	—
	2014	79.2	66.1	—	—		2014	56	44.3	—	—
	2015	—	—	—	—		2015	—	—	—	—

续表

国家	年份	货物贸易中欧元计价的比例(%) 出口	货物贸易中欧元计价的比例(%) 进口	服务贸易中欧元计价的比例(%) 出口	服务贸易中欧元计价的比例(%) 进口	国家	年份	货物贸易中欧元计价的比例(%) 出口	货物贸易中欧元计价的比例(%) 进口	服务贸易中欧元计价的比例(%) 出口	服务贸易中欧元计价的比例(%) 进口
斯洛伐克	2001	—	—	—	—	爱沙尼亚	2001	53.8	53.9	10.3	14.6
	2002	—	—	—	—		2002	65.3	59.3	21.6	31.4
	2003	—	—	—	—		2003	70.3	61.5	37.4	46.9
	2004	—	—	—	—		2004	65.7	59.7	38.3	34.2
	2005	—	—	—	—		2005	60.3	59	41.6	39.8
	2006	—	—	—	—		2006	55.1	56.1	44.2	42.3
	2007	—	—	—	—		2007	57.8	58.5	48	51.2
	2008	96.5	82.1	—	—		2008	59.1	59.1	53.3	53.6
	2009	94.8	77.8	—	—		2009	50.8	43.7	43.5	43
	2010	94.4	76.5	—	—		2010	46.2	42.4	44.4	43.9
	2011	96	69.2	—	—		2011	66.1	55.9	57.1	53.3
	2012	96.5	67.6	—	—		2012	67.9	61.6	61.4	57.8
	2013	96	65.5	—	—		2013	76.4	68.2	65.9	60.7
	2014	94.9	68.5	85.7	72.6		2014	76	67.3	69.6	62
	2015	93.4	69.3	84.2	68		2015	78.3	68.9	64.3	56.1
爱尔兰	2001	—	—	—	—	拉脱维亚	2001	34.1	44.5	—	—
	2002	—	—	—	—		2002	40.4	51.9	—	—
	2003	—	—	—	—		2003	41.6	49.6	20.7	25.4
	2004	—	—	—	—		2004	47.9	52.8	26.4	29
	2005	—	—	—	—		2005	53.3	59.2	33.2	33.3
	2006	—	—	—	—		2006	54.8	61.2	37.9	36.8
	2007	18.9	42.9	—	—		2007	59.5	67.2	42.5	39.3
	2008	17.1	36.3	—	—		2008	66.9	67.4	51.5	42.7
	2009	16.7	34.7	—	—		2009	66.4	66.1	53.9	42.8
	2010	13.4	25.5	—	—		2010	82.5	78.8	58.3	42.5
	2011	11	21.4	—	—		2011	79.7	79.3	59	42.1
	2012	11.3	17.6	—	—		2012	78.6	83.6	61.3	38.8
	2013	—	—	—	—		2013	81.2	80.5	63	45
	2014	—	—	—	—		2014	79.1	81.3	74.5	47.5
	2015	—	—	—	—		2015	80.4	83	74	51.7

注:(1)不同年份报表中有部分数据存在差异,在此选择较晚年份报表作为依据。

(2)爱沙尼亚、斯洛文尼亚、立陶宛分别于2014年和2015年正式加入欧元区,前后统计口径有所不同。

(3)德国、荷兰和爱尔兰等国数据未区分服务贸易与货物贸易欧元计价情况。

数据来源:(1)ECB,The International Role of the EURO,2010—2016。

(2)http://appsso.eurostat.ec.europa.eu。

表 3　　　　　　　　　日本进出口贸易货币计价结算比例　　　　　　　　单位:%

时间		出口计价货币结算比例			进口计价货币结算比例		
		美元	日元	欧元	美元	日元	欧元
1969		90.1	0.6	—	83.3	—	—
1970		90.5	0.9	—	86.0	0.3	—
1971		90.4	2.0	—	87.9	0.2	—
1972		82.8	8.7	—	85.7	0.6	—
1973		81.0	11.3	—	85.4	1.1	—
1974		77.7	15.0	—	88.7	0.8	—
1975		—	17.5	—	—	0.9	—
1976		76.3	19.4	—	90.8	1.2	—
1977		76.9	18.8	—	91.5	1.2	—
1978		75.4	19.8	—	90.0	1.6	—
1979		70.6	24.9	—	90.8	2.4	—
1980		—	29.4	—	—	2.4	—
1981		—	31.2	—	—	—	—
1982		—	32.2	—	—	—	—
1983		50.2	34.5	—	—	—	—
1984		—	33.7	—	—	—	—
1985		52.2	35.9	—	—	7.3	—
1986		—	35.3	—	—	9.7	—
1987		52.2	33.4	—	81.7	10.6	—
1988		53.2	34.3	—	78.5	13.3	—
1989		52.4	34.7	—	77.3	14.1	—
1990		—	37.5	—	—	—	—
1991		—	39.4	—	—	—	—
1992	9月	—	—	—	—	40.1	—
1993	3月	—	—	—	—	42.8	—
	9月	—	48.4	—	—	39.9	—

续表

时间		出口计价货币结算比例			进口计价货币结算比例		
		美元	日元	欧元	美元	日元	欧元
1994	3月	—	—	—	—	40.7	—
	9月	—	48.3	—	—	39.7	—
1995	3月	—	51.5	—	—	37.6	—
	9月	—	52.5	—	—	36	—
1996	3月	—	53.1	—	—	35.9	—
	9月	—	53.3	—	—	35.2	—
1997	3月	—	52.8	—	—	35.8	—
	9月	—	52.1	—	—	35.8	—
1998	3月	—	51.2	—	—	36	—
1999	—	—	—	—	—	—	—
2000	下半年	52.4	36.1	6.1	70.7	23.5	1.2
2001	上半年	53.0	34.2	7.5	70.4	23.2	1.8
	下半年	52.6	35.6	7.4	69.6	23.6	2.5
2002	上半年	52.7	34.9	8.5	69.0	24.2	4.2
	下半年	50.7	36.7	8.6	67.6	25.5	4.6
2003	上半年	48.0	38.4	9.6	68.7	24.6	4.5
	下半年	48.0	39.3	8.9	67.8	25.3	4.7
2004	上半年	46.8	40.1	9.4	68.0	25.3	4.7
	下半年	47.5	40.1	8.9	69.5	23.8	4.6
2005	上半年	48.2	39.3	8.7	69.6	24.1	4.4
	下半年	50.1	38.4	8.0	72.1	22.1	4.0
2006	上半年	49.8	38.5	8.2	73.4	21.2	3.8
	下半年	51.3	37.1	8.3	73.0	21.3	3.9
2007	上半年	49.9	37.9	8.7	72.8	21.4	4.1
	下半年	49.3	38.7	8.4	73.5	20.9	4.0
2008	上半年	47.8	40.3	8.5	73.9	21.1	3.5
	下半年	49.8	39.4	7.6	74.7	20.7	3.1
2009	上半年	49.2	40.2	7.2	70.1	24.6	3.6
	下半年	49.8	39.5	6.7	70.5	24.2	3.6
2010	上半年	48.6	41.0	6.3	71.7	23.6	3.2
	下半年	48.9	41.0	6.2	71.7	23.6	3.2
2011	上半年	47.4	42.2	6.5	72.1	23.2	3.2
	下半年	48.8	40.3	6.4	72.4	23.1	3.1
2012	上半年	49.2	40.4	5.5	73.7	22.0	2.9
	下半年	51.5	38.4	5.4	72.5	22.9	3.0

续表

时间		出口计价货币结算比例			进口计价货币结算比例		
		美元	日元	欧元	美元	日元	欧元
2013	上半年	53.7	35.6	5.4	74.5	20.6	3.3
	下半年	53.4	35.6	6.1	74.1	20.6	3.5
2014	上半年	52.4	36.5	6.2	74.1	20.5	3.5
	下半年	53.5	35.7	5.8	73.4	20.8	3.6
2015	上半年	53.9	35.4	5.5	71.1	22.6	3.7
	下半年	53.1	35.5	6.0	69.8	23.8	3.7

资料来源：1971~1974年数据来自日本经济调查协会(1975)《日元在对外贸易中的使用》、1975~1989年数据来自《大藏省国际金融局年报》相关各期(转引自深町郁弥《美元本位制》，日本经济评论社，1993年，第66页)；1989~1998年数据来自日本通产省《进出口决算货币动向调查》；2000年以后数据来自日本财务省《贸易计价货币比例》(http://www.mof.go.jp)。

附录2 跨境人民币结算相关政策法规一览

时间		政策法规或协议
2009年	4月8日	国务院决定在上海市和广东省广州市、深圳市、珠海市、东莞市开展跨境贸易人民币结算试点,境外地域范围为港澳和东盟地区。
	7月1日	中国人民银行、财政部、商务部、海关总署、国家税务总局和银监会联合制定并公布《跨境贸易人民币结算试点管理办法》,规范试点企业和商业银行的行为。
	7月3日	中国人民银行印发《跨境贸易人民币结算试点管理办法实施细则》。
	7月13日	国家外汇管理局发布《关于跨境贸易人民币结算中国际收支统计申报有关事宜的通知》,明确跨境贸易人民币结算业务所引起的跨境人民币流量和存量信息属于国际收支统计申报范围。
	8月25日	国家税务总局发布《关于跨境贸易人民币结算出口货物退(免)税有关事项的通知》,明确参与试点企业进出口报关时不需要提供外汇核销单。
	9月8日	海关总署发布《海关总署监管司关于跨境贸易人民币结算试点有关问题的通知》。
2010年	3月8日	中国人民银行发布《人民币跨境收付信息管理系统管理暂行办法》,规定参加试点的银行依法报送人民币跨境收付及相关信息。
	6月22日	中国人民银行等6部委联合发布《关于扩大跨境贸易人民币结算试点有关问题的通知》,境内试点范围扩大至20个省,不再限制境外地域,业务范围扩展到服务贸易和其他经常项目人民币结算。
	8月16日	中国人民银行发布《关于境外人民币清算行等三类机构运用人民币投资银行间债券市场试点有关事宜的通知》,允许境外中央银行或货币当局、港澳人民币业务清算行和跨境贸易人民币结算境外参加银行使用依法获得的人民币资金投资银行间债券市场。
	9月2日	中国人民银行发布《境外机构人民币银行结算账户管理办法》,明确开展跨境贸易人民币结算的境外机构可以在境内银行开立人民币银行结算账户。
	10月30日	《新疆跨境直接投资人民币结算试点暂行办法》发布,新疆最早实现办理跨境直接投资人民币结算业务。
2011年	1月6日	中国人民银行会同国家外汇管理局制定发布《境外直接投资人民币结算试点管理办法》,跨境贸易人民币结算试点地区的银行和企业可开展境外直接投资人民币结算试点。
	6月23日	中国人民银行与俄罗斯联邦中央银行签订新的双边本币结算协定。
	8月22日	中国人民银行会同5部委发布《关于扩大跨境贸易人民币结算地区的通知》,将跨境贸易人民币结算境内地域范围扩大至全国。
	9月14日	中国人民银行发布《关于俄罗斯莫斯科银行间货币交易所人民币对卢布交易人民币清算有关问题的通知》,允许在莫斯科银行间货币交易所开展人民币对卢布交易的俄罗斯商业银行在中国境内商业银行开立人民币特殊账户,专门用于人民币对卢布交易产生的人民币资金清算。
	10月14日	中国人民银行发布《外商直接投资人民币结算业务管理办法》,明确银行可按照相关规定为境外投资者办理外商直接投资人民币结算业务。

续表

时间		政策法规或协议
2012年	2月6日	中国人民银行会同5部委联合发布《关于出口货物贸易人民币结算企业管理有关问题的通知》,明确参与出口货物贸易人民币结算的主体不再限于列入试点名单的企业,对出口货物贸易人民币结算企业实行重点监管名单管理。
	6月5日	中国人民银行会同5部委联合下发《关于出口货物贸易人民币结算企业重点监管名单的函》,至此,境内所有具有进出口经营资格的企业均可依法开展出口货物贸易人民币结算。
	6月14日	中国人民银行发布了《关于明确外商直接投资人民币结算业务操作细则的通知》,对《外商直接投资人民币结算业务管理办法》的有关管理制度进行进一步明确。
2013年	1月25日	中国人民银行与中国银行台北分行签订《关于人民币业务的清算协议》。海峡两岸的金融机构除可通过代理行渠道为客户办理跨境人民币结算业务外,也可通过清算行渠道为客户办理跨境人民币结算业务。
	4月2日	中国人民银行与中国工商银行新加坡分行签订《关于人民币业务的清算协议》。两国金融机构除可通过代理行渠道为客户办理跨境人民币结算业务外,也可通过清算行渠道为客户办理跨境人民币结算业务。同日,中国人民银行和新加坡金融管理局签订了关于新加坡人民币业务的合作备忘录。
2014年	3月13日	中国人民银行等多部委联合发布《关于简化出口货物贸易人民币结算企业管理有关事项的通知》,对出口货物贸易的人民币结算流程做出了重点强化和进一步简化的要求。
	3月31日	中国人民银行与英格兰银行签署了在伦敦建立人民币清算安排的合作备忘录,这是第一个在亚洲之外达成的人民币清算协议。
2015年	10月8日	由中国人民银行组织开发的人民币跨境支付系统(Cross-border Interbank Payment System,简称CIPS)正式启动。首批参与银行共有19家,此外,同步上线的间接参与者还包括位于亚洲、欧洲、大洋洲、非洲等地区的38家境内银行和138家境外银行。

附录3　跨境贸易人民币结算调查问卷

一、公司背景资料

1. 贵公司的所有制性质
　☐ 国有独资企业　　☐ 国有控股企业　　☐ 民营企业
　☐ 外商独资企业　　☐ 中外合资企业　　☐ 其他_____（请注明）

2. 贵公司是否为专业贸易公司
　☐ 是　　☐ 否

3. 贵公司是否为上市公司或上市公司的下属公司
　☐ 是（属于☐ 上市公司　☐ 上市公司下属公司）　☐ 否

4. 贵公司所属行业或贸易产品所属行业
　☐ 食品、饮料　　　　☐ 纺织、服装、皮毛　　☐ 木材、家具
　☐ 石油、化学、塑胶、塑料　☐ 电子　　　　　　☐ 金属、非金属
　☐ 机械、设备、仪表　　☐ 医药、生物制品　　　☐ 造纸、印刷
　☐ 其他_____（请注明）

5. 贵公司的注册资本
　☐ 小于1 000万元　☐ 1 000万～3 000万元　☐ 3 000万～5 000万元
　☐ 5 000万元以上

6. 贵公司生产的产品或贸易产品的产业特征
　☐ 劳动密集型　　☐ 资本密集型　　☐ 技术密集型

二、公司贸易的基本情况

1. 贵公司的进出口贸易性质
　☐ 加工贸易　　☐ 一般贸易　　☐ 服务贸易

2. 贵公司2011年的进出口贸易量
　◇ 进口量
　☐ 小于1 000万元　☐ 1 000万～3 000万元　☐ 3 000万～5 000万元
　☐ 5 000万元以上
　◇ 出口量
　☐ 小于1 000万元　☐ 1 000万～3 000万元　☐ 3 000万～5 000万元

☐ 5 000 万元以上

3. 贵公司 2011 年的进出口贸易量占营业收入的比重

◇ 进口量占营业收入的比重

☐ 小于 10%　　☐ 10%~50%　　☐ 50%~80%　　☐ 80%以上

◇ 出口量占营业收入的比重

☐ 小于 10%　　☐ 10%~50%　　☐ 50%~80%　　☐ 80%以上

4. 贵公司产品进出口的主要客户类型是：

◇ 出口

☐ 生产型企业　　☐ 贸易公司　　☐ 政府机构　　☐ 其他_____（请注明）

◇ 进口

☐ 生产型企业　　☐ 贸易公司　　☐ 政府机构　　☐ 其他_____（请注明）

5. 贵公司的主要进出口产品

◇ 出口

☐ 产成品　　☐ 中间产品（零部件等）　　☐ 能源、原材料

◇ 进口

☐ 产成品　　☐ 中间产品（零部件等）　　☐ 能源、原材料

6. 主要贸易对象与贵公司的关系

☐ 同一集团公司　　☐ 存在股权关系但不是同一集团公司　　☐ 无任何股权关系

7. 贵公司产品出口目的地市场的类型

☐ 完全竞争　　☐ 垄断竞争　　☐ 寡头垄断　　☐ 完全垄断

8. 贵公司出口产品竞争程度

☐ 很大　　☐ 一般　　☐ 不大　　☐ 没有竞争

9. 贵公司进口产品竞争程度

☐ 很大　　☐ 一般　　☐ 不大　　☐ 没有竞争

三、跨境贸易计价结算货币选择情况

1. 2010、2011 年贵公司进出口贸易中人民币结算的比重

◇ 2010 年

进口贸易人民币结算比例_____

☐ 小于 5%　　☐ 5%~10%　　☐ 10%~20%　　☐ 20%以上

出口贸易人民币结算比例_____

☐ 小于 5%　　☐ 5%~10%　　☐ 10%~20%　　☐ 20%以上

◇ 2011 年

进口贸易人民币结算比例_____

☐ 小于5%　　☐ 5%～10%　　☐ 10%～20%　　☐ 20%以上

出口贸易人民币结算比例_____

☐ 小于5%　　☐ 5%～10%　　☐ 10%～20%　　☐ 20%以上

2. 2010、2011年贵公司进出口贸易中美元结算的比重

◇ 2010年

进口贸易美元结算比例_____

☐ 小于30%　　☐ 30%～50%　　☐ 50%～80%　　☐ 80%以上

出口贸易美元结算比例_____

☐ 小于30%　　☐ 30%～50%　　☐ 50%～80%　　☐ 80%以上

◇ 2011年

进口贸易美元结算比例_____

☐ 小于30%　　☐ 30%～50%　　☐ 50%～80%　　☐ 80%以上

出口贸易美元结算比例_____

☐ 小于30%　　☐ 30%～50%　　☐ 50%～80%　　☐ 80%以上

3. 2010、2011年贵公司进出口贸易中欧元结算的比重

◇ 2010年

进口贸易欧元结算比例_____

☐ 小于30%　　☐ 30%～50%　　☐ 50%～80%　　☐ 80%以上

出口贸易欧元结算比例_____

☐ 小于30%　　☐ 30%～50%　　☐ 50%～80%　　☐ 80%以上

◇ 2011年

进口贸易欧元结算比例_____

☐ 小于30%　　☐ 30%～50%　　☐ 50%～80%　　☐ 80%以上

出口贸易欧元结算比例_____

☐ 小于30%　　☐ 30%～50%　　☐ 50%～80%　　☐ 80%以上

4. 2010、2011年贵公司进出口贸易中港币结算的比重

◇ 2010年

进口贸易港币结算比例_____

☐ 小于10%　　☐ 10%～20%　　☐ 20%～30%　　☐ 30%以上

出口贸易港币结算比例_____

☐ 小于10%　　☐ 10%～20%　　☐ 20%～30%　　☐ 30%以上

◇ 2011年

进口贸易港币结算比例_____

☐ 小于10%　☐ 10%~20%　☐ 20%~30%　☐ 30%以上

出口贸易港币结算比例_____

☐ 小于10%　☐ 10%~20%　☐ 20%~30%　☐ 30%以上

5. 2010、2011年贵公司进出口贸易中日元结算的比重

◇ 2010年

进口贸易日元结算比例_____

☐ 小于10%　☐ 10%~20%　☐ 20%~30%　☐ 30%以上

出口贸易日元结算比例_____

☐ 小于10%　☐ 10%~20%　☐ 20%~30%　☐ 30%以上

◇ 2011年

进口贸易日元结算比例_____

☐ 小于10%　☐ 10%~20%　☐ 20%~30%　☐ 30%以上

出口贸易日元结算比例_____

☐ 小于10%　☐ 10%~20%　☐ 20%~30%　☐ 30%以上

6. 2010、2011年贵公司进出口贸易中其他货币结算的比重

结算货币币种：_____　　占进出口量比重：_____

7. 2011年贵公司出口贸易主要目的地

◇ 第一位(占比　☐ 小于10%　☐ 10%~20%　☐ 20%~30%　☐ 30%以上)

☐ 美国　☐ 欧元区国家　☐ 中国香港　☐ 日本　☐ 其他_____(请注明)

与该贸易对象国(地区)开展贸易主要采取哪种货币结算：

☐ 美元　☐ 欧元　☐ 日元　☐ 港币　☐ 人民币　☐ 其他_____(请注明)

◇ 第二位(占比　☐ 小于10%　☐ 10%~20%　☐ 20%~30%　☐ 30%以上)

☐ 美国　☐ 欧元区国家　☐ 中国香港　☐ 日本　☐ 其他_____(请注明)

与该贸易对象国(地区)开展贸易主要采取哪种货币结算：

☐ 美元　☐ 欧元　☐ 日元　☐ 港币　☐ 人民币　☐ 其他_____(请注明)

◇ 第三位(占比　☐ 小于10%　☐ 10%~20%　☐ 20%~30%　☐ 30%以上)

☐ 美国　☐ 欧元区国家　☐ 中国香港　☐ 日本　☐ 其他_____

与该贸易对象国开展贸易主要采取哪种货币结算：

☐ 美元　☐ 欧元　☐ 日元　☐ 港币　☐ 人民币　☐ 其他_____(请注明)

8. 2011年贵公司进口贸易主要目的地

◇ 第一位(占比　☐ 小于10%　☐ 10%~20%　☐ 20%~30%　☐ 30%以上)

☐ 美国　☐ 欧元区国家　☐ 中国香港　☐ 日本　☐ 其他_____(请注明)

与该贸易对象国(地区)开展贸易主要采取哪种货币结算：
□美元　□欧元　□日元　□港币　□人民币　□其他_____(请注明)

◇ 第二位(占比　□小于10%　□10%～20%　□20%～30%　□30%以上)
□美国　□欧元区国家　□中国香港　□日本　□其他_____(请注明)

与该贸易对象国(地区)开展贸易主要采取哪种货币结算：
□美元　□欧元　□日元　□港币　□人民币　□其他_____(请注明)

◇ 第三位(占比　□小于10%　□10%～20%　□20%～30%　□30%以上)
□美国　□欧元区国家　□中国香港　□日本　□其他_____(请注明)

与该贸易对象国(地区)开展贸易主要采取哪种货币结算：
□美元　□欧元　□日元　□港币　□人民币　□其他_____(请注明)

9. 贵公司在开展进出口贸易时是否可以独立选择用何种货币计价和结算
□可以　□不可以(是由：□国内总公司决定　□海外总公司决定　□其他)

10. 贵公司进出口贸易中用人民币计价和结算的方式为(可多选)
□进出口贸易合同中为外币(美元、欧元、港币等)计价，但实际结算为人民币
□进出口贸易合同中为人民币计价，实际结算为人民币
□进出口贸易合同中为外币(美元、欧元、港币等)计价结算，但中国企业实际支付人民币给境内银行，由银行支付贸易对方相应外币
□其他_____(请注明)

11. 贵公司采用人民币计价结算的原因(可多选)
□规避汇率风险，减少汇兑成本
□交易对方(外国企业)的要求
□维持与国内银行的关系
□地方政府对人民币结算有奖励
□香港和内地人民币对美元的汇率存在汇差，通过人民币结算将资金转移到香港关联公司进行套汇
□其他_____(请注明)

12. 贵公司产品出口能采用人民币计价结算的原因(可多选)
□产品质量好，有议价能力
□产品独特，具有垄断优势
□产品成本低，具有价格优势
□生产能力强，市场占有率高
□贸易对象(即国外的进口方)可以在香港等地获得廉价的人民币进行支付
□其他_____(请注明)

13. 贵公司进口产品能采用人民币计价结算的原因(可多选)
□ 人民币具有持续升值潜力,贸易对象(即国外的出口方)愿意持有人民币
□ 香港离岸人民币债券等资产的收益率比美元相关资产的收益率高
□ 人民币的波动幅度比美元、欧元低
□ 中国经济持续、稳健地增长,经济实力不断地增强

14. 为贵公司提供跨境贸易支付的银行为(可多选)
□ 中资银行   □ 外资银行(是:□ 香港银行   □ 欧洲银行   □ 美洲银行   □ 其他)
□ 外资银行在中国内地的代理银行

15. 贵公司所了解到的贸易对方获得人民币后的处置方式(可多选)
□ 活期/定期存款   □ 购买人民币债券   □ 购买人民币计价股票
□ 购买 RQFII 基金   □ 其他_____(请注明)

16. 贵公司所了解到的贸易对方获得人民币的途径(可多选)
□ 已有离岸人民币活期/定期存款或抛售人民币资产
□ 通过发行人民币债券获得资金
□ 通过银行信贷
□ 其他_____(请注明)

四、贵公司在进出口时规避汇率风险的手段

1. 人民币汇率大幅度波动时,公司会选择怎样的方法规避汇率风险(可多选)
□ 改变出口计价结算货币   □ 用外汇市场产品规避风险
□ 直接调整出口产品价格   □ 基本不进行汇率风险管理
□ 其他_____

2. 贵公司贸易合同中是否有价格调整的规定
□ 无
□ 有(针对:□ 汇率大幅波动   □ 劳动力成本大幅上涨   □ 原材料价格大幅上涨)

3. 人民币升值多大幅度会使贵公司直接调整出口产品价格
□ 1%   □ 2%   □ 3%   □ 4%以上

4. 如果人民币持续升值,对同一出口产品贵公司间隔多久做出价格调整
□ 3个月   □ 6个月   □ 9个月   □ 12个月

5. 贵公司用外汇市场产品规避外汇风险的手段有(可多选)
□ 远期外汇   □ 外汇期货   □ 出口押汇   □ 其他_____(请注明)

6. 贵公司汇率风险控制的效果
□ 全部对冲汇率波动风险   □ 对冲7成汇率波动风险

□ 对冲 5 成汇率波动风险　　　　　　□ 对冲不足 5 成汇率波动风险

7. 贵公司对冲汇率风险的时间周期

□ 1~2 个月　　　□ 3~6 个月　　　□ 6 个月以上

8. 当香港银行间远期可交割人民币市场(DF)与内地即期外汇市场上的人民币对美元的汇率差额超过(　　)时,公司会通过香港的子公司或关联公司进行套汇

□ 小于 30 个基点　　□ 30~50 个基点　　□ 50~100 个基点　　□ 100 个基点以上

□ 没有进行过套利

五、制约贵公司跨境贸易人民币计价结算的问题及对策

1. 制约贵公司跨境贸易人民币结算的制度因素有(可多选)

□ 退税手续复杂(报关单时间长)

□ 缺乏退税依据,退税难

□ 银行业务太复杂,办理时间长

□ 境外结算行少,结算不方便

□ 在境外开立人民币账户困难

□ 其他_____(请注明)

2. 制约贵公司跨境贸易人民币结算的微观因素有(可多选)

□ 外国进口商缺乏人民币来源

□ 出口商品大部分为竞争激烈的产品,缺乏议价能力

□ 人民币交易成本较美元、欧元高

□ 其他_____(请注明)

3. 贵公司认为要提高跨境贸易人民币结算需要哪些政策支持(可多选)

□ 简化退税手续

□ 简化银行业务流程

□ 增加境外结算行

□ 发展离岸人民币业务

□ 推出规避汇率风险的人民币产品

□ 加大跨境贸易人民币结算的宣传

□ 其他(请注明)_____

参考文献

[1] Bacchetta, Philippe, van Wincoop, E. 2002, A theory of the currency denomination of international trade[R]. NBER WP, No. 9039.

[2] Bacchetta, P. and Van Wincoop, E., 2005, A theory of the currency denomination of international trade[J]. *Journal of International Economics*, 67(2), 295—319.

[3] Baron, David P. ,1976, Fluctuating exchange rates and the pricing of exports[J]. *Economic Inquiry*, 14:425—438.

[4] Benjamin J. Cohen,1998, The Geography of Money[M]. Cornell University Press.

[5] Bilson John F.O. ,1983, The choice of an invoice currency in international transactions[J]. In:Bhandari, J., Putnam, B. (Eds.), *Economic Interdependence and Flexible Exchange Rates*. MIT Press, Cambridge, MA:384—401.

[6] Blundell, Richard, and Stephen Bond, 2000, GMM estimation with persistent panel data: an application to production functions [J]. *Econometric Reviews*, 19(3):321—340.

[7] Bourguinat, H., 1985, L'èonomic mondiale à dècouvert[M], Calmann-Lèvy. Paris.

[8] Camera G., Craig B., Waller J.,2004. Currency competition in a fundamental model of money[J]. *Journal of International Economics*,64:521—544.

[9] Chinn, Frankel,2008. The Euro may over the next 15 years surpass the dollars as leading international currency[J]. NBER Working Paper.

[10] Chinn, Menzie and Frankel, Jeffrey, 2007, "Will the Euro Eventually Surpass the Dollar as Leading International Reserve Currency?", G7 Current

Account Imbalances: Sustainability and Adjustment[M]. University of Chicago Press, 283—338.

[11]Clower R., 1967. A reconsideration of the microfoundations of monetary theory[J]. *Economic Inquiry*, 6(1):1—8.

[12]Cohen, B. J., 1971. The Future of Sterling as an International Currency [M]. London: Macmillan.

[13]Devereux, Miehael B. and Charles Engel, 2001, Endogenous Currency of Price Setting in a Dynamic Open Economy Model[M], mimeo.

[14]Devereux, Michael B., Charles, Engel and Peter E. Storgaard, 2004. Endogenous exchange rate pass-through when nominal prices are set in advance [J]. *Journal of International Economics*, 63(2):263—291.

[15]Donnenfeld, Shabtai and Itzhak, Zilcha, 1991. Pricing of Exports and Exchange Rate Certainty[J], *Review of International Economics*, 32, 1009—1022.

[16]Donnenfeld, Shabtai and Alfred Haug, 2003. Currency invoicing in international trade: an empirical investigation[J], *Review of International Economics*, 11(2):332—345.

[17]Donnenfeld, Shabtai and Alfred Haug, 2008. Currency invoicing of US imports[J], *International Journal of Finance and Economics*, 13(2):184—198.

[18]ECB. "The International Role of the EURO"(2010—2016), www.ecb.europa.eu.

[19]Eichengreen B., 1998. The Euro as a reserve currency[J], *Journal of the Japanese and International Economics*, 12(4):483—506.

[20]Eiji, Ogawa and Yuri Nagataki Sasaki, 1998. Inertia in the Key Currency [J], *Japan and World Economy*, 10(4):421—439.

[21]Elias, Papaioannou, Richard Portes, and Gregorios Siourounis, 2006. Optimal currency shares in international reserves: the impact of the Euro and the prospects for the dollar[J], *Journal of the Japanese and International Economics*, 20(4):508—547.

[22]Engel, Charles, 2002. Expenditure Switching and Exchange Rate Policy

[R]. NBER Macroeconomics Annual,17,231—272.

[23]Feinberg,Robert M. 1986. The interaction of foreign exchange and market power effects on German domestic prices[J], *The Journal of Industrial Economics*,35 (1):61—70.

[24]Flandreau M., Jobst C.,2006. The empirics of international currencies: historical evidence[J]. 2006.

[25]Flandreau M., Jobst C.,2009. The empirics of international currencies: network externalities, history and persistence[J]. *The Economic Journal*, 119 (537):643—664.

[26]Friberg,Richard,1998. In which currency should exporters set their prices? [J], *Journal of International Economics*, 45(1):59—76.

[27]Friberg,Richard and Fredrik Wilander,2007. Price setting transactions and the role of denominating currency in FX markets[R], Sveriges Riksbank Working Paper Series,No.201.

[28]Friberg,Richard and Fredrik Wilander,2008. The currency denomination of exports:a questionnaire study[J], *Journal of International Economics*, 75:54 —69.

[29]Fukuda,Shin-ichi and Masanori Ono,2005. The choice of invoice currency under exchange rate uncertainty:theory and evidence from Korea[J], *Journal of the Korean Economy*,6(2):161—193.

[30]Garber, P M.,2012. What currently drives CNH market equilibrium? [J], *International Economic Review*, 1,18.

[31]Giovannini, Alberto,1988. Exchange rates and traded goods prices[J], *Journal of International Economics*, 24,45—68.

[32]Goldberg, Linda S. and Cedric Tille,2005. Vehicle currency use in international trade[R], NBER Working Paper,11127.

[33]Goldberg, Linda S. and Cédric Tille, 2008. Vehicle currency use in international trade [J], *Journal of International Economics*, 76(2):177—192.

[34]Goldberg,Linda S. and Cédric Tille,2009. The dynamics of international trade invoicing[R], European Central Bank—Bank of Canada Seminar, Frank-

furt, Germany, June 5.

[35] Gopinath, Oleg Itskhoki and Roberto Rigobon, 2010. Currency choice and exchange rate pass-through [J], *American Economic Review*, 100(1).

[36] Grassman, Sven, 1973. A fundamental symmetry in international payments[J], *Journal of International Economics*, 3, 105—16.

[37] Grassman, Sven, 1976. Currency distribution and forward cover in foreign trade[J], *Journal of International Economics*, 6, 215—221.

[38] Hartmann P, 1998. Currency Competition and Foreign Exchange Markets: The Dollar, the Yen and the Euro[M]. Cambridge University Press, 1998.

[39] Hartmann, Philipp, 1998. The currency of denomination of world trade after European Monetary Union[J], *Journal of the Japanese and International Economics*, 12, 424—454.

[40] Hiroyuki, Akira Otani, and Toyoichirou Shirota, 2004. The choice of invoice currency in international trade: implications for the internationalization of the Yen [J], *Monetary and Economic Studies*, 22 (1): 27—63.

[41] Hooper, Peter, Johnson, Karen, Marquez, Jaime, 1998. Trade elasticity for G-7 countries[J], International Finance Discussion Papers, No. 609, Board of Governors.

[42] IMF, 2011. Direction of Trade Statistics Yearbook 2011[R].

[43] Jevons, W S., 1885. Money and the Mechanism of Exchange[M].

[44] Johansen, S. and Juselius K., 1990. Maximum likelihood estimation and inference on cointegration with applications to the demand for money[J], *Oxford Bulletin of Economics Statistics*, 52(2): 169—210.

[45] Johnson, Martin and Daniel Pick, 1997. Currency quandary: the choice of invoicing currency under exchange-rate uncertainty[J], *Review of International Economics*, 5(1): 118—128.

[46] Kamps, Annette, 2006. The Euro as invoicing currency in international trade[R], ECB Working Paper, No.665, European Central Bank.

[47] Kiyotaki N, Wright R., 1989. On money as a medium of exchange[J]. *The Journal of Political Economy*, 927—954.

[48]Kiyotaki, N., Wright R., 1991. A contribution to the pure theory of money[J]. *Journal of Economic Theory*, 53(2):215—235.

[49]Kiyotaki, N, Wright, R., 1993. A search-theoretic approach to monetary economics[J]. *The American Economic Review*, 63—77.

[50]Krugman, Paul, 1980. Vehicle currencies and the structure of international exchange[J], *Journal of Money, Credit and Banking*, 12.

[51]Krugman. P R., 1984. The international role of the dollar: theory and prospect[J]. *Exchange Rate Theory and Practice*. University of Chicago Press, 261—278.

[52]Lagos, R, Wright R., 2003. A unified framework for monetary theory and policy analysis[J].

[53]Li, Y., Matsui A., 2009. A theory of international currency: competition and discipline[J]. *Journal of the Japanese and International Economics*, 23(4): 407—426.

[54]Ligthart, Jenny and Jorge A. da Silva, 2007. Currency invoicing in International trade: a panel data approach[R], Tilburg University Discussion Paper, No.2007—25.

[55]Magee, Stephen P. and Ramesh K.S.Rao, 1980. Vehicle and nonvehicle currencies in international trade[J], *The American Economic Review*, 70(2):368—373.

[56]Marc, Flandreau and Clemens, Jobst, 2009. The empirics of international currencies: network externalities, history and persistence[J], *The Economic Journal*, 119(4):643—664.

[57]Matsuyama, K., Kiyotaki N., Matsui A., 1993. Toward a theory of international currency[J]. *The Review of Economic Studies*, 60(2):283—307.

[58]McKinnon, Ronald, I., 1979. Money in International Exchange[M], The Convertible Currency System, Oxford University Press.

[59]Page, S. A. B., 1977. Currency of invoicing in merchandise trade[J], *National Institute Economic Review*, 33, 1241—1264.

[60]Portes, R, Rey H., 1998. The emergence of the euro as an international

currency[R]. *National Bureau of Economic Research*.

[61] Rey, Hélène, 2001,. International trade and currency exchange[J], *Review of Economic Studies*, 68 (2):443—464.

[62] Saeed Samiee and Patrik Anckar, 1998. Currency choice in industrial pricing:a cross-national evaluation[J], *Journal of Marketing*, 62(3).

[63] Samuelson, P A., 1958. An exact consumption-loan model of interest with or without the social contrivance of money[J], *The Journal of Political Economy*, 66(6):467—482.

[64] Shi, S., 1997. A divisible search model of fiat money[J]. *Econometrica: Journal of the Econometric Society*, 75—102.

[65] Shi, S., 2001. Liquidity, bargaining, and multiple equilibria in a search monetary model[J]. *Annals of Economics and Finance*, 2(2):325—351.

[66] Shi, S., 2006. Viewpoint:a microfoundations of monetary economics[J], *Canadian Journal of Economics/Revue canadienne d'économique*, 39(3):643—688.

[67] Silva, Jorge, 2004. Determinants of the Choice of Invoicing Currency: From Dutch Guilders to Euros in Dutch Goods Trade[M], Tilburg University. Mimeo.

[68] Swoboda, Alexander, 1968. The Euro-Dollar Market:An Interpretation[M], Essays in International Finance 64. Princeton University.

[69] Swoboda, Alexander, 1969. Vehicle currency and the foreign exchange market:the case of the dollar[J], in *International Market for Foreign Exchange*, edited by Robert Aliber, Praeger Publishers, New York.

[70] Tavlas, George S., 1990. On the International Use of Currencies: The Case of the Deutsche Mark[M], Essays in International Finance 181. Princeton University.

[71] Tavlas, George S., 1997. The international use of the U.S. dollar:an optimum currency area perspective[J], *The World Economy:The Leading Journal on International Economic Relations*, 20 (6):709—747.

[72] Trejos, A, Wright R., 1996. Search-theoretic models of international cur-

rency[J]. Review-Federal Reserve Bank Of Saint Louis,78,117—132.

[73]Viaene, Jean-Marie and Casper G. de Vries,1992. On the design of invoicing practices in international trade[J],*Open Economics Review*,3,133—142.

[74]Walsh,C. E.,2003. Monetary Theory and Policy[M]. MIT Press.

[75]Wilander, Fredrik,2004. An Empirical Analysis of the Currency Denomination in International Trade[M]. Stockholm School of Economics. Mimeo.

[76]Zhou,R.,1997. Currency exchange in a random search model[J],*The Review of Economic Studies*,64(2):289—310.

[77]深町郁弥. ドル本位制の研究[M]. 日本経済評論社,1993.

[78]伊藤隆敏,鯉渕賢,佐藤清隆,清水順子. インボイス通貨の決定要因とアジア共通通貨バスケットの課題[R]. RIETI Discussion Paper Series 09—J—013.

[79]陈恩,彭芳. 香港建设人民币离岸市场的路径与策略探讨[J]. 南方金融,2012(10):41—44.

[80]褚华. 人民币国际化研究[D]. 复旦大学,2009.

[81]范祚军,关伟. 基于贸易与货币竞争视角的CAFTA人民币区域化策略[J]. 国际金融研究,2008(10):11—19.

[82]管清友,张明. 国际石油交易的计价货币为什么是美元？[J]. 国际经济评论,2006,7—8.

[83]韩民春、袁秀林. 基于贸易视角的人民币区域化研究[J]. 经济学（季刊）,2007,6(2).

[84]何东,马骏. 人民币跨境使用与香港离岸人民币中心发展[J]. 中国金融,2011(16):76—77.

[85]何帆,张斌,张明等. 香港离岸人民币金融市场的现状、前景、问题与风险[J]. 国际经济评论,2011(3):84—108.

[86]何帆,李婧. 美元国际化的路径、经验和教训[J]. 社会科学战线,2005(1):266—272.

[87]黄志刚. 人民币在新疆周边国家跨境流通状况研析[R]. 东北亚地区历史货币与人民币跨境流通学术研讨会专集,2008.

[88]姜波克,张青龙. 货币国际化：条件与影响的研究综述[J]. 新金融,2005

(8):6—9.

[89]李稻葵,刘霖林.人民币国际化:计量研究及政策分析[J].金融研究,2008(11):1—16.

[90]李婧.从跨境贸易人民币结算看人民币国际化战略[J].世界经济研究,2011(2):13—19.

[91]李泽平,李旭超.中越(广西)边境贸易结算方式对推动中哈边境贸易本币结算的启示[J].西部金融,2009(1).

[92]罗忠洲,徐淑堂.本币升值、出口竞争力和跨境贸易计价货币选择[J].世界经济研究,2012(1).

[93]罗忠洲.跨境贸易结算货币选择理论:文献综述[J].国际经贸探索,2012(6).

[94]罗忠洲,黄菀薇.人民币汇率、利率与香港人民币存量[J].浙江金融,2013(11).

[95]罗忠洲.上海自贸区大宗商品人民币计价权研究[A]//袁志刚.中国(上海)自由贸易试验区新战略研究(第八章)[M].格致出版社,2013.

[96]罗忠洲,吕怡.我国企业跨境贸易结算货币选择的问卷调查分析[J].世界经济研究,2014(6).

[97]罗忠洲,邱虹宇.经济实力、交易摩擦和货币国际化——基于搜寻模型的理论和实证分析[D].复旦大学金融研究院工作论文,2015.

[98]罗忠洲,徐淑堂,张晓萌.商品计价权、汇率波动和跨境贸易计价货币选择[D].复旦大学金融研究院工作论文,2015.

[99]罗忠洲,张晓萌.基于MIU模型的国际货币惯性研究[D].复旦大学金融研究院工作论文,2016.

[100]吕栋,汪昊旻.双边本币结算模式与发展[J].中国金融,2012(4):63—64.

[101]马骏.离岸市场的人民币资产有望加速增长[J].上海国资,2011(5):44—45.

[102]马荣华,唐宋元.人民币境外流通原因的实证分析[J].当代财经,2006(9):43—47.

[103]马薇.协整理论与应用[M].南开大学出版社,2004.

[104]孟浩. 离岸货币流动的对称性对香港人民币市场发展的影响——基于DS 模型的国际比较研究[J]. 华北金融,2011 (3):15—18.

[105]潘成夫. 香港银行人民币业务的实证分析[J]. 开放导报,2007 (6):71—74.

[106]日本财务省. 贸易计价货币比例[EB/OL]. www.boj.co.jp,2011.

[107]王国明. 对新疆边境贸易及人民币境外流通情况的调查[J]. 新疆财经,2002(4):15.

[108]王济川,郭志刚. Logistic 回归模型:方法与应用[M]. 高等教育出版社,2001.

[109]香港集思会人民币课题组. 发展香港人民币离岸中心研究[J]. 南方金融,2010(4):35—45.

[110]新疆金融学会课题组. 人民币区域化与边贸结算拓展问题研究——对在新疆周边国家推行人民币区域化问题研究[J]. 新疆金融,2007 (S1):4—19.

[111]徐国才. 中俄边境口岸人民币区域化调查[J]. 黑龙江金融,2007 (4):41—42.

[112]徐明棋. 从日元国际化的经验教训看人民币国际化与区域化[J]. 世界经济研究,2006 (12):39—44.

[113]许舒琳. 人民币境外流通问题研究[D]. 厦门大学,2009.

[114]许潆方. 人民币国际化背景下的香港离岸中心建设[J]. 现代商业,2012 (5):30—31.

[115]殷剑峰. 人民币国际化:"贸易结算＋离岸市场",还是"资本输出＋跨国企业"?——以日元国际化的教训为例[J]. 国际经济评论,2011 (4):53—68.

[116]袁秀林. 人民币区域化[D]. 华中科技大学,2005.

[117]张光平. 货币国际化程度度量的简单方法和人民币国际化水平的提升[J]. 金融评论,2011,3:005.

[118]张建军. 让人民币出得去,用得着,留得住——发展香港人民币资本市场有效扩大境外人民币离岸市场[J].金融发展评论,2012(10):70—74.

[119]张睿. 基于搜寻模型的国际货币理论综述[D]. 山东大学,2010.

[120]郑凌云. 人民币区域化与边贸本币结算功能扩展[J]. 国际贸易,2006 (7):43—45.

[121]中国金融40人论坛课题组.人民币离岸市场和资本项目开放[R].2011—11.

[122]中国人民银行.2012年第四季度中国货币政策执行报告[R].2013—02—06.

[123]中国人民银行南宁中心支行课题组.人民币区域化、国际化的趋势及影响[J].广西金融研究,2007(7):10—17.

[124]钟阳.亚洲市场中人民币国际化的影响因素——基于边贸结算和货币互换的实证分析[J].当代亚太,2011(4):46—58.

[125]周元元.中国—东盟区域货币合作与人民币区域化研究[J].金融研究,2009(5):163—171.